天意從来高難問

晚年季羨林

中石題

天意从来高难问

晚年季羡林

卞毓方／著

中国文联出版社

前言：远远一瞥，在稠人广众中

　　这天，2008年7月4日，星期五，天气阴湿而闷热，风吹在身上，似多毛多汗的手，一摸，一把腻乎。这当口，不宜出门，宜老老实实待在室内，吹空调。但是季羡林先生偏偏出门，从301医院回到北大——换个角度说，不是出门，是归来，返回自己在朗润园的家。而我，因为事先得到讯息，所以一清早就从城里赶来，守在从未名湖通往朗润园的路口。十点左右，我看到季先生的车子从面前经过，当然是一闪而过，绝尘而去。随即我就离开了，我告诉自己，这犹如仪式，人到心到，就一刹那，就是这么一回事。然而，大约十一点，我正在未名湖心的小岛闲逛，突然瞧见一人端坐在轮椅，像摇鹅毛扇的孔明，从朗润园方向摇过来，摇过来……定睛细看，正是季羡林先生。

　　这是我没料到的。我想季先生肯定是在房子里多待一会，接接地气，感受感受家的温馨。自打住进301医院，老人多次跟我说过：想家。想家您就回呗，房子还好端端的在那里，您随时可以动身。这话是对普通人说的，对季羡林先生，就不行。鉴于他的特殊身份，特殊待遇，还要加上一条，特殊处境，反而是有家难归。这就是悖论。季先生这辈子，看样子是要在医院终老的了。这个家，对于他，已形同虚设，越来越倾向于纪念意义的故居。今天早晨我来到燕园，正是怀着瞻仰故居的心情，在朗润园十三公寓外兜了一圈。不兜还罢，睹物伤情。瞧湖——湖里没水，湖底干枯见坼；瞧"季荷"——缺了水的滋养，已退化为旱地作物，不仅无花，叶子也呈枯黄，很快就要与杂草灌木为伍。唉，"季荷"这名字，是周一良起的，周公如今已随风而逝。以"季荷"为题的散文，曾脍炙人口，风行一时，在这尘嚣百丈、清塘荷韵不再的当下，还有几人能记起。回望，季先生家的大门关着，墙角停了两辆汽车，估计是外人的，他不会回来得这么早。我感觉房里有人，也正在向外了望，是那位看家的工友吧。我认识他，关系仅止于认识而已，他是雇工，只对雇佣他的主人负责。去年夏天，季先生回来过一次，事后我向他打听细节，他一口否认。当时奇怪，这又不是国家机密，捂这么紧干嘛？后来醒过闷，嗨，还不是因为有纪律："如果说出去，就……"，那么，我应该成全他的啦，"君子成人之美"嘛。所以我离开之际，轻轻地按响三声喇叭，然后朝窗口摆摆手，算是致意。

退出朗润园，到图书馆，查询一份资料。然后又去外文楼，去我当年读书的地方遛遛。咦，今天是什么日子？随处见穿戴长袍方帽的学子，三一群五一伙的，嘻嘻哈哈，摆足了姿势照相。一问，才知今天举行毕业典礼。唔，这么说，我是应该带一束鲜花来的。我认识一位年轻人，经济学硕士，也是今年毕业。五六年前，当她还是本科生的时候，曾陪我拜望过季老。前不久，她电传给我一篇文章，专门分析"季羡林现象"，首节为"大器晚成 舆论聚焦"，她的观点是："政治是一种适时而速效的因素"，"季羡林先生晚年的大名远播，无疑也得力于政治的眷顾"。

当然，政治家把鲜花送给谁，尤其是活人，是有严格的政治取向的，这一点，炎黄子孙心有灵犀。巴金晚年享有殊誉，可惜巴老过早进入失语状态，传世而又广为人知的只有一句："从今以后，我是为你们活。"是在偶尔清醒的瞬间留下的。二十世纪末，笔者与《十月》杂志的顾建平专程赴上海看望巴老，未能如愿，据其家人说，巴老的身体状况已不适宜见客云云。季先生如今也已到了风烛晚年，他是在为谁活呢？为国家，为民族，为组织，为学术，为他人……唯独没有亲人。读者想必记得，无论是在荧屏上，还是在报道里，我们的季先生总是孤单单的一个。他的家人哪儿去了？这事很奇特，也很不正常。

季羡林先生走过来了，不，是坐着轮椅过来了。围聚的人愈来愈多，以青年为主体，正是向往热闹、崇拜偶像的年纪，自然不会放弃这个机遇。季老爷子在北大，久负盛名、人见人爱，学生们均以见他一面为荣。老人家学问好、人品好、形象好，与之接触，有一种如沐春风的畅快。燕园藏龙卧虎，不乏大师大家，好像唯有他，一个看上去土不啦叽、普普通通的老头子，能给人以钦崎磊落，能给人以充分想象的空间。不是有新生大清早前往看望，到了门口，又不敢敲门，怕打扰他写作，因而在门前泥地留下问候语的佳话么——出乎意料，而又回味无穷，宛然文章中的神来之笔。

季羡林先生的轮椅停了下来，他遇到另一位坐轮椅者，一望而知，也是高龄学者，老相识，鼻孔插着管子，应是输氧吧。这是谁呢？瞧着面熟，一时又想不起来。两位老人在交流，对方的语言系统已经失灵，主要靠手势，季先生也举起左手，伸出四根手指。这是什么意思？四，四什么呢？啊，猛然醒悟，来者是侯仁之先生，历史地理系的，与季先生同庚，1911 年 12 月 6 日出生。季先生这四根手指，明明白白，说的是：老伙计，我比你大四个月！不会错，肯定是这个手语！2008 年，季先生曾两次和我谈起侯先生，首先蹦出的，就是双方的生日。从 2008 回望 1911，叹白发而神驰青丝，两位老人执手相望，不啻是北大百年校史上的一次绝唱。（据次日出版的北大校报，季先生见到侯先生，第一句话就是："今天就想来看你！我们是多年的、几十年的老友。"侯先生虽然无法用语言表达，但他一直紧握着季先生的手，眼睛一刻也不曾离开季先生的脸，就那么一直望着。）

当年，笔者在北大读书的时候，侯仁之先生是教工中的长跑冠军，操场上经常见到他健步如飞的身影。眼前侯先生的身体状况明显不如季先生，这是否意味季先生"不锻炼主义"的胜利呢？一笑。

季先生的身边跟着几位校方人士，多是我熟识的，其中有郝斌，原北大副校长；有林被甸，原北大图书馆馆长；有秘书杨锐，以及汤一介、乐黛云夫妇等等。后者与季先生同住十三公寓，楼上楼下，紧邻。关系比这更紧，汤一介的父亲汤用彤，是季羡林的恩师。1946 年，季羡林初进北大，正是由于汤公的赏识，才一个礼拜就由副教授升为正教授，创北大史上升迁的奇迹。管仲说："生我者父母，知我者鲍子也"，季羡林的生命中如果论及鲍叔牙，则首推汤用彤。另外有一位中年女子，带着两个中外混血模样的女孩。我也认识的，中年女子叫季清，是季先生的孙女，那两个女孩，是她的女儿、季先生的重外孙女。读者有谁听说过季先生的孙女、重外孙女的么？没有的吧。嗨，都怪她离得太远，在洛杉矶。哦，地球那边的洛杉矶！

季羡林先生的轮椅转动了，朝着我站立的地方。我赶紧后撤一步。为什么不是向前？嗯，没那个必要。我明白，季先生的目光已经浑浊，耳朵也仅半聪，人老了，就是这样，我凑上去，能说什么？何况，老先生已经被人包围，一切都身不由己，我就不必再自作多情了。那么，就这样远远地看一看吧。看着他满面春风，看着众人兴高采烈。这是难得的镜头。这是难得的奢侈。季先生在有创造力的从前，是不喜欢场面的，那时他想的是清静。季先生是超然的学人，他的秉性，和世俗的人情差之甚远，和正宗的官场差之更远。季先生在失去创造力的今天（《病榻杂记》的下半部，明显呈现疲态），尤其是在大寂寞的今天，就让他享享尘世的幸福吧，就让他尽兴风光风光吧。季先生曾教导我，对热闹要保持距离，这是基于学术的天性。在这方面，我最佩服的还不是季先生，而是钱锺书。据黄雨石回忆，钱锺书在毛选英译委员会工作时，"中南海的宴会请帖，他从来未去参加。"又据报载，钱锺书八十岁，各路人马争相要给他过生日，钱锺书一律谢绝，说："不必花这些不明不白的钱，找些不三不四的人，说些不痛不痒的话。"不明不白，不三不四，不痛不痒，这三个词用得特别好。如此清醒洞达、飘逸绝尘，当今之世，钱氏而外，我还很少看到可以与之相侔的高人（金克木有酷肖的举措，八十岁生日时，人们要给他祝寿，金克木坚决拒绝。他说，我可不希望提前听到给我致悼词。在金先生看来，祝寿和悼念说的都是溢美之词，没有多大意义）。区区在下，不敢自比时贤，但自信还没有丧失创造力，所以对眼前的一切，也要自觉保持距离。

待季先生的轮椅过去，我启动停在路旁的汽车，到校园又转了两圈。末了，准备出校门，远远看到季先生在一行人的簇拥下进了勺园。啊，这个时辰进勺园，肯定是要动饭勺的啦。季先生，难得一年才回一次家，而且身边又有名副其实的家人——孙女和重外孙女，祝您开开心心，快快乐乐。祝您有个好胃口。

目 录

第一章

走进季羡林的内心世界

机场送别小泓，他眼圈红了

破译季羡林的两把钥匙

求仁得仁，与亲子决裂

不是亲属，胜似亲属」的「打工者」

人有悲欢离合，月有阴晴圆缺。」

机场送别小泓，他眼圈红了

1981 年 8 月，某日，季羡林的长孙季泓去美国留学，这是全家的大事，上自季羡林和夫人，下到儿子季承全家、女儿婉如一家，以及秘书李铮，都到首都机场送行。唯有老祖（姆母）缺席，她老人家讲迷信，说："我是只接人，不送人。"

在机场，当季泓再次拥抱完全家，然后经过安检，隐入候机大厅，季羡林的眼圈红了，他流露出少有的伤感。

在这之前，季羡林是不同意孙儿出国的。无奈二十世纪八十年代初，正值国门初启，留学大潮汹涌澎湃之际，年轻人渴求放飞的心，是无论如何也拴不住的。何况，老爷子自己就是一只"老海龟"，没有当年在德国的十年苦学，哪有今日的种种辉煌。所以，他的阻拦不发生效力，季泓还是执意要走。

若问：季先生为什么不同意孙儿留洋呢？

这要从他本人谈起。季羡林 1930 年高中毕业，到北平投考大学，同时被北大、清华录取，他之所以弃北大而取清华，看中的，就是后者曾经作为"留美预备学堂"的背景——学生毕业之后，留洋相对方便。那么，季羡林为什么非要留洋不可呢？这是因为生计所迫。在上个世纪二三十年代，留洋犹如镀金，弄个洋博士、洋翰林，回国好找工作。

季羡林在德国攻读梵文，这是冷门中的冷门，为什么偏偏选择它呢？理由可以说出一箩筐，核心还是一点：冷门竞争少，易于猎取饭碗。

留德十年，固然成就了一位大学者，但是，付出的代价，也是相当惨重的。这一点，如鱼饮水，冷暖只有季羡林自知。

历经"文革"十年磨难，季羡林先生神采依然

比如说，家庭的创伤。

这创伤，就是长期别离。

在战火，在动乱，在相隔天涯，有谁也尝过长期别离的痛苦吗？

人与人的缘分，讲究距离，"近之则不孙，远之则怨"。季羡林前半辈子尝够了远别的酸甜苦辣，他害怕在垂暮之年再次经受长相思的煎熬。

……

二十世纪八十年代初，是季羡林一生最为平静惬意的时期。这个时候，政治上，他抬头了，当上北京大学副校长、中国社科院南亚所所长；学术上，百废俱兴，厚积薄发，正成为许多学科的带头人；家庭，老少团聚，你尊我让，你孝我慈，一片祥和安乐。然而，好景不长，就在这个时候，小泓要出国。对于小泓，也许还有家人，自然是件好事。对于季羡林，却是别有滋味在心头。他一定预感到了什么。他的伤感，不是普通的伤感，季羡林自制力极强，通常是不会红眼圈的。那么，他是预感到了什么？

此话暂时打住，让我们看看他的文章。1983 年 5 月，季羡林写下散文《别稻香楼》，副标题就是"怀念小泓"，文章说：

　　　几年前我游黄山时，正当盛夏，久旱无雨。黄山那一些著名的瀑布都干涸了。著名的云海也基本上没有看到。只在北海看到了一点类似云海的白云，聊胜于无，差足自慰而已。有名的杜鹃花，因为时令不对，只看到一片片绿油油的叶子，花是一朵也没有看着。而现在呢，正是阳春五月，杜鹃花开满了黄山，开成了一片花海。据说，今年雨水充沛，所有的黄山瀑布都奔腾澎湃，"飞流直下三千尺"，"一条界破青山色"。有了雨，云海当然就不在话下。你试想一想：这样的瀑布，这样的云海，再衬托上满山遍野火焰似的杜鹃花，这是多么奇丽的景色啊？它对我会有多么大的吸引力啊？

然而我仍然决心不游黄山，原因要到我的感情深处去找。上一次游黄山时，有小泓在我身边。这孩子是我亲眼看他长大起来的。他性格内向，文静腼腆，我们之间很有些类似之处，因此我就很喜欢他。那一次黄山之游，他紧紧地跟随着我。其他几个同他年龄差不多或者稍大一点的男孩子结成一伙，跳跃爬行，充分发挥了他们浑身用不完的青春活力。小泓却始终跟我在一起，爬到艰险处，用手扶我一下。他对黄山那些取名稀奇古怪的名胜记得惊人的清楚，我说错了，他就给我更正。在走向北海去的路上，有很长一段路，我们"前不见古人，后不见来者"，在原始大森林里，只有我们两人。林中静悄悄的，听自己说话的声音特别响亮。此情此景，终生难忘。回到温泉以后，有一天晚上我和小泓坐在深谷边上的石栏杆上。这里人来人往，并不安静。然而由于灯光不太亮，看人只像一个个的影子，气氛因此显得幽静而神秘。"巫山秋夜萤火飞"，现在还正在夏天，也许因为山中清凉，我们头顶上已有萤火虫在飞翔，熠熠地闪着光，有时候伸手就可以抓到一只。深涧中水声潺潺，远处半山上流出了微弱的灯光。我仿佛是已经进入一个童话世界。此情此景，更是终生难忘了。

可是现在怎样了呢？现在只剩下我一个人，坐在稻香楼中。不管从别人口里听到的黄山景色是多么奇丽，多么动人，我仍然是游兴索然：我身边缺少一个小泓。直下三千尺的瀑布能代替小泓吗？不，不能。红似火的杜鹃花能代替小泓吗？不，不能。此时此刻，对我来说，小泓是无法代替的。我不愿意孤身一人，在黄山山中，瀑布声里，杜鹃花下，去吞寂寞的果实。这就是我不再游黄山的原因。

我同小泓游黄山时的一些情景，在当时，是异常平淡的，甚至连觉得平淡这种感觉都没有。然而，时隔数年，情况大变。现在我才知道，那样平淡的情景，我一生中，也许仅仅只有一次。时过境迁，人们绝不可能再回到过去，过去的时光也决不会再重现人们眼前。人的一生，不管寿限多么长，大概都是如此的吧。

　　在季羡林的笔下，如此深情的怀亲之作，除了关于母亲，也就只有关于长孙小泓这一篇了。其他不曾有，尔后也不会有。个中原因，文章说得明白，小泓性格内向、文静腼腆，合爷爷的脾气，更主要的，是他从小在爷爷身边长大，日久生情，一老一少，融洽无间。而这，正好弥补了季羡林小时候的缺陷——季羡林六岁离开生身父母，未能享受充足的亲情。但是这一切，转瞬犹如流萤消逝。小泓走后，经过两年感情的折磨，他终于大彻大悟，过去的已经过去了，往日的欢乐不会再回来，大概命定如此，他这一生与世俗的天伦之乐无缘。

　　季羡林对自己的子女表现过如此灼热的深情么？没有。女儿婉如生于1933 年，那时他在清华，顾不上；儿子延宗（后改季承）生于1935 年，正值他留德前夕。而后，就是长长的别离，十一年后回国，他在北京，子女在济南，又是别离之后的别离。十分遗憾，但却是不可更改的事实，季羡林缺乏儿女绕膝、亲子交流的脉脉温情，他的天性的发展是不完满的。说到第三代，孙子、孙女和外孙，情况就不一样了，他们都是在季羡林的身边长大，人说"隔代亲"，老人家与三个小孩朝夕相对，颇享受了一番含饴弄孙之乐。我在采访中捕捉到一个细节：六十年代末，七十年代初，季羡林在北大 35 楼当门房，夏季，每天下班回家途中，他都要绕道去东校门，给三个小家伙买冰棒。读者中有当了爷爷的，定能体会到他彼时彼际的欢乐。还有一个故事，是听他孙女季清说的，季清从小爱看书，爷爷的书室是她的宝库，她每个周末都要从三里河的家骑车去北大，一为看望老人，二就是为了看书。一次，她见到一本《安徒生童话集》，爱不释手，想借回家看，爷爷不答应。季清知道，爷爷的书是从来不外借的。但是她实在爱这本书。为此，她和爷爷赌气，连着两个周末不再去爷爷的家。爷爷知道她的心思，爷爷也太想孙女了，他就让孙子小泓给季清捎去那本《安徒生童话集》，并附上一张字条，上面写道：

小清，我托小泓把这本书拿给你读，希望你能爱护它像爱护你自己的眼睛一样。爷爷。

爷爷为了自己的孙女，居然破了书不外借的例，季清感动得不知说什么好，她放下书和字条，抓起房门钥匙，就往外跑。小泓在后面追着："嘿，你去哪儿啊？"她说："我去北大，看爷爷！"这是什么？这就是天伦之乐。可惜这番欢乐过于匆匆，先是，孙子季泓于1981年去了美国；而后，1988年，孙女季清又去了澳大利亚；再而后，1993年，外孙何巍又去了加拿大。就这样，季羡林家第三代的三位接班人，统统都走了，走了，而且，又分别在异邦的土地上扎根——这是季羡林最不愿意看到的一幕。季羡林曾撰文回忆他的年轻时代，尽管留学生出国的目的各不相同，但也有共同点：出去是为了回来；想待在或赖在异国不归的念头，连影儿都没有。而现在，根据他所掌握的材料，有相当一部分人，"出去"就是为了"不回来"。季羡林对此是不以为然的，他晚年反复申明："我赞成青年人出国，但出国必须回来。一个人自己国家治不好，赖在人家那里不走，嗟来之食你吃得舒服吗？一个人是要有人格的，人穷骨头要硬。"（《季羡林生命沉思录》）"我坚决反对像俗话说的那样：肉包子打狗，一去不回头。"（《漫谈出国》）2008年春，季羡林在接受央视十台采访时又特意强调："我最反对出去不回来，最厌恶出去不回来。"

中国人出去留学，本身就是无奈。你见过多少欧美学子蜂拥到咱们这圪坳来取经？留学生的前辈，胡适大师当年就曾撰《非留学篇》，陈述其中辛酸。胡适说："吾欲正告吾父老伯叔昆弟姐妹曰：留学者，吾国之大耻也！留学者，过渡之舟楫而非敲门之砖也；留学者，废时伤财事倍功半者也；留学者，救急之计而非久远之图也。"另一位留学生前辈闻一多则说："留学若非过来人孰知之？作中国人之苦，若非留学孰知之？""一个有思想之中国青年留居美国之滋味，非笔墨所能形容，俟后年年底我归家度岁时，当与家人围炉絮谈，痛哭流涕，以泄余之积愤。"胡适写上述文章是1914年，闻一多说上述话是在上世纪二十年代初，从那时到现在，八九十年的日子过去了，中国人还在外出求学的路上拥挤奔忙。但愿，但愿这一幕能早日成为历史。

以一种泛泛的长远眼光来看，季羡林相信上述情况会改变，起码，随着国力的增强，大部分留学生还是会选择回来。即使入了他国国籍，腔子里仍然会有一颗中国心。但是，具体到他这个家，季先生在有生之年，是等不到大团聚的那一天了。设身处地为老人着想，他的失落完全是在情理之中。——这，大概就是季羡林在机场送别小泓之际，所涌起的强烈预感吧。

破译季羡林的两把钥匙

探讨季羡林的内心世界，有两件事，不容回避。

其一：季羡林对他寄身的叔父的那个家，以及由叔父包办的与彭德华的婚姻，很长一段时期内，基本上是若即若离、敬而远之。且看他在《清华园日记》中的披露：

> 家庭，理论上应该是很甜蜜，然而我的家庭，不甜蜜也罢，却只是我的负担。物质上，当然了，灵魂上的负担却受不了。(1933年3月3日)
>
> 济南空气总令人窒息。看着浅薄的嘴脸，窄的街道，也就够人受的了。(1933年6月10日)
>
> 我近来对家庭感到十二分的厌恶，并不是昧良心的话。瞻望前途，不禁三叹。(1933年6月30日)
>
> 说实话，家庭实在没有念念的必要与可能，但心里总仿佛要丢什么东西似的，惘惘地，有醉意。(1933年8月9日)
>
> 家庭对我总是没缘的，我一看到它就讨厌。(1934年4月18日)
>
> 非走不行了——我希望能永远离开家庭，永远不回来。(1934年4月19日)
>
> ……想到将来……前途仍然渺茫，而且有那样一个家庭，一生还有什么幸福可说呢？(1934年5月6日)
>
> 家庭毕竟同学校不同，一进家庭先受那种沉闷空气的压迫。(1934年6月29日)
>
> 中国的家庭真要不的。家庭本来是给人以安慰的，但大部分家则正相反，我的家庭也是其中之一。(1934年7月3日)
>
> "……使我最不能忘的（永远不能忘的）是我的H（即彭德华，

季羡林的妻子——笔者注）。竟然（经过种种甜蜜的阶段）使我得到 der Schmerz（痛苦）的真味。我现在想起来仍然心里突突地跳——虽然不成的东西，也终于成了东西了。"（自序，1932 年 9 月 13 日晚记）

季羡林的包办婚姻，令人想起鲁迅，鲁迅在痛苦中选择与发妻朱安"分居"，媳妇是母亲娶的，就让她跟母亲过；又令人想起胡适，胡适对江冬秀选择了默认，他的名言是"先结婚后恋爱"，偶有外遇，也是"有贼心，没贼胆"。季羡林呢，恪于对叔父的敬畏和传统礼教，表面上始终勉强维持，但其内心，在很长一段时期内，是极为痛苦的。

2002 年，九十一岁的季羡林回忆当年从清华毕业，回济南省立一中短暂任教，关于家庭和婚姻，又有进一步的披露：

> 一个人不管闯荡江湖有多少危险和困难，只要他有一个类似避风港样的安身立命之地，他就不会失掉前进的勇气，他就会得到安慰。按一般的情况来说，家庭应该起这个作用。然而我的家庭却不行。虽然同在一个城内，我却搬到学校里来住，只在星期日回家一次。我并不觉得，家庭是我的安身立命之地。

季羡林先生的夫人彭德华

看，毕业后回到了济南，与家人同住在一个城内，几乎就在家门口，却坚持在学校留宿，个中委曲，明眼人一目了然。

其二：季羡林的晚年，是异常孤独的。先是，老祖于 1989 年去世，接着，女儿婉如于 1992 年病故，再后来，老伴德华又于 1994 年 12 月走了，走向那阴阳相隔、永不回头的彼岸；再加上——这是最主要，也是最为知情者讳莫如深的，笔者也是迟到 2006 年 9 月才闹明白——在老伴去世前两天，他与唯一的儿子季承关系闹掰，乃至"各走各路"。如此一来，家里，那名副其实的窝，那栖于斯咏于斯徘徊于斯的陋室，只剩下他孤零零的一个。试看 1995 年 10 月，季羡林在《汉城忆燕园》中写道："实际上我现在已经没有什么家。我一个人就是家，我一个人吃饱了，全家都不挨饿。我正像一个蜗牛，家就驮在自己背上，我走到哪里，家也就带到哪里。"老境凄凉，孤立无依，这是人生最大的落寞。此情此状，季羡林在《九十述怀》中，又有穷形的回溯，他说：

> 在一般人心目中，家是停泊休息的最好的港湾。我的家怎样呢？直白地说，我的家就我一个孤家寡人，我就是家，我一个人吃饱了，全家不害饿。这样一来，我应该感觉很孤独了吧。然而并不。我的家庭"成员"实际上并不止我一个"人"。我还有四只极为活泼可爱的，一转眼就偷吃东西的，从我家乡山东临清带来的白色波斯猫，眼睛一黄一蓝。它们一点礼节都没有，一点规矩都不懂，时不时地爬上我的脖子，为所欲为，大胆放肆。有一只还专在我的裤腿上撒尿。这一切我都不但不介意，而且顾而乐之，让猫们的自由主义恶性发展。

> 我的家庭"成员"还不止这样多，我还养了两只山大小校友张衡送给我的乌龟。乌龟这玩意儿，现在名声不算太好，但在古代却是长寿的象征。有些人的名字中也使用"龟"字，唐代就有李龟年、陆龟蒙等等。龟们的智商大概低于猫们，他们绝不会从水中爬出来爬上我的肩头。但是，龟们也自有龟之乐，当我向它们喂食时，它们伸出脖子，一口吞下一粒，它们显然是愉快的。可惜我遇不到惠施，没有人同我争辩我何以知道龟之乐。

> 我的家庭"成员"还没有到此为止，我还是养了五只大甲鱼。甲鱼，在一般老百姓嘴里叫"王八"，是一个十分不光彩的名称，人们讳言之。然而我却堂而皇之养在大瓷缸内，一视同仁，毫无歧视之心。是不是我神经出了毛病？用不着请医生去检查，我神经十分正常。

> 我认为，甲鱼同其他动物一样有生存的权利。称之为王八，是人类对它的诬蔑，是向它头上泼脏水。可惜甲鱼无知，不会到

世界最高法庭上去状告人类。还要要求赔偿名誉费若干美元，而且要登报声明。我个人觉得，人类在新世纪，新千年中最重要的任务是处理好与大自然的关系。恩格斯已经警告过我们，不要过分陶醉于人类对自然界的胜利，对每一次这样的胜利，自然界都报复了我们。一百多年来的历史事实，日益证明了恩格斯警告之正确与准确。在新世纪中，人类首先必须改恶向善，改掉乱吃其他动物的恶习。人类必须遵守宋代大儒张载的话："民吾同胞，物吾与也。"把甲鱼也看成是自己的伙伴，把大自然看成是自己的朋友，而不是征服的对象。这样一来，人类庶几能有美妙光辉的前途。至于对我自己，也许有人认为我是《世说新语》中的人物，放诞不经。如果真正的话，那就，那就——由他去吧。

季先生爱猫，兼及乌龟甲鱼一类的宠物，局外人鼓掌欢呼，认为体现出大师"智者知爱，仁者真爱"的博大光辉。有一阵子，以季先生与猫为主题的文章、图片，充斥报刊，蔚为时髦。笔者不甘落后，1996年写作《季羡老的风景线》，也是拿猫儿来做他桑榆晚景的点缀：

季老与猫

老先生在户外散步，猫儿在他身旁窜前窜后。土山上，池塘边，老先生走到哪，猫儿就跟到哪。时而还用茸茸的长毛蹭老先生的腿，用细致的嘴角咬老先生的裤管，用软软的爪子捉老先生的脚。据有经验的老人说，这本是狗的职责，猫是不肯跟人散步的。老先生就得意呢，写文章说：小猫跟季羡林散步，是燕园的一奇，可惜宣传跟不上，否则，这一奇景将同英国王官卫队换岗一样，早就名扬全球哩。

季老先生养猫，已有十多年的历史。爱的是它们天真无邪，率尔本色，同它们相处，心里感到怡然、坦然、安然、欣然，不像同人在一起，要讲究察言观色，应对进退，处处别扭。

猫们跟随在季老先生左右，也是别有一番得意。且莫小看它们，猫儿通灵。日本夏目漱石的名著《我是猫》，就是用了一只连名字都没有的猫的观察，讪笑了道貌岸然的人的社会。何况这是生活在当代学问泰斗家中的猫，在文化文明的氤氲中长大的猫。

季老先生爱猫，差点到了相拥而眠的地步。猫们每晚都要在他的床上"下榻"。冬天，老先生半夜醒来，隔着两层棉被，但觉有一股热气透入骨髓，便知道，猫儿在他的身上睡得正香。这时，即使他的双腿卧久麻木，也强忍着，一动不动，以免惊了猫儿的美梦。

猫们自然洞悉老头儿的钟爱，所以它们行事也绝不客气。有时连老头儿最珍惜的文稿，也要跳上去，检查检查，甚至一蹲屁股，撒下一泡尿，说不上是批判，还是恭维。

当时不知内情，只一味在"雅"呀、"爱"呀上面做文章。现在明白了，恋猫宠猫不过是表象，背后隐藏着形影相吊、茕茕孑立的大孤独大悲凉。季先生晚年常常提到《世说新语》，这是最投他脾胃的书之一，他曾评说："六朝和稍前的一个时期内，社会动乱，出了许多看来脾气相当古怪的人物，外似放诞，内实怀忧。"（《我最喜爱的书》）二十世纪九十年代而后，季先生一度无疑成了《世说新语》中人，貌似旷达、诙谐、疏放，实则包含了蚀骨椎心的悲酸。

求仁得仁，与亲子决裂

季羡林晚景的悲凉，更集中体现在他 1995 年的元旦抒怀:《求仁得仁，又何怨!》，这是一篇欲说还休、鲜有人懂的怪文，倘若不是署了季羡林的大名，恐怕在任何报刊都难以发出。文章怪在何处? 请看劈头这两句:"是不是自己的神经出了点毛病? 最近几年以来，心里总想成为一个悲剧性人物。"

"总想成为一个悲剧性人物"，这句话由德高望重、誉满天下的季羡林口中说出，还不够惊世骇俗吗! 为了什么? 难道仅仅是为了家务纠纷?! 季羡林这句话，是由英国作家哈代的长篇小说《还乡》引起的，具体说，是由书中某位母亲的一句话引起的:"我是一个被儿子遗弃了的老婆子!" 季羡林觉得这位母亲的处境又可怜，又可羡。怜，容易理解; 羡，则从何说起呢? 文中，季羡林以过来人的身份说法:"人生走到这个地步，也并不容易。在人生的道路上，每一个人都是孤独的旅客。与其舒舒服服、懵懵懂懂活一辈子，倒不如品尝一点不平常的滋味，似苦而实甜。"

季羡林回顾，他读《还乡》，是在清华求学的时候，当日，母亲去世不久。母亲去世前，有八年，他没有还家。八年啊，八年! 这期间，他读完初中，上高中，停学一年，再读，娶妻，高中毕业，上大学，寒暑假回济南，生女……如此漫长的过程，如此曲折精彩的变化，竟然没有抽出一些日子，回家看看。难怪他母亲生前对人抱怨:"早知道送出去回不来，我无论如何也不会放他走的!"对此，季羡林不能原谅自己。他说:"在我灵魂深处，我对母亲之死抱终天之恨，没有任何仙丹妙药能使它消泯。今生今世，我必须背着这个十字架，我决不会再有什么任何形式的幸福生活。我不是一个悲剧性的人物又是什么呢?"

是的，这事的确不能原谅。但这只能说明他有一个不幸的早年，不能形成影响终身的悲剧。季羡林对此也予以否认，他接着说:"然而我最近梦寐以求的悲剧性，又决非如此简单，我心目中的悲剧，决不是人世中的小恩小怨，小仇小恨。这些能够激起人们的同情与怜恤、慨叹与忧思的悲剧，不是我所想象的那种悲剧。我期望的究竟是什么样的悲剧呢? 我好像一时也说不清楚。我大概期望的是类似能'净化'(hashasois)人们灵魂的古希腊悲剧。相隔上万里，相距数千年，得到它又谈何容易啊!"

季羡林这儿提出了古希腊悲剧。

　　何谓古希腊悲剧？

　　这需要一篇长文解释，我们且从最简捷的途径着手。古希腊有著名的三大悲剧家：埃斯库罗斯、索福克勒斯、欧里庇得斯。其代表作分别为：《被缚的普罗米修斯》、《俄狄浦斯王》、《美狄亚》。《被缚的普罗米修斯》：叙述的是普罗米修斯怎样为了人间的温暖与光明，从天界盗取火种，从而触怒宙斯，被锁在高加索山上，虽九死一生而无怨无悔。《俄狄浦斯王》：俄狄浦斯王杀父娶母，自己却毫无所知，为了平息国内流行的瘟疫，按照神示，他千方百计寻找杀害前王苏俄斯的凶手，结果发现凶手竟是他自己，王后伊娥卡斯羞愧自尽，俄狄浦斯刺瞎双目，痛不欲生。《美狄亚》：美狄亚是科尔喀斯国王的女儿，她帮助伊俄尔科斯国王埃宋的儿子伊阿宋，从科尔喀斯窃取国宝金羊毛，同时也得到了伊阿宋的爱情，婚后，伊阿宋为了娶科林斯的公主为妻，一心要与美狄亚分手，美狄亚愤而报复，害死公主，手刃亲子，出逃雅典。

　　古希腊的悲剧重点不在悲，而在表现英雄主义的崇高与壮烈。据亚里士多德定义，古希腊悲剧“描写的是严肃的事件，是对有一定长度的动作的模仿，目的在于引起怜悯和恐惧，并导致这些情感的净化，主人公往往出乎意料的遭遇不测，从而酿成悲剧，通过悲剧的冲突完成人和命运的冲突。”

　　季羡林呢，他是普罗米修斯式的人物吗？否。他不是那种把头颅掖在腰带里的革命者，从他选择梵文那天起，他就把自身定位在清灯残卷。他身上有“俄狄浦斯情结”吗？有的，“俄狄浦斯情结”就是“恋母情结”，这一点，季羡林是愈到老年，体现得愈强烈。但他的“恋母”，带有纯然的抽象，更多的是出于本能。毕竟他六岁就离开母亲，当时没有照片，加之年龄小、接触短，以至于母亲的面影，一片混沌，没有一个清晰的轮廓；尤为伤心的是，不管季羡林如何回忆，他都想不起母亲的笑容。至于说与美狄亚，这位敢爱敢恨的复仇女性，两人更没有可比之处。总而言之，他成不了古希腊悲剧的主人公。

　　也许人们会联想到他的婚姻。前面说了，季羡林的婚姻是谈不上理想的，终其一生，他一直缺乏琴瑟和谐的夫妻之爱。且慢！写到此处，相信有人会提出质疑：“你说的太过分了吧。夫人去世之后，季老曾写过纪念文章，从内容看，老夫妻俩的感情是很深厚的，一点也没有你说的那种痛苦意味。"是的，你说得对，彭德华过世后，季先生的确写过一篇纪念文章，附在《寸草心》的篇尾。季先生的婚姻历程，本书将在第四章《季羡林的缺憾人生》中作专门叙述，这里权且摘引《寸草心》中的有关片段，略作剖析，季羡林说："在道德方面，她（彭德华——笔者注）可是超一流的。上对公婆，她真正尽上了孝道；下对子女，她真正做到了慈母应做的一切；中对丈夫，她绝对忠诚，绝对服从，绝对爱护。她是一个极为难得的孝顺媳妇，贤妻良母。她对待任何人都是忠厚诚实，从来没有说过半句谎话。她不会撒谎，我敢保证，她一辈子没有说过半句谎话。如果中国将来要修《二十几史》，而其中又有什么'妇女列传'或'闺秀列传'的话，她应该榜上有名。"我相信这里说的都是真话，同时相信季老写这篇文章的时候，对夫人是满怀尊敬。老伴老伴，到了晚年，夫妻俩是名副其实的伴。但是，让我们站开点想一想：倘若彭德华在丈夫的生活中，仅仅是"绝对忠诚，绝对服从，绝对爱护"，是不是还缺少了一些什么？而这三个"绝对"，实质又意味着什么？

好了，关于季夫人彭德华的事，先说到这里。虽然这桩婚姻，对于当事人双方曾经是一杯苦酒，但季羡林"求仁得仁"的时候，她已是黄泉路上客，尘世的悲欢离合，与她再也没有任何关系。

那么，剩下的，就只能是与儿子关系的冲突。季羡林对此并不讳言，他在《求仁得仁，又何怨！》中说：我所瞩意的古希腊悲剧，"却于最近无意中得之，岂不快哉！岂不快哉！这里面当然也有遗弃之类的问题。但并不是自己被遗弃，而是自己遗弃了别人。自己怎么会遗弃别人呢？不说也罢。总之，在我家庭中，老祖走了，德华走了，我的女儿婉如也走了。现在就剩下我一个孤家寡人，赤条条来去无牵挂了。我成为一个悲剧性的人物，条件都已具备。只待东风了。孔子曰：求仁得仁，又何怨！"

这里说得清清楚楚，明明白白："不是自己被遗弃，而是自己遗弃了别人。"别人是谁？指的就是他的独子季承。事情怎么会走到这一步？个中原因，季先生没有说，肯定是不足为外人道的了。笔者猜想，这对老父老子间一定发生了争吵，而且颇为激烈。凡是过来人都会知道，家家有本难念的经。

写到这里，有关季先生不容回避的两件事，大致都说出来了。为什么只是"大致"？岂不闻季先生的名言："假话全不说，真话不全说。"吾遵师嘱，

季承(左)与作者合影

真话只说了一半。但就这一半，下笔之前，似乎有一万个声音在耳旁阻止，理由自然是"为尊者讳"。鉴于多年来的造神遗风，吾人已不习惯于直面事实。也有支持我秉笔直书的，其中声音最响亮的，不是别个，正是季羡林先生。往远了说，我在写作前一本《清华其神，北大其魂》时，关于他们父子间的疏离，以及季先生晚景的凄凉，曾有意留下伏笔，我断言："将来的研究者，势必要涉及这一问题。"这话，主要就是冲季先生说的。结果，在季先生，他审稿时未作任何改动；在我，则意味老人对这一命题的默认。往近了说，季先生无论是出版选本，还是全集，都反复声明：一字不易，宁错勿改，保持历史真实面貌。看，季先生在垂暮之年，仍葆有直面人生的大勇，我们作研究的后学，又何必畏首畏尾、顾虑重重呢！

再说，既作研究，就首先得弄清对象是谁。人是什么？人是内外各种因素、各种事件的总和；舍弃其中任何有机的构成，你触摸到的就不再是一个完整的确定的对象。说句笑话，如果我们唱了半天赞歌连主人公的思想脉络、爱恨情仇都没有梳理清楚，岂不是谬托知己，自作多情！

米开朗琪罗，意大利文艺复兴盛期的雕塑家、画家、建筑师和诗人，他为当时的政治家梅迪西造像，有人指出雕像和梅迪西本人差距太远，米开朗琪罗反驳："一千年后，谁还管它像不像？"

有智者质言："既然如此，又何必管这座像叫梅迪西？！"

"不是亲属，胜似亲属"的"打工者"

事情的发展，颇为出人意料。世人看到，没有多久，季羡林的悲剧情怀，就被一位外援的介入，一扫而光了。2000 年 11 月 5 日，季羡林在《我的家》中回顾："然而，天无绝人之路。隔了不久，我的同事，我的朋友，我的学生，了解到我的情况之后，立刻伸出了爱援之手，使我又萌生了活下去的勇气。其中有一位天天到我家来'打工'，为我操吃操穿，读信念报，招待来宾，处理杂务。不是亲属，胜似亲属。让我深深感觉到，人间毕竟是温暖的，生活毕竟是'美丽的'（我讨厌这个词儿，姑一用之）。如果没有这些友爱和帮助，我恐怕早已登上了八宝山，与人世'拜拜'了。"

这位"不是亲属，胜似亲属"的"打工者"，就是李玉洁。

李玉洁在季羡林晚年的生活中，是举足轻重、不可或缺的。据其自述，她生于 1928 年，属龙，上个世纪五十年代，在北大中关园，与季羡林住对门。李玉洁的丈夫杨通方，是季羡林的属下，朝鲜语专家。那年月，因为莫须有的"特嫌"，迭遭整肃，受尽折磨，李玉洁一家的日子，十分凄惨。最难挨时，她一度想投未名湖自杀。而季羡林，作为东语系的行政领导，兼紧密邻居，对杨通方夫妇，从政治到生活，在力所能及的情况下，屡有照顾。李玉洁对此终生不忘。后来，七十年代末，季羡林组建南亚所，李玉洁参与其中，成为季先生的助手。九十年代中后期，季羡林孤零无靠、艰难度日之际，李玉洁感于前恩，在家人的支持下，毅然挺身而出，自愿担当季先生的义务助理。

李玉洁的介入，是循序渐进的。先是，季羡林在 1995 年 10 月自述："近一年多以来，我陡然变成了'孤家寡人'。我这个老态龙钟的耄耋老人，虽然还并没有丧失照顾自己的能力，但是需要别人照顾的地方却比比皆是。属于我孙女一辈的小萧和小张，对我的起居生活、交际杂务，做了无微不至的充满了热情的工作，大大地减少了我的后顾之忧。我们晨夕相聚，感情融洽。在这里，我不想再用'宛如家人父子'一类现成的词句，那不符合我的实际。加紧的词儿我一时也想不出来，请大家自己去意会吧。除了她俩，还有天天帮我整理书籍的、比萧和张又年轻十多岁的方方和小李。我身处几万册书包围之中，睥睨一切，颇有王者气象。可我偏偏指挥无方，群书什么阵也排不出来。我要用哪一本，肯定找不到哪一本。'只在此室中，书深不知处。'等到不用时，这一本就在眼前。我极以为苦。我曾开玩笑似的说过：'我简直想自杀！'然而来了救星。玉洁率领着方方和小李，杀入我的书阵中。她运筹帷幄，决胜斗室，指挥若定。伯仲伊吕，大将军八面威风，宛如风卷残云一般，几周之内，把我那些杂乱无章、不听调遣的书们，整治得规规矩矩、有条有理。虽然我对她们摆的书阵还有待于熟悉，可是，现在一走进书房，窗明几净，豁然开朗。我顾而乐之，怡然自得，不复再有'轻生'之念。我原来想：就让他乱几年吧，等到我的生命划句号的时候，自然就一了百了了，哪里会想到今天这个样子！"

进而，李玉洁包揽了季羡林所有的日常杂务。我们仍来看看季羡林是怎么评述的，在《九十述怀》中，他说道，1995年之后，"有一位多年的老同事，天天到我家里来'打工'，处理我的杂务，照顾我的生活，最重要的事情是给我读报，读信，因为我眼睛不好。还有就是同不断打电话来或者亲自登门来的自称是我的'崇拜者'的人们打交道。学校领导因为觉得我年纪已大，不能再招待那么多的来访者，在我门上贴出了通告，想制约一下来访者的袭来，但用处不大，许多客人都视而不见，照样敲门不误。有少数人竟在门外荷塘边上等上几个钟头。除了来访者打电话者外，还有扛着沉重的摄像机而来的电视台的导演和记者，以及每天都收到的数量颇大的信件和刊物。有一些年轻的大中学生，把我看成了有求必应的土地爷，或者能预言先知的季铁嘴，向我请求这请求那，向我倾诉对自己父母都不肯透露的心中的苦闷。这些都要我那位'打工'的老同事来处理，我那位打工者此时就成了拦驾大使。想尽花样，费尽唇舌，说服那些想来采访，想来拍电视的好心和热心又诚心的朋友们，请他们少安毋躁。这是极为繁重而困难的工作，我能深切体会。其忙碌困难的情况，我是能理解的。"

李玉洁的介入，从天时地利来说，堪谓恰到好处。季承与父亲僵持，李铮行将退休，李玉洁独揽全局，应该说，她在照顾季先生方面，是呵护备至，很下了一番工夫的。尤其是，季先生2001年底几番住院以来，李玉洁也以院为家，实行全天候服务——她的两个儿子都在美国，老伴杨通方一人在家，身体也不好，她常常趁午饭后季先生休息时，回北大照顾老杨，末了又赶回医院——在旁人连想也不敢想的事，她居然把它化为现实。

从1995年到2006年，李玉洁和季羡林合作得"天衣无缝，滴水不漏"。然而，千帆过后，她的这段大放异彩的生活，突然以一种谁也没有料到的方式戛然而止。

"人有悲欢离合，月有阴晴圆缺。"

弦绷得太紧，容易折。

且说 2006 年 8 月初的那几天，她一直忙个不停，因为季老快过生日了，包括季先生届时着装，病室布置，以及每日常规会客等等；对了，前两次，温总理来看望，季先生穿的是医院的病服，今年，由她出主意，季先生的一位老学生梁志刚执行，特意从市场买来一件枣红短袖上衣，季先生试穿，感觉分外精神。李玉洁考虑的当然远不止这些，种种细节，非当事人，难以想象。5 日，也就是季羡林九十五岁华诞前夕，紧张导致神经失控，她是一夜无眠。而到了 6 日晚上，"大戏"演毕，高潮已过，按说，她应该静下心来，好好休息休息的，然而，她想到尾随总理而来的高层探望，以及社会各界的殷切关心，又是思前虑后，一夜难以入睡。8 月 7 日，李玉洁整天也是一个忙，忙得嗓子都嘶哑了。记得那天笔者与之通话，感觉到她极端疲惫，劝她注意身体，她说："没事，我啥病没有，就是血压有点高。" 8 月 8 日，又是一个亢奋而操劳的白昼。而突然，事先没有任何征兆，8 日下午，她正在病房忙忙碌碌，蓦地天旋地转，咕咚一声栽倒——唉！唉！栽倒了就没有爬起来。

看来，这高血压便是祸根！

院方随即展开抢救。一天过去，两天过去，李玉洁始终处于昏迷状态。这可是不祥之兆，大夫说，这种病，一般五天是极限，如果过了五天还不苏醒，后果就十分糟糕。

季羡林当然关心李玉洁的病情，表面上镇静如恒，依然每天坚持写作、会客。仅从已发表的著作和新闻层面得知，8 日当天，完成随笔《九十五岁初度》；10 日，会见老家临清的地方官员，询问家乡的发展变化；13 日，会见济南中国孔子基金会的工作人员，听他们汇报季羡林研究所的装修方案，并为"文庙讲堂"题字，等等。据报道，季羡林会见中一直"精神愉悦，面带微笑"——天，这需要多么巨大的自制力！

几十年的鞍前马后、风霜雨雪，几十年的左呵右护、悉心照拂，老人家岂能无情？11 日，也就是李玉洁病倒后的第三天，季羡林写了一张便条，简简单单，就一句，苏东坡的"月有阴晴圆缺，人有悲欢离合，此事古难全"（季老原文如此），着继任秘书杨锐拿去李阿姨的病房，念给她听。

杨锐站在昏迷中的李阿姨床前，一时百感交集，悲从中来，边念，边哽咽。十七个字，三小节，这里面有多少沧桑流云，多少同事之缘、拥戴之谊、濡沫之情，杨锐能理解吗？杨锐能传达出其中的况味吗？她一遍，又一遍，周而复始，反复朗诵，泪水顺着腮帮刷刷直淌。难道这是魔咒？难道这是真言？让杨锐始料不及的是：奇迹！奇迹出现了！——就像新闻中屡见报道的那样，昏迷中的病人对真诚的呼唤作出反应，此时此刻——李阿姨的眼角溢出了泪水！一丝，又一丝。先是左眼，继而右眼。杨锐拭睛再看，真的，绝对真实无误！"李阿姨有反应了！"杨锐大呼起来。大夫、护工闻声而拢，有人当即拿来相机，拍下这非常的一刻；整个病室，立马生机萌发，群情激动。

杨锐回到季羡林的病房，报告这大好消息，老人自是欣慰无比。一周前，有人送来一只烤鸭，搁在冰箱里，这两天因为李老师生病，无心品尝，今儿心情"阴转晴"，他让护工小王把烤鸭取出来，嚷嚷着要和大家一起分享。

日子就在等待和祈愿中流逝。8月18日，清晨，季羡林伏案，写下第二张便条："天佑善人。天道酬善。……"这条子，自然仍由杨锐拿到李阿姨的病床前念。此时，李玉洁已经恢复清醒了。

8月21日，是李玉洁的七十八岁生日，季羡林写了一首诗，题《贺玉洁病愈》，全诗如下：

> 玉洁生病　绝顶聪明
> 先选时节　后定环境
> 二者完成　病情得控
> 一转瞬间　又吹东风
> 从此以后　永远康宁

署名之后，又缀上一句英文："Happy birthday"（祝生日快乐）。

诗中，季羡林所说"先选时节"，应是指天高气爽的秋季，且在温总理看望之后；所说"后定环境"，应是指发生在301医院——的确，如果不是近水楼台，抢救、治疗及时，李玉洁的这一病，定然凶多吉少。通观全诗，活泼、乐观而又不乏诙谐，看得出，老人的心情极为轻松。

9月4日，我去301医院探视季先生，在病房门外，听得季老对护工小王说："病来如山倒，病去如抽丝，你李阿姨的病，在一天天好转，痊愈有个过程，不要太急。"看，老人已经在做年轻人的工作。

10月1日，国庆，季羡林又给李玉洁写了一信："玉洁：祝你节日好！当年我们相对背诵苏东坡'明月几时有？'那一首词的时候，其中有两句话：'人有悲欢离合，月有阴晴圆缺，此事古难全。'当时你也同意这个观点，现在身体力行。"

作为秘书，杨锐问："将来这些信要不要收进全集？"

季羡林回答："收。"

第二章

早年的人生雨巷

兼桃多家的野孩子

一个人的德文专业

《清华周刊》与校内风云

现代版的瑜与亮

傅斯年、汤用彤、胡乔木

张冠李戴的《梦游清华园记》

三十年代的政治试题浅议

在欧洲成了无神论者

小学、中学、大学同学

蹦出来的一中校友王昭建

兼桃多家的野孩子

2006 年元月上旬，笔者着手撰写《季羡林——清华其神，北大其魂》，首节从 2005 年 7 月 29 号写起，温家宝总理到 301 医院探望，提前为季羡林先生祝寿，计划写到 2006 年 8 月 6 日，即季先生九十五岁寿辰，取个前后衔接，首尾呼应。2006 年 8 月 2 日，笔者去医院看望季老，和李玉洁约定，待他们忙过这阵生日庆典，10 日左右，我再来，为传记《百年回眸》章节作最后的采访。孰料风云不测，8 日，李玉洁突然病倒，计划遂告夭折。于是当机立断，传记就写到 8 月 2 日为止，例行加个跋，题为《篇末说禅：期望和读者共同演奏》。

书稿杀青，写作的意绪并没有消失，相反，因为传记的粗线条，若干细节没能用上，或者虽然点到了，但没能从容展开，又涌起继续采访、探索的冲动。于是决定，干脆再写一本，关于季先生的晚年。

多年来养成的急脾气，说干就干。2006 年 9 月 4 日，笔者再次前往 301 医院，探望老人家。是日下午三点三十分，我如约来到病房。季老很远就伸出右手，我略作犹豫，然后快步迎上去，与老人紧紧相握——以往碰到这样的事，倘若李玉洁在场，她会坚决制止，因为老人免疫力低下，担心病菌传染；今天破例，没有李玉洁圆场，总不能让季老热情的手虚悬在半空。相握的刹那，我注意到老人神清气朗，精神愉悦（据此判断，李玉洁身体必无大碍）。老人示意我在他左边的椅子落座，这是专为客人设的（身后的台案摆着一帧与温家宝总理的合影，宾主采取的也是这方位）。我今天来，有一点公事，为敝乡阜宁县的散文活动求季老题字，季老二话没说，欣然应允；公事之外，就是采访，因为写作那本传记，勾起了许多新的疑问，今日正好当面讨教。

话题从季老的父亲谈起。老辈人提到尊长，不能直呼其名，在名前要加一讳字，如季老父亲名嗣廉，惯例作父讳嗣廉。我问："此书要不要遵循旧例？"答："是以你的口气？还是我的口气？如是你的口气，当然不必。如是我的口气，两可。"又问："您父亲死于1924年，那年，您十三岁，按此推算，他的寿命也就三十出头，不会超过四十。"答："那时太小，实在记不得了。反正，母亲活过了四十。"说到这儿，季老的右眼角流出一行浊泪，他从桌上拿起一张手帕纸，轻轻揩拭。

老人恋旧，回忆的闸门打开，往事潮水般汹涌。季老谈到他的父亲和叔叔，在老家混不下去，跑到济南城打工。打工卖的是苦力，卖得好，可以混张嘴，仅此而已，想发达，是没门的。奇迹出现了：季老的叔叔交了大运，一次买奖券，关于湖北水灾的，他用的是身上仅剩的五角钱，居然中了头奖，赚得明晃晃的几千两纹银，兄弟俩一夜之间成了暴发户。老人强调，这奖券是他叔叔掏钱买的，这中奖获得的银子，按说，也都是他叔叔一人的，难得的是叔叔和父亲手足同胞，不分彼此，有难同当，有福共享。兄弟俩把银子运回官庄，穷人有了钱，第一个念头，就是置地置房，地要带水井的良田，房要砖墙瓦盖的大屋，那时兄弟俩尚未成，尽一份农村

季羡林二妹、季羡林叔叔、季羡林女儿婉如、季羡林儿子季承、季羡林婶婶、季羡林夫人（从左至右）

单身汉的虚荣，把家业置得风风光光，有声有色。

人在巅峰状态，无论是财富，还是荣誉、地位，极易露出他的底色。父亲因弟弟中奖起家，犹如天上掉馅饼，一下子成了当地的小富翁。他没有持家的经验，不懂得任何经营，相反，他的头脑开始发胀，想象自己是乡村中朱家、郭解一流的豪侠人物，开始仗"义"疏财，大肆挥霍，忘乎所以。比方说，一次到外村赶集，经人一吆喝："季大财主来了！"他就忘了自己究竟才有几个钱，竟然宣布，今天在这棚里喝酒吃肉的，一律由兄弟我"买单"。如是乎这般，钱来得容易，去得也容易，没有多久，父亲就把一个新兴的家业折腾完，重新沦为穷光蛋。……

——这些我都熟悉，在前一本传记中也有所交代，如果让季老趁兴发挥，恐怕一下午都不够。我赶紧打断，把话头引到济南。我问："您后来到叔叔家，算不算过继？"这是我一直存疑的（在写作传记过程中，曾为此咨询过许多人，包括原东语系党总支书记贺剑城、副书记张殿英等，都没能搞清楚）。答曰："叔叔和父亲究竟怎么商量的，我不清楚。从后来的情况看，反正没办手续，应该不算。因为过继，就是完全给了人家，父母就我一个男孩，不会把我舍出去。""那么是兼祧？"我拿笔在纸上写给季老看，他举起放大镜，瞅了一会，说："是这意思，但承继的不止两家，是好几家。过继和兼祧不一样，过继要随叔父的成分走，叔父是城市小资产阶级，那样一来，以后的工作、生活，不知要增加多少麻烦；兼祧还是跟父母，我父母只有三分地，太少，麦子都没法种，只好种绿豆，土改时划成分，定我为贫农，分了三亩地。"接着又说起我熟稔的往事：清平县官庄老季家，是一个大家族，在他父亲那一辈，有兄弟十一个，堪谓人丁兴旺，后继有人。但是，由于家道中落，这十一个兄弟中，有六个闯了关东，而且一去杳然，下落不明；一个送了人，易了姓；剩下的四个兄弟，四户人家，总共生得两个男孩，其中之一，不幸被土匪绑票，丢了命；仅存的一个，就是他季羡林。——且慢，这里又蹦出另一个疑问：

"前次我在临清见到季孟祥，您说他的高祖，就是那兄弟十一个中排行老大的大大爷，既然大大爷有后，就说明他有儿子，那么，大大爷的儿子，即您的堂兄弟，与这个被土匪绑票而丢了性命的堂兄弟又是什么关系呢？这里只有两种可能：一、两人是同一个人；二、在这个死去的堂兄弟之外，还有一个堂兄弟，就是说，在您那一辈，官庄老季家至少有两个传宗接代的男孩。"

季老说，那个被撕票的堂兄，大他好几十岁，不是大大爷家的。大大爷的儿子，叫宝庆，死得早，只活了十七岁，但宝庆结婚早，生前已有了儿子。——这解释还说得通，宝庆死后，在先生那一辈，作为男孩，的确就剩他一个了。

不知怎么提到了幼名，季老说，他这一辈，人名有两个用字，一是"宝"，一是"林"。早先在乡下，他叫宝山。到了济南，叔父不喜欢"宝"，改用"林"。起了两个名儿，一个叫羡林，一个叫慕林。经一位老学究拍板，圈中羡林。幸亏没叫慕林，慕音同木，上海话骂人呆头呆脑，不灵活，就叫阿木林。说到这儿，老人嘿嘿一乐，似乎对这句自我调侃颇为欣赏，片刻，又重复了一遍。

季老接着说，他六岁离家，初到济南那会儿，基本上是一个野孩子，不懂规矩，没有教养。叔父把他送进一家私塾，塾师是一位白胡子老头，整天板着脸，令人望而生畏。他却无知无畏，塾师教他向孔子牌位行礼，他明里鞠躬，暗里腹诽；塾师让他念《百家姓》，他就"赵钱孙李，先生没米，周吴郑王，先生没床"地胡诌一通，逗得一帮小伙伴笑痛肚子；闲常，只要塾师一转身，他就立刻做鬼脸，玩花样，搅得课堂一团糟。如是念了一年，塾师实在受不了，就找来叔父，说："你这位侄少爷没法教，请你另寻高明。"

另寻高明的结果，就是进了一师附小，待了不到两年，又转到新育小学。2002 年，季先生在 301 医院回忆这段生活，写下了两万余字。季老说，在一师附小，他只记得李长之，因为他后来成了名人，再就是卞蕴珩，"他大概是长得非常漂亮，行为也极潇洒。对于一个七八岁的孩子来说，男女外表的美丑，他们是不关心的。可不知为什么，我竟记住了卞蕴珩，只是这个名字我就觉得美妙无比。此人后来再没有见过。对我来说，他成为一条神龙。"

到老不忘，记忆的根须必然扎于特殊的土壤，正如我对这则逸闻感兴趣，皆因为主人公姓卞。我这个姓少，物以稀为奇，倘若他叫张蕴珩，王蕴珩，相信我是不会对他另眼看待的。七八岁的孩子，应该有了朦胧的爱美之心，我猜想，季羡林因为小时候出过水痘，脸上留有浅浅的白癜，不多，也就是"四五个星天外，两三点雨山前"的布局（晚年绝对看不出来），但也煞风景，煞翩翩少年、面如冠玉的风景。所以他对于美貌，才比一般的孩子更为敏感。

关于新育小学，季先生有过一段回忆，他说："小学也是每学期考试一次，每年两次，三年共有六次，我的名次总盘旋在甲等三四名和乙等前几名之间。甲等第一名被一个叫李玉和的同学包办。他比我大几岁，是一个拼命读书的学生。我从来也没有争第一名的念头，我对此事极不感兴趣。根据我后来的经验，小学考试的名次对一个学生一生的生命历程没有多少影响。家庭出身和机遇影响更大。我从前看过一幅丰子恺的漫画，标题是'小学的同学'，画着一副卖吃食的担子，旁边站着两个人，颇能引人深思。但是，我个人有一次经历，比丰老画得深刻多了。有一天晚上，我在济南院前大街雇洋车回佛山街，在黑暗中没有看清车夫是什么人。到了佛山街下车付钱的时候，蓦抬头，看到是我新育小学的同班同学！我又惊讶又尴尬，一时说不出话来。我如果是漫画家，画上一幅画，一辆人力车，两个人，一人掏钱，一人接钱。相信会比丰老的画更能令人深思。"

在人生的道路上，小学同学的命运，通常是相差最大的。此事不用举例，我想每个人都有切身体会。2008 年 6 月 13 日，笔者路过济南，特意访问了季老就读过的新育小学。旧址仍在，现改名为山东省实验小学，该校宣传栏内，赫然展示着三位名人的照片：王尽美、季羡林、巩俐。前者是中共一大代表，后者是著名影星。季先生的照片夹在两人中间笑，脸上的每一条皱纹都是舒展的，若有乐曲在其间回旋。

言归正传。笔者发现，老人的记忆，年代越久远，反而越清晰、越逼真、所以当季老说到小学生活，我便拿话岔过，看表，已近四点半，耽搁老人这么多的时间，罪过，罪过。赶紧长话短说，末了，请季老送我一幅字，季老取出纸笔，直书"鹏程万里"，我说都这么老了，还鹏什么程？季老一笑："你才多大，老什么老！"同来的青年书法家王大文也出言求字，季老信手录了一首唐诗："劝君莫惜金缕衣，劝君惜取少年时；花开堪折直须折，莫待无花空折枝。"大文年轻，诗的含义很明确：莫负好时光。季老写罢，搓搓手，得意地炫耀："你瞧，我这手还不抖。"

一个人的德文专业

2006 年 9 月 18 号，上午，再访季老。在这之前，我曾经去了一趟济南，期间，特意请先生的堂重孙季孟祥从临清老家的村头，捡了若干小石子，带回京城，供搁在先生病房的鱼缸里用（这是老先生交代的，对我来说，这就是一个信号：先生老了，越来越思念亲人，思念故乡）；此外，在济南街头行行复行行，寻找季先生当年居住的旧址，南关佛山街 40 号，遗憾，由于城市改造，道路扩建，老街荡然无存；还前往南郊玉函山，祭扫了季先生叔父叔母的墓园，并走访了季先生的部分亲友。——我把情况向季老作了简单汇报，随即单刀直入，进入职业性的采访。

先生的堂妹婿彊菊田，已经去世，这次我在济南，见到的是他的后人。彊公生前曾著文，回忆季老的家事与往事，有许多值得参考的细节，比如他叙述官庄老季家："祖上是一个封建官宦破落人家。清末'洋务派'在各地开办'洋学堂'，其父兄弟二人同来济南报考'武备学堂'。结果，其叔父考上了而其父名落孙山，只好仍回临清务农。"这里有两点：一、祖上做过官，二、父亲和叔父都念过书，是其他材料中没有的。又比如他描述季老儿时的顽皮："那时上学用毛笔书写，季公每次在校与人打架归来，墨汁涂得到处都是，脸上手上身上常常忠实地记录着他打架的'战况'。因此，每次进门，婶母立即喝问：'为什么又跟人打架？'季公深感纳闷，一次悄声问妹妹：'我打架婶母怎么知道得这么清楚？'妹妹听后大笑：'你自己照照镜子看看脸上！'季公照罢，自己也禁不住笑起来。"还有一则生活趣事，是挖季羡林的老底的：季羡林大学毕业后回济南教书，为了上下班方便，买了一辆英国老飞鹰牌自行车。"季公非常爱惜这辆自行车，每天下班回家都要擦洗一番。一次他的内兄彭平如（书法家）想借骑一下，季公拟有别用，未允。彭公甚为恼火，于是趁其不备，在自行车前放了一只香炉，插上三炷香，告诉人们这是把自行车'供'起来了，言下颇有揶揄嘲讽之意。"这种年轻人的情状，只有彊菊田能提供，算得是孤本了。但是，其中有一处说到：季老当年从德国学成归来，由于"在国内的梵文研究独树一帜，曾受到蒋介石的接见"，对此，我向未听说，便问季老："有没有这么一回事？"

季老说："是受过蒋介石一次接见，但不是因为梵文研究。蒋介石懂什么梵文，他哪里会对这感兴趣！情况是：1931年'九·一八'事变，日本鬼子侵华，清华学生全体开会，决定到南京向蒋介石请愿，要求出兵抗日。当时清华的学生会会长是尚传道，参加会议的有六百人，会后真正下决心去南京的，只有一百，占六分之一（笔者按：另一说，由清华、燕京等院校学生共同组成南下请愿团，清华只有三十多人参加——见黄延复《水木清华》p468）。当时车站在前门，雄赳赳地走到那儿，登上一列火车，左等右等，车子硬是不开。派人交涉，站长说：'我没有得到指令，这样不明不白的，我怎么负得起责任？'大家于是下车，卧轨，切断交通线。当时是有思想斗争的，卧轨是把脑袋搁在枕木上，万一火车开动，脑袋不就没了，因此脑海里也闪过，紧急关头，脑袋还是要向后缩一下。你看，人毕竟是脆弱的。经过斗争，站长大概得到指示，答应开车。路上，大家讨论何时开展绝食，那时车开得很慢，如果上车就绝食，到了南京，不都得饿死！于是决议：到浦口再实行。去的人有两派，左派、右派，左派拥共、右派拥蒋。一路争执，见了蒋介石，谁代表清华讲话，两派都想争发言权。我是小萝卜头，干听，不插嘴，让我干吗就干吗。在浦口过轮渡，开始绝食，徒步走到总统府，那里全是学生，上海来的居多，我们到达，受到热烈欢迎。蒋介石派清华老学长钱昌照出面斡旋，劝我们先吃饭，否则蒋委员长不见。大家不干，他就让跟他走，到中央军校，说蒋介石在那儿接见我们。我们这一走，遭到其他学校的轰骂。到了目的地，来了很多说客，都是清华老校友，见面先劝吃饭，大家硬挺着不吃，坚持到夜里十二点，蒋介石终于出来了。他说，你们从北方来，没看到沿途络绎不绝的军车吗？那都是我派的，到北方去抗日。……蒋介石花言巧语说了一通，末了答应抗日。蒋介石走后，大家就开始吃饭。然后，就回到学校来了。清华学生这次表现，不如北大，北大学生是被军警两人架着一个，强行押上返程火车的。所以清华后来检讨，说这次行动真丢人。"

季老回忆起来滔滔不绝，往事历历如在目前。庆幸他说得这么清楚，不然，以弭菊田先生至亲的身份，很容易以讹传讹，弄假成真。

季老这里提到了钱昌照，说他是清华老学长，此说不确。笔者查阅资料，钱昌照在国内的教育，仅限于上海浦东中学，大学是在英国念的。钱昌照与清华结缘，是在1930年春。那时，清华爆发抵制国民党CC派吴南轩任校长的风潮，蒋介石大怒，派国民政府秘书兼教育部常务次长钱昌照前去处理，责令对闹事者严加惩罚。钱昌照清楚，清华的学生是不好对付的，在吴南轩之前，他们已赶走了几任校长，其中包括"五四"运动的健将、大名鼎鼎的罗家伦！钱昌照到了清华之后，没有按照蒋介石的指示办，而是根据国情、校情，作出支持学生的决定。钱昌照把理由报告给蒋介石，并争取到蒋的同意，以翁文灏取替吴南轩，出任清华校长。钱昌照无疑博得了清华学生的爱戴，被他们当作了自己人。季羡林是1930年秋季进清华的，他没有赶上驱吴学潮，其间的种种热闹，以及政府代表钱昌照的表现，一定有所听闻。尔来年深日久，记忆不知在哪一环节发生了错位，误把钱公当成了他的清华前辈。

话题转移，我问季老："清华学生戏弄吴宓，把他的旧诗今译为：'一见亚北貌似花，顺着秋秸往上爬。单独进攻忽失利，跟踪盯梢也挨刷。……'您讲'亚北'乃欧阳，是外文系一位女生的姓，亚北怎么一下子跳跃到欧阳？读者的思路跟不上，我琢磨，应是这样一种转换：'亚北'，即亚洲之北，喻指欧洲之南——'欧阳'。"老人说："我还真没有想过。"接着告诉我，欧阳小姐，全名欧阳采薇，英文专业的，吴宓眼中的大美人。后来嫁了个丈夫，也姓吴，不是吴宓，是……噢，叫吴之椿。这人资格很老，老北大毕业，我读清华时，他已是教授。新中国成立后，在北大法学院任教，后来院系调整，调出去了。欧阳采薇新中国成立后在新华社对外部工作，曾经为了翻译印度的一个什么词，跟我联系过。

我立刻想到先生的德文专业，忙问："您所在的德文班，总共是几人？"季老说："就我一人。"回答出乎意外，怎么一个班就一个学生？满腹狐疑，又问了一次，季老解释："不是德文班，西洋文学系1930年入学的为一班，分三个专修方向：英文、法文、德文。我的专修方向是德文，起初和我一起学德文的，有本班的，也有外系的，人数不老少，以后逐年减员，到得毕业，就剩下我一个。"噢，想起来了，先生在《清华园日记》中说过三年级选德文的只有两人，四年级选德文的只有他一人，担心开不了班，毕不了业——原来是这么一回事。

先生的清华同班同学，始终是我心头的一个谜，在已经脱稿的传记中，我写的是："季羡林在西洋文学系待了四年，除了《清华园日记》，他从未提到过同班同学，据笔者所知，也没有任何同班同学提到过他。"季老看过这段文字，未置可否。问他同班同学都有哪些人，也说记不清了。笔者曾于9月12号，也就是赴济南那天的上午，去过清华档案馆，查阅了先生那一班的花名册。他是1930年进的清华，西洋文学系新生共十八位，以江苏籍的为多，五位；山东、四川次之，各三位。我把这事跟季老说了，季老转了头，笑吟吟地问："你想了解谁？"

"王岷源，"我说，"在我抄录的名单中，他排在第一位。"季老即刻反应："王岷源和我很熟，他是四川人，家里很有钱。清华原来是留美预备学堂，学成统统出国。到了我们那时候，章程改了，变成大学毕业不能直接留洋，要先在研究院读三年，才能获得公派。王岷源走的就是这条路，他研究生毕业去了美国，大概在1947年初回来，为胡适引荐，进了北大，我俩成为同事。王岷源起初教英语，新中国成立后改行教俄语，末了又改回来。"

按照名单顺序，我报出了尤炳圻。这个"圻"字，我查过字典，读"yín"。先生愣了一下，说："尤炳qí。"我说是土旁加一个斤，先生说："对，圻是双音字，这儿读qí。"等等又说："他后来留学日本，日军占领北平，他和周作人、钱稻孙搞到一起，成了汉奸。他的姐姐也是清华的，姐夫是李健吾，有名的作家。"

接下去，我报出了"陈兆枋"。这人我有印象，先生在《清华园日记》中，说两人住同一个宿舍。"不是fāng，是běng，"先生纠正。怎么又念错了？先生解释："他最后一个字是祊，不是枋，因为大家把'祊'字都念成fāng，他有时也就干脆叫陈兆fāng了。这人死得早，刚解放，就殁了。"唉，今天一连读了两个别字，虽然第二个责任不在我，心上总是觉得无趣，禁不住直摇头。

不能再错了，我记起先生执教济南一中时的经验，遇到没有把握的名字，就不要念，便把那份名单扫描了一下，断定，下列名字是不会读错的，他们依次是：吕宝东、张君川、陆以循、左登金、武崇汉、施闳诰、何凤元……先生逐一回答，他说："吕宝东这人很有意思，"怎么个有意思法？老人没有展开，接着说："吕宝东后来去了英国，干吗不知道，一辈子没结婚，曾经回国一次，到北大看过我。张君川，先是去了浙大，我有一年到杭州，请我吃过饭，后来转到上海外院，教授莎士比亚。陆以循么，这人小提琴拉得很好，没毕业，就转到清华一个乐队……（笔者按：以下没听清），我从国外回来，他好像在天津，解放初又回到清华，教音乐。左登金，运动员哪，踢足球的，去了哪儿？记不得了。武崇汉，我在济南（教书）

期间，他来看过我。施闳诰这人自视甚高，不搞创作，也不搞翻译，后来参加革命，新中国成立后，到非洲当过什么国家的总领事。何凤元？记不起来，你晓得什么，提示提示看。"先生看出我事先作过准备，所以这么说。我翻了翻笔记，根据我所掌握的材料，何凤元是著名的"一二·九"运动学生领袖，毕业后进入中国航空公司，四十年代初考取公派赴美留学，学习民航业务……先生一边听，一边以右手三指击桌，想了许久，仍想不起来。可见，他跟同学的联系，是极为稀疏的。

"这些同学中，除开您，还有哪几位健在？"我问。先生猛摇其头，连说："不敢肯定，不敢肯定。"有资料说，先生那一届的学生（亦称第六级），毕业六十周年在清华有过一次聚会，并在西湖游泳池东北侧树了一块"人文日新"纪念碑，我想到哪天前去看看，也许能发现一些新的线索。

季老和吴组缃、李长之、林庚，同称清华园"四剑客"。这个说法，依我看，是自封的。我把这意思说了，季老回答："是这样，大二还是大三，清华演过大仲马的《三剑客》电影，以后有一些要好的同学，就自称几剑客，几剑客。"啊，原来如此。

当晚，我查了一些资料，比如，高季羡林一级，与钱锺书、许振德同班的常风，曾记述："1933年春假的一个下午，许振德来找我们一块儿去逛颐和园。我们步行到了颐和园，看见有几头毛驴。许振德说：'咱们骑毛驴去碧云寺逛逛吧。'锺书和我都没骑过毛驴，我俩战战兢兢地骑了上去，由驴夫牵着到了碧云寺。在碧云寺拜谒了孙中山的衣冠冢，在庙里转了一小圈，老许提出去香山，于是我们就顺便游逛了香山，还想到八大处，可是到了卧佛寺时间已经不早了，就又返回香山。在香山到处乱转了一下，走到香山大饭店，老许说：'咱们今天浪漫一下吧！'就去香山饭店住了一夜。那时候好像香山饭店住一个大房间只两块钱。但是要吃饭。三个人带的钱就都不够了，只好每人两毛钱吃了一碗面条。这就是我们唯一的一次在北京的旅游。老许说：'咱们够浪漫了，'又戏称我们是'三剑客'。大概是头一年才看了'三剑客'的电影，因此想起了这个绰号。以后老许就经常提起'三剑客'，常提起香山那个浪漫之夜。"另外，华罗庚、段学复、王时风，他们三个人高马大，而且都戴眼镜，又经常一起在校园里遛弯，亦被人们称为清华"三剑客"。——这两则资料，可作为季羡林他们"四剑客"的背景。

《清华周刊》与校内风云

邵华女士为季老拍了很多照片，部分收录于我为先生选编的新书《阅尽沧桑》和《故乡明月》。邵女士出身于北大中文，转而在摄影界发展，担任中国摄影家协会的会长。观其镜头下的季老，神情、姿态、构图、照明、曝光以及制作种种，均有过人之处，非我辈业余玩家所能企及。比如这幅季老九十四岁华诞时的留影：老人家头戴绒线帽，身穿大红对襟唐装与毛衣，手持龙头拐杖，神旺气足，喜笑颜开，背景分别是黄山奇松、金林秋水、老梅绽花——对了，问题就出在这背景，九十四岁的老人，不可能再去攀登黄山，这玩意，显然出于电脑合成。再比如这一幅：季老全神贯注，伏案写作，背景是巨幅国画，隐约见崇山如阙，江流婉转，我从未在先生处见过这样的画，必定也是电脑制作无疑。然而这一幅：季老踞坐在健身器材上，身子微向后仰，两手拉动杆柄，双脚自由蹲踏——怎么看，也不像是假的。老人家标榜"三不主义"，第一项就是不锻炼，哈哈，不锻炼毕竟不行，人，还是要适当运动的好。2006年10月16日，笔者拜谒季老，趁机奉上新出的文集，问："这幅在健身房的照片，是什么时候拍的？"

季老瞧了瞧，说："前年，是在这楼上；现在不行了，腿站不起来。"

难怪，我来见季老，他老人家总是一个姿势：规规矩矩地坐着。世上许多事，都不能绝对，就拿锻炼来说，查《清华周刊》，先生同班，至少有两位运动健将——左登金和何凤元，然而这两位好汉，都没能活到季先生这年纪；也有相反的例子，比如我最近访问的季老的内弟彭松，小季老五岁，也是九十岁的人了，看上去，只得七十岁的模样，走起路来，依旧称得上"健步如飞"——彭松曾是舞蹈演员，是戴爱莲的及门弟子，长年艰苦而系统的形体训练，打下了扎实的身体功底。

季先生爱静。1935年，他在济南省立高中教书时，校长宋还吾对他的评价就是"羡林很安静"。这话一词多义，既点出他的拙于应酬、不擅揣摩，又传达出他的语默、气定、神闲。笔者曾跟季先生交流过，古代道家讲究静，重点在于服气、炼丹、修道、养气、练气等等，而季先生的静，是一种在追求学问过程中身心俱融的状态，宠辱皆忘，顺其自然。

近翻季先生的《清华园日记》，1932年8月25日，他提到同班有位女士，姓姚，名锦新，钢琴家，"阅报见姚锦新出洋，忽然发生了点异样的感觉。"

我遍查季先生入学和毕业的花名册，都没有这个名字，问是怎么一回事？

季老答："她和我一年入学，进的是政治系，大二转来我们班，读了一年，就出洋了，到德国进修音乐，你当然两头都查不到她的名字。姚锦新很有名，清华曾经选过校花。我入学后，不选了，姚锦新就属于未经加冕的校花，她会弹钢琴，有些花花公子整天围着她转，比如她弹琴，总有一个西装笔挺的男士为她掀五线谱。我这样的野小子、土包子，当然够不上她的边，连话也没讲过。她大三出国，那时出国是件大事，何况她书没念完，就获得机会，着实令人羡慕。1935年我去德国，听说她还在柏林音乐学院，后来好像又去美国留学。新中国成立后见过她，穿上军服，革命了，这是我意想不到的（笔者注：据黄延复《水木清华》，姚锦新由美返国，先后在清华和中央音乐学院任教）。姚锦新有个弟弟，也是清华毕业的，大家都知道，他当过副总理，叫姚依林。"

由姚锦新，季先生又谈到西洋文学系另一位钢琴家，葛其婉，教法文的，波兰人。他感叹："清华有很多音乐人才。"笔者事后查《清华周刊》，在1930年第三期上，果然得一新闻："星期日，西洋文学系假同方部开迎新会，武鸿钧任主席，系主任王文显即席发言，吴可读教授演讲，题目是'牛津大学生活与中国大学生活之比较'，葛其婉女士自弹自唱，歌喉美妙舒婉。"又："大三吴侃君演奏胡琴曲《病中吟》，"再又："温德教授唱歌，葛其婉钢琴伴奏，"云云。

季先生对"一见亚北貌似花，顺着秫秸往上爬……"的打油诗，记忆特别清楚，每次提到吴宓，总是脱口而出，但季先生只记得部分，我想查全文，问："您还记得发表在《清华周刊》哪一年吗？"

答："大概在1932年。"

次日，也就是10月17日，下午，笔者又去了清华图书馆，在地下室的一隅，翻阅那些发黄泛旧的期刊。为了保险，我从1930年秋季，一直查到1934年夏季，即季先生求学的全过程，毕竟是走马观花，一目数行，不，数页，到底也没能查出原文。倒是发现另外两则关于亚北的花絮，其一写于1931年2月，云："亚北女士系园内交际花，与'四大金刚'关系密切，一日，亚北女士请其中一位金刚去城内跳舞，那位男士犹豫不决。女士说，放心，不要你破钞，我请客。对方仍犹豫，不是怕破钞，是怕另一位金刚的老拳也。"其二写于1932年2月，云："亚北行将毕业，拟去法兰西留学，她已经有了他，姓名不详，是从'城里来的'，别矣亚北，去也欧西，从今后，那引起半座图书馆惊羡的吃吃声，将不复再盈耳可闻了。"——由此二则花絮可以看出，亚北是清华园的大明星，难怪吴宓先生以半老的年纪，还要去当她可望而不可即的"粉丝"。

此处宕开一笔，自从我在《季羡林：清华其神，北大其魂》中提到亚北，即欧阳采薇，不断有人向我打听她的详情。也算是隔代的追星情结吧。检索资料，关于欧阳采薇的丈夫吴之椿，信息寥寥无几，吴是湖北人，省志在其名下仅有如下一段简略介绍：

> 江陵（其乡今属沙市）人。民国初年于武昌文华大学毕业，后赴美国留学。1920年回国，任暨南大学教授。1923年夏，应邀回湖北任武昌国立商科大学教授，支持学生进步活动，1926年，北伐军进逼武汉，随军北伐。国民政府迁都武汉，任外交部秘书兼政务处长。次年1月，汉口英租界"一·三"惨案发生，国民政府决定收回英租界，吴协助部长陈友仁与英方谈判，并参加"英租界临时管理委员会"工作，具体主持租界内一切事务。2月19日，中英双方达成《收回汉口英租界之协定》。其后，协助陈友仁收回九江英租界。7月15日，汪精卫背叛革命，在武汉秘密召集"分共"会议，宋庆龄坚不赴会，以陈友仁为代表，赴会发言表示坚决反对"分共"。同日由吴向中外新闻界发表《为抗议违反孙中山的革命原则和政策的声明》，并印刷成传单，在武汉三镇大街小巷广为张贴。"宁汉合流"后辞职。1928年在武汉大学任教授。次年，应聘赴北平，任教于清华大学，曾营救遭逮捕的袁博之等共产党人。后不知所终。

从二十年代看，吴之椿算得一个人物。三十年代后即"不知所终"，可见一生事业不显。笔者在杨绛的传记中，查到吴之椿的前任女友为袁震（吴晗夫人），又在赵元任夫人杨步伟的《杂记赵家》中，查到吴之椿和家人抗战期间从南京去了长沙、昆明，入西南联大，沿途为了弄船票、车票，很露了一些"皮袍下的小"。人生一时的不检点，被文字无情地定格。幸好在西南联大学子何兆武的笔下，还有另外一番描述：

……吴之椿先生，那时候总有五十多岁了，比一般的老师都老，也是讲西洋政治思想史，其实主要就是讲十九世纪后半叶英国达尔文主义的社会思潮。吴先生的课讲得非常深刻，谈到斯宾塞以降的英国政治思潮，真是如数家珍。不过他和张奚若先生一样，都没写过大文章，要按现在的标准得被刷下去，可是那时候人们都知道他们是大学者，学问非常好。吴之椿先生偶尔写文章，也不是纯学术性的，我倒是对他的文章很欣赏，有一段我现在都记得，他说：人类的关系有一种是权威的关系，一种是圣洁的关系。比如政治上是权威的关系，你是我的下属，你就得服从，可是夫妻间就是纯粹的圣洁的关系，夫妻双方是平等的，并不是说一方命令你什么你就得听他的。吴先生说："可惜中国人的事情权威的成分多，而圣洁的观念少。"这段话给我印象很深。

吴之椿的事迹就查到这些。至于欧阳采薇，八十年代末有篇轰动一时的报告文学，叫《世界大串连——中国出国潮纪实》，作者是胡平、张胜友，其中有关于她的采访，节录如下：

欧阳采薇，女，七十七岁。去年年底从新华社对外部退休。她女儿，吴采采，三十七岁，北京环境保护监察中心的科研人员，目前正同时准备"托福"、"GRE"（一种要求比"托福"更高、也是由美国教育考试服务处主办的考试）两门考试。

老人告诉我们——

我为什么要让采采出国留学，这还得从三代人的命运谈起。

先说我母亲。我父、母都是日本留学生，母亲先学医，以后又攻读工艺美术。父亲挺封建，不让母亲出去工作。她徒有一肚子才学，却做了一辈子家庭妇女。

我的命运自然比母亲好些，可也没少磕磕碰碰。我还只有四岁时，母亲就要我去读书，她对我学业很关心。渐渐大了我才明白，母亲是把自己失去的希望全寄托在我这个女儿身上……我在燕京大学读书时，大部分学生是教会中学保送去的，又多是贵族子弟，一门子心思几乎都耗在吃穿享乐上。学校里三天两头开舞会、茶会，女士们男士们竞相比着气派和时髦。上课、下课都说英语，似乎谁都以为自己真成了个黑头发、黑眼睛的英国人……我没忘记自己是个中国人，也看不惯这种生活方式，读了不到一年，便退学了，以后报考进了清华大学西洋语言文学系。

我总觉得一个女人该和男人们一样，先得有文化，然后得为我们这个日渐衰落的古老民族做些什么。但结婚后我没有工作，一直坐在家里做家务、带孩子。我不甘心呐。我便读英文小说，翻译罗素、爱因斯坦等著名人物关于人生观方面的论述，头几篇登在《大公报》上。还学了点德文，又学写过散文。次年，我便找到了工作。

1947年，美国大学妇女协会给亚非国家学生资助奖学金赴美留学一年，在中国委托美国新闻处在北平、上海、南京等十个城市招考。当时，我已经有了三个孩子，三十七岁了，家里又是这种境况，但我还是去报考了。结果录取了两名，一名是上海沪江大学一个搞原子能的，北平的这一名就是我。一年后，我先在洛杉矶加州大学英国文学系上了一段，以后又到哥伦比亚教育学院英语教学专业学习，并获得了英语教学硕士学位。于是这辈子与英文结下了不解之缘，新中国成立后一直在新华社对外部，无论当记者，当编辑，用的都是英文……

我女儿采采，"文革"前的老初三，1968年去了北大荒，做了三年农工，又当了一年半的卫生员。她父亲去世后，组织上照顾我，1972年底调她回北京，分配去北京焦化厂当工人，跟着一位南开大学化学系毕业的女同志搞化验，跟了一年，色谱仪等精密仪器就能独自用了。这时，厂里推荐了十五个人考工农兵学员，录取了八名，她的成绩比这些人都好，却被甩下了，理由是"家庭出身不好"。关于我去美国留学一年的事，"三反"时就调查过，证明了美国大学妇女协会是一个民间组织。"文革"中又翻出来了，大会问，小会追，我成了"特嫌"。虽然材料一直拿不出，影响却像一条影子一直拖在身后，这不，采采的前程又一次被耽误了！我这当母亲的自然伤心，想不到女人在旧社会想读点书难，在新社会又这么难，而且阻力还不是仅来自封建思想，还来自那翻云覆雨、叫人啼笑皆非的"政治"……采采这孩子也伤心，但不颓废，学习上一直抓得很紧。1977年首次恢复高考，她一考就中了，专业对口，录取在北京化工学院分析化学专业，学了四年，又考上了北京工业大学环境化学专业的研究生，获硕士学位。毕业后分在北京市环境保护局所属的北京环境保护监测中心工作。

……

说起来也有意思，我是三十七岁出国留学的，采采则是三十七岁决定出国留学的。晚都晚了些，而且又都是非个人的原因造成的。但历史毕竟是进步了，国家毕竟是开放了，要不然，一个"特嫌"的女儿，哪敢再去美国？采采学成回国后会有一番成就的。我想，我九泉之下的母亲将会为她的外孙女感到欣慰……

这篇报告文学写于1987年，欧阳采薇时年七十有七，按此推算，她是1910年生人，比季羡林大一岁。在杨步伟的书中，吴之椿和欧阳采薇有几个孩子，这里出场的只是一个女儿。

话题拢回。1933年4月19日推出的《清华周刊》，堪谓"四剑客"的集体亮相，其中刊登了林庚的诗《风雨之夕》，吴组缃的散文《黄梅时节》，季羡林的评论《现代才被发现了的天才——德意志诗人薛德林》，李长之的诗《一只无能的鸟》、杂谈《我所了解的陶渊明》以及《编稿后记》。综观《清华周刊》，"四剑客"中，除季羡林外，其余三人，李长之、吴组缃、林庚，都极为活跃，刊物几乎是他们的私家园地，光芒耀眼。同时活跃在周刊上的，还有孙毓棠、张露薇、西谛（郑振铎）、平伯（俞平伯）、叶公超、默存（钱锺书）、卞之琳、曹葆华、钱伟长、张君川、御风，等等。钱锺书当然是厉害角色，署名"默存"的文章，在某一期上，同时就有四篇。那个1935年与季羡林同去德国，因为常弄出一些失而复得的闹剧，而为大伙不喜的敦福堂，也是风头人物，时常有心理学方面的文章刊出，并一度出任《清华周刊》的文书，排名紧靠在总编辑之后。比较起来，季羡林是出道较晚的了，周刊上，除了那篇论文，我所见到的，仅有一篇，刊于1933年3月号，是一篇译自英文的随笔：《代替一篇春歌》，原作者为 Halbrook·Jackson；再就是1933年10月号起，季羡林担当了周刊的校内特约撰述，他的大名，印在封三版权页。

翻阅《清华周刊》，感到最生动有趣的，还是它的"校闻"栏，如俞平伯迁居清华南院，周刊则报道："俞先生不是一人，是连夫人子女都带来，老太爷仍住在北平城内；俞先生的《燕知草》等散文，拥有大批读者；俞先生和佩弦（朱自清）师要好，常在合作社一起用餐"云云。又有："某同学拥有十一个绰号，是为外号冠军，今被另一位同学打破，该生拥有十八个外号，其中有：成吉思汗、布尔扎、巧古列、忽必烈、虎列拉、景泰蓝、小孔雀、巴图鲁、海参、龙须菜，等等。"其他如校园花边新闻，校内、校际体育比赛，乃至某工友患病，某生亲人病逝，某人预计百年后一只弓鞋将增值至大洋两千元整之类，也有生动记述。在电视、网络均未诞生的上个世纪三十年代，《清华周刊》在校园生活中的地位，实在不可低估。

现代版的瑜与亮

季先生的同学，大都已经作古，季先生的师辈就更不用说了。仍是那一次（2006年10月16日），笔者又换了个角度，问起季先生师友的后人。季先生立马回答："有来往，有来往。陈寅恪有三个女儿，都见过，见得多的是美延，地点有在北大，也有在广州，她是搞化学的，在中山大学。吴宓有个女儿，吴学昭，我知道，没来往，在清华大学，蒋南翔的夫人。李长之有两个女儿，李诗、李书，诗书传家嘛，见过。李诗好像在哪个大学，记不清楚了；李书是韩启德的属下。韩启德你知道吗？全国人大副委员长，九三学社中央主席。李书在九三学社。"

复问季老："回首平生，您最感谢哪几位老师？"答："国内三位，陈寅恪，汤用彤，胡适。国外也有三位——"季老讲的是外文，记不下来，他就拿笔在我本子上写下："Sieg, Waldschmidt, Haloun,"译成中文，分别是西克，瓦尔德施米特，哈隆。根据我的记忆，季老在《站在胡适之先生墓前》一文中，也提到他一生有六位恩师，不过国外只有两位，少了哈隆，国内是四位，多了傅斯年。

三年前，张光璘作《季羡林先生》，书稿交给季老，老人看了一遍，觉得不错，在书后缀语："我只想加上一句话：张光璘写的都是我的过五关、斩六将，没有写我的夜走麦城。"曾据此问李玉洁，何谓走麦城？答：

"嗨，就是指那些倒霉的事。"究竟指哪些倒霉的事，她没有说明白。今天当面问季老，他听不清，写在纸上，也看不明白，杨锐出面帮忙，她发音清晰，季老听明白了，说："我不是关公，我没有走过麦城，活得好好的，要是走麦城，就完了。"这不是我要问的意思，老人重听，沟通存在障碍，只好撂过一边。

陆续又问了几个人，比如许振德，季先生说："他有个哥哥，叫许振英，也是清华的，留美，学习畜牧，新中国成立后在东北工作。许振德后来去了美国，我在德国与他通过信，八十年代回来过一次，我与钱锺书在北海公园饭庄请过他，还陪他逛了承德避暑山庄，那时我正住在那儿的招待所，编辑《大百科全书》的外国文学卷，我是主编。许振德后来死在美国，听说死于车祸。"又比如王锦第，季先生说："他是老北大的学生，很熟。1935年我去德国留学之前，几个人在北海公园为我饯行，其中有王锦第。王锦第后来也去德国留学，五十年代初在北大哲学系任教。""张露薇？"季老一愣："你怎么知道他的？""您日记里记着的。"我提醒。"噢！"老人说："清华时期，除开李长之、吴组缃、林庚，来往最多的，就是张露薇。男的。爱写诗和散文，在北海公园为我送行的，也有他。后来我从德国回来，这个人就不知到哪儿去了（笔者按：一说成为汉奸）。"孙毓棠，清华五级的，高我一级，学历史，写诗。这人老实，有些诗写得地道。"至此，季老的思维产生跳跃，他说："你认识曹葆华吗？解放军进城，在西单一个大院，他和毛岸英一起，搞翻译，中联部翻译局，钱锺书讽刺曹葆华写诗有一定格式：'驾着阴风，冲出地狱'（笔者按：听着像这八个字，未能核实）。还有卞之琳，你的本家，他是北大的，与李广田、何其芳，并称沙滩红楼三剑客，文学创作很有成就。"又是三剑客，实际就是哥儿仨，无须桃园三结义，为了同一目的，日常往来密切，聚了伙，成了帮，就是这么一回事。"卞之琳诗写得不错，"季先生又说，"徐志摩也算得一个诗人，戴望舒的《雨巷》，写得很有情调、意境，是我最欣赏的。"季先生背出了第一句：

撑着油纸伞，独自彷徨
在悠长、悠长又寂寥的雨巷，

我不能背，事后查出，接下去是：

> 我希望逢着，一个丁香一样地
> 结着愁怨的姑娘。
> 她是有丁香一样的颜色，
> 丁香一样的芬芳，丁香一样的忧愁，
> 在雨中哀怨，哀怨又彷徨；
> 她彷徨在这寂寥的雨巷，撑着油纸伞，
> 像我一样，像我一样地，
> 默默行着，冷漠、凄清，又惆怅。
> 她默默地走近，走近，
> 又投出太息一般的眼光。
>
> 她飘过，像梦一般地，
> 像梦一般地凄婉迷茫。
> 像梦中飘过，一枝丁香地，
> 我身旁飘过这个女郎；
> 她默默地远了，远了，
> 到了颓圮的篱墙，走尽这雨巷。
> 在雨的哀曲里，消了她的颜色，
> 散了她的芬芳，消散了，甚至她的
> 太息般的眼光，丁香般的惆怅。
> 撑着油纸伞，独自彷徨在悠长、
> 悠长又寂寥的雨巷，
> 我希望飘过一个丁香一样地
> 结着愁怨的姑娘。

这首小诗，庶几可以帮我们走进季先生早年的人生雨巷。

"有人说您与张春桥是正谊初中同学，"我又问。这是上月在济南听到的。"张春桥在正谊念过书，"季老答，"他晚我六七届，不算同学。"

忽然想到了金克木，在一般人的心目中，他是同季先生有得一比的角色：同在北京大学东语系，同治梵学，同样懂得多种外文，同样长寿（金克木生于 1912 年 8 月 14 日，小季老一岁，逝世于 2000 年 8 月 5 日，享年八十有八），晚年又同以散文知名，甚至金克木的临终遗言："我是哭着来，笑着走。"也使人和季老 2006 年的那篇随笔《笑着走》发生联想……那一瞬间，我脑海里又闪过了戴望舒。年轻时，金克木一度痴迷于天文学研究，且有译本《通俗天文学》问世，他尝自谓："宇宙原是个有限的无穷，人类恰好是现实的虚空。只有那无端的数学法则，才统治了自己又统治了一切。"而戴氏更欣赏他的语言才华，硬是把他从天文学的轨道拉了回来——戴望舒曾有诗赠金克木，那诗是这样说的：

> 我不懂别人为什么给那些星辰
> 取一些它们不需要的名称，
> 它们闲游在太空，无牵无挂，
> 不了解我们，也不求闻达。
> 记着天狼、海王、大熊……这一大堆，
> 还有它们的成分，它们的方位，
> 你绞干了脑汁，涨破了头，
> 弄了一辈子，还是个未知的宇宙。
> 星来星去，宇宙运行，
> 春秋代序，人死人生，
> 太阳无量数，太空无限大，
> 我们只是倏忽渺小的夏虫井蛙。
> 不痴不聋，不做阿家翁，
> 为人之大道全在懵懂，
> 最好不求甚解，单是望望，
> 看天，看星，看月，看太阳。
> 也看山，看水，看云，看风，
> 看春夏秋冬之不同，
> 还看人世的痴愚，人世的倥偬：
> 静默地看着，乐在其中。
> 乐在其中，乐在空与时以外，

我和欢乐都超越过一切境界，
自己成一个宇宙，有它的日月星，
来供你钻究，让你皓首穷经。
或是我将变成一颗奇异的彗星，
在太空中欲止即止，欲行即行，
让人算不出轨迹，瞧不透道理，
然后把太阳敲成碎火，把地球撞成泥。

金克木听从了戴望舒的劝告，弃天文而就语言学，对此，他不无后悔，曾在一篇随笔中，怅然叹道："离地下越来越近，离天上越来越远。"1980年，年近古稀的金克木作《寄所思》二首，献给他往昔的诗友望舒先生，其中的《夜雨》如是咏叹：

悠长的一瞬，无穷无尽的呼吸。
喧嚣的沙漠。严肃的游戏。
西湖，孤山，灵隐，太白楼，学士台。
惆怅的欢欣，无音的诗句。
迷蒙细雨中的星和月；
紫丁香，白丁香，轻轻的怨气；
窗前，烛下，书和影；
年轻的老人的叹息。
沉重而轻松，零乱而有规律。
悠长，悠长，悠长的夜雨。
短促的雨滴。安息。

"金克木先生已经去世，对于他，您能说几句什么？"那天，我问季羡林先生。

季先生略嫌迟疑，答："实在不敢赞一辞，金克木很聪明……"他举了两个例子，一是金先生只有小学学历，却能当上北大教授；二是金先生是教梵文、印地文的，却能在北大礼堂给全校师生大讲辩证唯物主义和历史唯物主义。

笔者与金克木先生，并无密切来往，印象中，他的确聪明绝顶。据说他青年时自学过英语、世界语，不懂法语，1939 年，他在湖南桃源女子中学教英文，当时湖南大学招聘法文讲师，他为了谋生，就找来几本法文工具书，看了看，然后就去应聘，居然被选中，堂而皇之地走上法语讲堂！据说他八十多岁，开始学电脑，立马就会操作，能打字，还能用"伊妹儿"发稿件。还有一件事，是笔者亲历的，一次，我去拜访金老，听说我是学日文的，他立刻用日语和我交谈。我从未听说过金老懂日文，真不知道他是什么时候学会的。贺剑城先生曾对笔者讲，季老在某个场合对人说过："金克木是神童，我只是中等之才。"这也许是客套话，至少反映了金先生早慧，神思敏捷，非比寻常。在这之前，有人曾提醒我季先生和金先生是半个世纪的同事同行，工作中、学术研究中难免有这种那种碰撞，言下之意，最好在季先生面前回避提及金先生。我还听说，因为季、金二位先生都住在朗润园十三公寓，所以熟悉内情的访客，在同一时间段，去了这家就不再去那家，为的是避嫌。唉，国人活得真累！季先生和金先生即使有碰撞，也多半是学问上的事儿，同事同行又同为大家，到哪儿去找这样的对手？这是现代版的瑜与亮，应该从更积极的角度去看。笔者天性耿直，不信那个邪，当着季老的面，偏偏提起别人视为"犯忌"的话题。这不是将军，这是在掏季老的肺腑之言。在我看来，碰撞又怎么样？在某种程度上，只有相互碰撞才更能理解对方。

　　伴随着金克木的提问，我还有一个更为强烈的冲动，想和季老谈谈他的家事（不言而喻，指和儿子闹掰一事）。从前曾经有机会——我说的是老人住院之前，但那时我完全蒙在鼓里，当然不会进言。现在呢，知道个大概，有这大概也就够了，内中曲折，孰是孰非，老人自然不会对我倾吐，我也无须细问，我认定的是，老人早已后悔，根据是什么？根据就是他1996 年以后的文章，我作过精心研究，我的判断不会错（2008 年底，我曾把我的判断说给季先生听，他完全首肯）。即使老人没有后悔，我也要向老人提醒：为百年后考虑，这件事，如此处理，总是弊大利小，徒留话柄。遗憾，医院不会给我这个机会，谈话时，永远有第三者在场，病房，也营造不出轻松话家常的气氛，因此我的问题，最终没有能够出口。

　　出门，想起当年为鲁迅后人和周作人后人撮合的事：周氏兄弟不睦，殃及两家子孙，我曾发善念，作两家后人的工作，希望他们能捐弃祖上的前嫌，互通来往，重构亲情。鲁迅之子海婴那边谈妥了，周作人的后代不积极，实际是婉拒。我忙了半天，白忙。唉，这种情感上的结扣，是很难解开的。转而想到季老的家事，禁不住废然长叹。

傅斯年、汤用彤、胡乔木

2006年7月，我去季先生的老家山东临清采风，因为机缘不巧，到了县城，未能前往官庄，这一遗憾，一直压在心头。那以后和季先生的接触中，我每每都要扯起关于官庄的话题，现在把历次所谈归纳在这里，也算是了一个心愿吧。

曾问："您六岁离开官庄，以后大概回过几次老家？"

季先生答："次数有限，数得出来，我去德国留学之前，三次，我的回忆录里写得明白，三次都是奔丧；留学回来，实际是我六十岁以后，回去过五六次。"

那三次奔丧，奔大奶奶的丧，父亲的丧，母亲的丧，在《寸草心》、《赋得永久的悔》、《一条老狗》等文中写得十分清楚。亲人亡故，这是人生之大哀，季先生触景伤情，痛不欲生，写来字字是泪，是血。从母亲亡后，家乡就再没有他牵肠挂肚的亲人了，因此，整整四十年，他没有再踏上官庄一步。直到1973年8月，季先生六十二岁，才有了新中国成立后的第一次官庄之行。我手头正好有一张搜集来的照片，摄于该次返乡途中。照片上，季先生头戴便帽，身着短袖汗衫、长裤，足蹬布鞋，举目远眺，神色略显忧郁，背景是滔滔东去的黄河。

季先生解释："1973年8月，'文革'还没有结束，我只是半'解放'，国家前途，不甚了了，个人的未来，也渺茫得很，我带着老伴德华、儿子季承、孙儿季泓和孙女季清一起回去，在官庄过了六十二岁的生日。那年头不能大张旗鼓，私下悄悄过，谁也没告诉。"

季先生提到儿子季承，口吻随便自然，至少没有使我感到异样。

我接着问："见到小时候的朋友了吗？"

季先生答："见到杨狗，那时才知道，他的大名叫杨继发。杨狗和我同岁，有老婆，没孩子。晚景不算好，我帮过他，八十多岁死了，生病躺在床上抽烟，

彭翼如、季羡林、小清、季承（从右到左）在山东洛口黄河边。

不小心起火烧死的。哑巴小的爸爸也来了，他不会说，居然能听，我问他多大了？他用手比划：八十三。"

季羡林和杨狗，绝对是鲁迅和闰土的现代版。小时候整天在一起玩，一起疯，长大了，一个得叔父资助，进城念书，成了大学问家，一个没人帮忙，继续在泥里滚，土里爬，老实巴交，一字不识。据此，笔者禁不住扼腕长叹：在穷乡僻壤，蓬户瓮牖，埋没了多少未能走出的季羡林！

又问："您小时候有个老师叫马景恭，教您认识了一些字，我不奇怪您认字，我奇怪的是，隔了这么多年，五六岁时的启蒙老师，您怎么还记得他的名字？"

季先生说："其他什么都忘了，老师的名字一弹就跳出来，这就叫师恩难忘吧。"

话是这么说，不过，我发现季先生这方面的记忆力特别超强。比如他在九十一岁那年回忆小学生活，偶尔在火神庙看一场戏，剧种莫名其妙，唱词完全不懂，但一些演员的名字，如"女角叫云金兰，老生叫耿永奎，丑角叫胡风亭"，隔了这么多年，居然记忆犹新，一字不差。同是在九十一岁那年，季先生回忆中学德文教员搜集的十七字诗，因为滑稽有趣，看了一遍就能背，有些，直到七十年后的今天还能成诵。季先生举出其中一首："发配到云阳，见舅如见娘。两人齐下泪，三行。"接下去又背了一首自己的仿作："叔婶不我爱，于我何有哉！但知尽孝道，应该。"读者中有谁也活到九十出头的，不妨试试看，中学时的课外读物和自己即兴的诗作，究竟还能记得多少？

试拿胡适作比较。笔者从前读胡适日记，深感胡先生岁数不大，而记忆力丧失之快。比如他 1949 年 2 月 18 日的日记说："……孙元良先生从日本来信，信上提到'1939 年秋，我由英国经美国回国，10 月 1 日曾在华盛顿会见你，并叨扰了一顿午饭，你当时写给我一首生日小诗：卖药游方廿二年，人间浪说小神仙，于今回向人间去，洗净蓬莱始上天。'这件事和小诗，我全不记得了。"1949 年胡先生只有五十九岁，岂不悲乎！又，1961 年，胡先生七十一岁，是年 9 月 3 日的日记说："……王雪艇约陈伯通晚饭，我去作陪。有子水、雷啸岑、卜少夫诸人。饭后闲谈，雪艇谈起 1937 年 7 月的庐山会议，他说我到山上那天（7 月 15 日？），就和蒋介石先生谈了一点钟，我说的大旨是：华北的人民怨中央政府决心不要华北了，不然，何以大家眼看见整个华北就要丢了，竟没有中央军队北来援救！中央是否真心不要华北的土地人民了？雪艇说：我那天说的话颇有决定性的影响，那天下午，蒋先生见冯玉祥，冯也责备中央放弃华北。那天晚上，蒋先生在独自走路，走来走去，到九点钟，忽下命令，令孙连仲、庞炳勋的军队开进河北。战局就此决定了。雪艇说，我从北方南下，住在教育部里，有人请我写字，我写的是'遗民泪尽胡尘里，南望王师又一年'两句。这些事，我都不记得了。"连 1937 年"七七事变"后上庐山，与蒋介石面谈这样的大事，都记不得了，可见其记忆之糟。

话题拢回。季先生再度返乡，已经是 1982 年，其时担任北大副校长，南亚所所长。聊城师院请季先生前去讲学。聊城是地区，临清是它下属的县，到了聊城，自然要到县里转转，到了县里，又自然要回官庄。这一转，一回，就折腾出了一篇《还乡十记》。

——且慢，说是《还乡十记》，但我在各种版本，无论是《季羡林散文全编》中，还是《季羡林文集》中，都只见到《〈还乡十记〉小记》及《还乡十记》之一、之二、之三，就是说，拢共只有四记。想来是没有写完。本来嘛，走马观花地看几天，就要弄个"十全大补"的玩意，是勉为其难的。

——在《还乡十记·聊城师范学院》中，季羡林谈到了二十一世纪，他写道："对我来说，二十一世纪实在是渺茫得很，我不大有可能活到二十一世纪了。"季羡林时年七十有一，他的好日月刚刚开始，在学界，论资排辈，他还属于中不溜秋的后进，还没有足够的底气发出"何止于米？相期于茶！"的豪言。

当日，季先生又跟我说："那次回乡，同行的，还有翻译家戈宝权夫妇。"

我说："戈宝权是我的老乡，盐城东台人，我初中二年级时读到他翻译的俄罗斯诗歌，印象最深的，是普希金的《假如生活欺骗了你》，这首诗我永远不会忘记。"

"还有高尔基的《海燕》，"我又说，"也是他翻译的，影响了一代人。"

我问戈宝权夫妇怎么会与他同行，季先生说："都是聊城师院邀请的吧，他很有名。"

季先生何时作第三次返乡，我记不起来，啊不，不是失去记忆，是根本就没有查到记录。季先生想了想，说："是 1991 年，大概是 9 月，我在北京过的八十岁。是先去聊城，开傅斯年的学术研讨会。"

我说："去年我去聊城，参观过傅斯年的纪念馆，馆名是您题的。"

季先生笑笑："我的字不好的啦，平常不愿意示人。傅家是聊城大族，傅斯年的祖上，叫傅以渐的，是清朝的第一位状元，当过宰相。1946 年，我从欧洲回到国内，傅斯年是北大的代校长，我持陈寅恪的推荐信到南京找他，承他拍板，这才进了北大。傅斯年说北大有规矩，从国外留学回来，不管得了什么学位，只能先从副教授做起。后来在北平北大本院，他陪我去见文学院院长汤用彤，一路上不断给我做工作，生怕我思想准备不足。其实，我能进北大已经是谢天谢地了，哪里还敢有奢望。"

季羡林进北大，持的是陈寅恪的推荐信，1995 年，季羡林在《回忆陈寅恪先生》一文中，说到这段往事，他写道："一个是胡适之先生，一个是汤用彤先生，如果没有他们的提携的话，我根本来不到北大。最后但不是最少，是陈寅恪先生。如果没有他的影响的话，我不会走上现在走的这一条治学的道路，也同样是来不了北大。至于他为什么不把我介绍给我的母校清华，而介绍给北大，我从来没有问过他，至今恐怕永远也是一个谜，我们不去谈它了。"

季羡林说的这个谜，并不难解，答案就可以从他的这番自述里寻找。

季羡林为自己能进北大感到庆幸，他感谢胡适之、汤用彤，尤其是陈寅恪，但是这儿，他遗漏了一个关键角色：傅斯年。中国人是讲究关系的。季羡林归国之前为什么要向陈寅恪求援？一、在清华听过陈寅恪的课，算得是广义上的弟子。二、陈寅恪和季羡林的德国老师瓦尔德施米特是柏林大学的同窗，正正宗宗的师叔，不找他，找谁！同理，陈寅恪为什么把季羡林介绍给北大而不是清华？这也是看关系，清华当时的掌门人是梅贻琦，在教育界声望卓著，他的"所谓大学者，非谓有大楼之谓也，有大师之谓也"，蜚声士林，陈寅恪是清华的教授，向梅贻琦推荐季羡林，是顺理成章，但是陈寅恪没有这么做，转而把季羡林推荐给北大，北大当时的代校长、实际上的掌门人就是傅斯年，陈寅恪如此转手，表明他跟傅斯年的关系更近。陈寅恪跟傅斯年怎么个近法？一、他俩是柏林大学的同学。这一点，季羡林恐怕不知道，他僻居哥廷根，对早他十几二十年的留德前辈，不甚了。二、陈寅恪和傅斯年还是姻亲，傅斯年再婚，娶的是俞大维的胞妹俞大綵，而俞大维的妻子，正是陈寅恪的胞妹陈新午。如此拐弯抹角，出身寒微的季羡林，是摸不着北的（2008 年 11 月 11 日，当面跟季老探讨，季老同意我的考证，说他的确不知情）。

　　1946 年 5 月，季羡林从欧洲回到上海，陈寅恪也从英国回到南京，季羡林赶往南京拜谒陈寅恪，地点就在时任国民政府交通部长的俞大维的官邸，双方谈了阔别十多年来的详细情况，陈寅恪要季羡林到鸡鸣寺下中央研究院拜会傅斯年，特别嘱咐他带上用德文写的论文。陈寅恪的用心，季羡林是不可能完全猜出的，他哪里知道傅斯年不仅懂德文，还在德国修习过梵文，以及东方学呢。

　　这是站在陈寅恪的角度而言，换在傅斯年的角度呢？四十多年后的1999 年，季羡林访问台湾，归来作《扫傅斯年先生墓》一文，讲到他与傅斯年最初的接触，季羡林写道："我同他最重要的一次接触，就是我进北大时，他正是代校长，是他把我引进北大来的。据说——又是据说，他代表胡适之先生接管北大。当时日寇侵略者刚刚投降。北大，正确说是'伪北大'教员可以说都是为日本服务的。但是每个人情况又各有不同，有少数人认贼作父，觍颜事仇，丧尽了国格和人格。大多数则是不得已而为之。二者应该区别对待。孟真先生说，适之先生为人厚道，经不起别人的恳求与劝说，可能良莠不分，一律留下在北大任教。这个'坏人'必须他做。

他于是大刀阔斧，不留情面，把问题严重的教授一律解聘，他说，这是为适之先生扫清道路，清除垃圾，还北大一片净土，让他的老师胡适之先生怡然、安然地打道回校。我就是在这样一个关键时刻到北大来的。我对孟真先生有知遇之感，难道不是很自然的吗？"这里说对了，傅斯年六亲不认，把"伪北大"以周作人、钱稻孙、容庚为首的一帮"落水教授"一律扫地出门，当此之际，傅斯年最需要的是什么？就是人才，能信得过，又能独当一面的大才。季羡林呢，既是人才，又是故人推荐，又是他的鲁西大同乡（季羡林的老家清平县离聊城不过百里之遥），又是他的留德后辈，傅斯年要用人，不用季羡林用谁！

关于汤用彤，本书前言有所提及，这里再多说几句。季羡林在副教授任上，只待了一个礼拜，就破格升为正教授，并且被任命为新组建的东语系主任。这事是不同寻常的。因为如此快速的提拔，不符合大学的一般用人逻辑。考察其背景，当然与陈寅恪的推荐有关，与胡适、傅斯年的认可有关，与其博士及"博士后"的成就有关，但起决定作用的，是汤用彤。汤用彤慧眼识人，根据季羡林的学术经历和成果，断定他是大才、长才，足以担当东方学的领军人物。日后的事实证明，他没有看错。

笔者听说，汤用彤此举，也带来了负面影响。原因在于季羡林进入北大之前，东语系已经内定有主任，只是还没公布而已，季羡林的异军突起，打破了旧有格局，伤害了原内定者的利益，造成两人之间的终生不和。

若问：系主任的安排，这是校方的事，何以会发展为当事人之间的终生恩怨呢？如果让柏杨老夫子来评，恐怕要归结为酱缸式的中国传统文化

20世纪50年代初，汤用彤，邓广铭，季羡林（左五）等教授签名支持我国抗美援朝。

了。我们听说西方学者，为了一个观点，在会议上可以争得面红耳赤，甚至大打出手，但会一散，两人还是好朋友。这样的例子，在中国是很稀缺的。汤一介先生曾讲过废名和熊十力的故事，颇具西洋学者风。汤先生是这样写的："在1949年前中国有两个怪人，一个是'天上地下，唯我独尊'的熊十力，一个是莫须有先生的化身废名（冯文炳）。大概在1948年夏日，他们两位都住在原沙滩北大校办松公府的后院，门对门。熊十力写《新唯识论》批评了佛教，而废名信仰佛教，两人常常因此辩论。他们的每次辩论都是声音越辩越高，前院的人员都可以听到，有时甚至动手动脚。这日两人均穿单衣裤，又大辩起来，声音也是越来越大，可忽然万籁俱静，一点声音都没有了，前院人感到奇怪，忙去后院看。一看，原来熊冯二人互相卡住对方的脖子，都发不出声音了。这真是'此时无声胜有声'。我想，只有'真人'、有'真性情'的人才会做出这种有童心的真事来。"（《万象》，2002年九期）汤先生所述，并非亲见，而是闻之于季羡林先生。遗憾的是，我们没有看到季先生出来作证，这个故事，只能算作传闻。

回到原来话题。须臾，季先生又跟我说："那次去聊城，除了开会，还到处参观。看到临清古塔，明代的建筑，年久失修，损坏严重，我心里很不是滋味。后来我找了胡乔木，请他出面找国家文物局，帮助修复。那事后来办成了。"

季羡林很少求人，胡乔木与他有清华同学之谊，新中国成立初期，数次屈尊到北大来看望他，季羡林从不回访，他恪守传统知识分子的清高，你官越大，我越不理会。又有一次，胡乔木邀季羡林去敦煌，他心里想去，嘴上却拒绝，他拒绝的不是乔木的情，而是高官出巡、前呼后拥、盛气凌人的气焰。这回呢，从内心讲，他不想找乔木，可是除了乔木，他又找不出第二个熟人能为修复临清古塔出力，事出两难，只有牺牲自己的清高，去函向乔木求援。据马景瑞回忆，季老曾当面向他复述过信的内容："我这次回故乡临清，当地的党政领导向我提出临清舍利宝塔的修复事宜。我是一介书生，两袖清风，心有余而力不足，没有办法，只好求您帮忙说话了。"（《季老与临清宝塔》）

至于第四次、第五次返乡，分别是1997年10月和1999年9月。其时我和季先生交往日频，事先事后都有所记载。我注意到，季先生每次返乡，都选择气候温和的秋季。第四次是专程回去为父母扫墓，第五次是参加聊城师院二十周年校庆。回京，没见写什么文章。也许写了，我没查到。去年我去临清，在季羡林资料馆，见到季先生1999年9月27日的题词："知足知不足，有为有不为"。季先生曾在一篇文章中说，这是冰心老人为别人题的座右铭，他觉得言简意赅，寻味无穷，就接了过来。

第六次，即最后一次，也是弄得声响最大、规格最隆重的一次：2001年8月，聊城市和临清市（县级）两级政府出面，邀请季老还乡，为他庆祝九十大寿。同行人马很多，包括母校清华、北大、山大的领导、老朋友、助手、学生，以及各地电视台、报刊的从业人员等等，可谓浩浩荡荡。本来我也想以个人名义跟随采风，届时恰巧出差去外地，未能成行。

季先生归来作《故乡行》，那是一组长文，约有两万多字，叙述得十分详细。兹录其中《官庄扫墓》一章片段，以飨读者。

8月6日，一大早我们就出发到官庄去。……

官庄是一个贫困僻远的小村，全村人口不足两千人。今天大概是倾家出动，也可能还有外村来看热闹的人。因此，我们的车一进村，就被人墙堵住，只好下车。只见万头攒动，人声鼎沸，我哪里还来得及"怯"呢？小学生排成了长队，站在两旁，手执小红旗，也学城里的样子，连声不断地高呼："欢迎！欢迎！热烈欢迎！"红红的小脸蛋上溢满了欢乐、兴奋，还掺杂着一点惊异。虽然市或镇政府派来了许多军警来维持秩序，小学生的阵列还不时被后面的观众冲破，于是我面前也挤满了人，挡住了去路。我心中又暗暗地发笑：我有什么可看的呢？不过是一个颓然秃顶白发的九旬老人而已。八十四年以前，当眼前这些小学生的老爷爷、老奶奶还活着的时候，也就是我六岁以前的时候，我曾在这个村里住过六年。当时家里极穷，常年吃不饱，穿不暖。在夏天里，我是赤条条一身无牵挂，根本不知道洗手洗脸为何事。中午时分，跳入小河沟，然后爬上来在黄土堆里滚上几滚，浑身沾满了黄土，再跳入沟中洗干净，就像在影片上看到的什么国家的大象一样。现在，隔了八十多年，隔了八十多年，那个小脏孩子又回来了，可是已经垂垂老矣。我感觉到，那个小脏孩是我，又不像是我。我有点发思古之幽情了。

……感谢义德和孟祥的精心安排，墓地上一切都已准备就绪，有供品，有香烛，还有一挂鞭炮。大概还有别的东西，只觉得眼花缭乱，五光十色，一时难以看清了。这里共有两座坟墓，其中之一埋葬着我的祖父和祖母，两个人我都没有见过面。另一座埋葬着我的父母。我最关注的还是我母亲的坟。我一生不知道写过多少篇关于母亲的文章了，我也不知道有多少次在梦中同母亲见面了，但我在梦中看到的只是一个迷离的面影，因为母亲确切的模样我实在记不清了。今天我来到这里，母亲就在我眼前，只隔着一层不厚的黄土，然而却人天悬隔，永世不能见面了，我的眼泪夺眶而出，滴到了眼前的香烛上。我跪倒在母亲墓前，心中暗暗地说："娘啊！这恐怕是你儿子今生最后一次来给你扫墓了。将来我要睡在你的身旁！"

这最后一句："娘啊！这恐怕是你儿子今生最后一次来给你扫墓了。将来我要睡在你的身旁！"是非常感人的，我每次读到这里，泪水都会在眼眶打转。

这应该是季先生的遗嘱了。

后事会作如此安排吗？他自己能做主吗？此一时，彼一时，现在情况已经发生很多变化了。有一次，我想向先生提出心中的疑问，话到嘴边却变成："季老，以您目前的年龄和身体条件，医生是不会再允许您出远门的了。近来，您还经常梦到故乡吗？"

老人毫不迟疑地回答："当然。"

张冠李戴的《梦游清华园记》

老人的记忆，总是有靠不住的时候。

且看：2001 年 2 月 18 日，清华九十周年大庆前夕，季老满怀深情，写下了《清新俊逸清华园》一文，文章说道："记得在七十一年前，在 1930 年夏天，我从山东到北京来投考大学。当时我年少气盛，不知天高地厚，幼稚到可爱的程度，别的同学都报六七个大学，我却只报了清华和北大。这是中国最顶尖的两所大学，一直到今天，八九十年来，始终是千千万万青年学子向往的地方。当年我的狂妄居然得逞，两所大学都录取了我。我为了梦想留洋镀金，终于选中了清华，成了清华的学生，校友。我生平值得骄傲的事情不多，这是其中之一。"

接着，季老回顾了当年入学考试的作文题，他说："清华出的是《梦游清华园记》。因为清华离城远，所以借了北大北河沿三院作考场，学生基本上都没有到过清华园，仅仅凭借'清华园'这三个字，让自己的幻想腾飞驰骋，写出了妙或不妙的文章。我的幻想能力自谓差堪自慰，大概分数不低，最终把我送进了清华园。"

笔者年初为季老立传，流年往事，自然以季老本人的叙述为准。因此，我在"金榜题名"一节，谈到他这次报考清华，写道："清华的考题，允规允矩，唯国语作文题：《梦游清华园记》，却是做梦也梦不到的。清华僻居城外，考场设在城内，考生绝大多数（包括季羡林），都无缘一睹她的芳容，所以只能自作多情，向壁虚构。季羡林熟知古文，又从稗官野史培植了想象，他紧扣'水木清华'，托辞于梦，寄感于景，虚实交融，才情并茂，倒也'差堪自慰'，顺利完卷。"

书稿前半部写得，为审慎起见，先把第一章、第二章，交季老过目。季老阅后，认为：材料翔实，逻辑严密，绝无虚构、杜撰，有关推理、发挥，也都建立在事实的基础，经得起反复推敲，别人难以驳倒，云云。稿子，季先生一字未动，仅说关于他的清华几位恩师，应在陈寅恪、朱光潜、吴宓、叶公超之外，再补上郑振铎一笔，这样就比较符合历史的原貌。

纯粹是偶然，在尔后的一次探视中，我无意中发现，季先生于我的文稿，在作文题《梦游清华园记》一语旁边，划了一个小小的"？"，委实很小，铅笔划的，不仔细就看不到。这"？"是什么意思？是慨叹人生如梦？那应该用"！"。是嫌我发挥离谱？反复推敲，断定：没有，文章依据的都是季先生的自述。当场心动了一下，想向季先生请教，恰好有后客到，我随即告辞，此事也就不了了之。

又一日，笔者走访文怀沙先生。落座、寒暄既毕，文老亲自操作，为我播放一段录像，以为是关于文老本人的，哪里，主人公是钱伟长。录像中，文老只是配角，拍的是 2001 年，他偕一位央视女记者前往上海大学采访。我于是知道，钱老生于 1913 年，小季老两岁，1931 年进清华，低季老一级。让我吃惊的是，说到那年考清华，钱老竟然讲作文题也是《梦游清华园记》！钱老说得有根有据，他讲题目是陈寅恪出的，作文而外，还有个对子，上联是"孙行者"。这是一则很有名的掌故，我早就听说。钱老强调，陈寅恪对胡适之那一类新派人物颇为不屑，所以他这个对子，下联的答案就是"胡适之"。钱老说，他一下子就猜中了，但他经过思考，放弃了"胡适之"，而改成更为贴切的"祖冲之"。结果，他的解答受到主考官，尤其是陈寅恪本人的激赏，国文得了100分。

钱老曾任全国政协副主席，为我国著名的力学家、教育家、社会活动家，他的回忆，绝不会是信口开河。当然，季老也是以作风严谨、一丝不苟著称于世，他的回忆，同样具有坚实的可靠性。但是，一个是1930届的，一个是1931届的，清华大学连续两年的作文试题，不可能一模一样，钱老与季老，二老之中，必有一错，这会是谁呢？

当晚上网查核，不查不知道，一查吓一跳，赫然发现，同一篇《梦游清华园记》，还有持1932年说的，如王金海的这篇文章："1932年，陈寅恪先生应清华大学中文系主任刘文典先生之约，为是年该校入学考试命拟国文试题。陈先生除考作文（题为《梦游清华园记》）外，还考对对子，出句是'孙行者'，寅老自己的对句是'王引之'。出句从语法上看，分别为名词、动词、虚词，从声律上看，依次是平声、平声、仄声。'王引之'与出句是词性相同，平仄相反；从意义上看，王有祖义，见《尔雅·释亲》：'父之考曰王父'，王父即祖父。引有退义，之则是虚词。正可谓祖孙相对，进退相反。《文心雕龙》有云：'反对为优，正对为劣'。周祖谟、张政烺对的是'胡适之'，数学家陈省身说'对学数学的人而言，更好的答案是祖冲之。'段学复对的就是祖冲之。前者语法、音律略有瑕疵，后者音律略有小病。但陈老仍赞之曰：'有此三字，可入清华各系。'后来周、段为北大教授，张为中科院研究员。"

持1933年说的，居然也大有其人，不，大有其文。

荒唐，不可思议！

蓦地想起季先生画在我稿件上的那个"？"，想必季先生已有所省察。因此，2006年9月18号上午，我在与季先生交谈中，瞅空把这疑团托出。季先生以指弹额，面露苦笑，说："老有人讲我记性好，这是客套，恭维人的。我自己知道，人老了，记性只会越来越差，这是自然规律。写作《清新俊逸清华园》时，脑子一闪，冒出个"梦游"的题目，本能地，我把它当做了入学考试的作文题，并且不寻思则已，越寻思越像。那题目印象太深了，像刀劈斧砍，不由不信。后来看你的稿子，又看到这题目，一愣，似乎有点不对头。然而，错在哪里？异在何处？思维兀地中断，只剩下一片空白，无论如何也接不上。跟李老师说过，她现在也顾不上。唉，老了就是老了，记忆不管用啦。这事要发生在家里，我会动手核实，如今住在医院，查什么都不方便，既然你发现了疑问，你就帮我把它弄清楚。"

当日下午，我便去了清华档案馆，首先查对的，是 1930 年作文试题。听我说明来意，接待的同志很感兴趣，但这次没有前番顺利，前番查阅季先生的同班同学，一检就得。这次查试题，档案馆的同志却不知道如何下手，说白了，馆藏没有这方面的资料。恰好有一位专门研究清华校史的博士金富军先生在场，他提供《清华周刊》登过这方面的信息，建议我去清华图书馆，启用电脑检索。去了，花两元钱，取得咨询许可。先查 1932 年的《清华周刊》，一本一本地翻，查毕，未果，继查 1931 年的，翻着翻着，眼前突然一亮，有了：《国立清华大学入学考试试题·民国十九年》。民国十九年，不正是 1930 年么。打开，第一门是"党议"（大概相当于政治吧），题目是：《孙先生民生史观与马克斯唯物史观差异何在？》其后便是国文，也就是作文题，两则：一、《将来拟入何系，入该系之志愿如何？》二、《新旧文学书中，任择一书加以批评》。至此，命题已水落石出，季先生笔下的《梦游清华园记》，肯定是张冠李戴，想必这题目太有名，在脑海里留下深深的刻痕，以至年复一年，别的都淡漠了，消逝了，只剩它一题独存。

季先生记错了，那么，钱伟长先生呢？这是后来的后来了，笔者几番去清华图书馆，功夫不负苦心人，终于在 1933 年 10 月 23 日出版的那期《清华周刊》上，查到 1931 年、1932 年的入学试题。1931 年的作文题是：1. 本试场记；2. 钓鱼；3. 青年；4. 大学生之责任。附注：任作一题，文言白话均可。1932 年的国文题是：1. 试对下列之对子：（甲）少小离家老大回；（乙）孙行者。2. 梦游清华园记。附注：此题文言白话皆可，但文言不得过三百字，白话不得过五百字。

其实在这之前，笔者已经考校出钱先生的错误，因为陈寅恪先生 1932 年 9 月有《与刘文典教授论国文试题书》一篇，谈的正是关于对对子的事，而对对子与"梦游"题是联在一起的，据此则可以断定，《梦游清华园记》是 1932 年的考题。不过，笔者还不放心，又查，得陈寅恪 1965 年回忆一篇，提及当年那段公案，他说："三十余年前，叔雅先生任清华大学国文系主任。一日过寅恪曰：'大学入学考期甚近，请代拟试题。'时寅恪已定次日赴北戴河休养，遂匆匆草就普通国文试题，题为《梦游清华园记》。盖曾游清华园者，可以写实。未游清华园者，可以想象。此即赵彦卫《云麓漫钞》玖所谓，行卷可以观史才诗笔议论之意。若应试者不被录取，则成一游园惊梦也。一笑！其对子之题为'孙行者'，因苏东坡诗有'前生恐是卢行者，后学过呼韩退之。'一联（见《东坡后集》柒赠虔州术士谢〔晋臣〕君七律）。'韩卢'为犬名（见《战国策》拾《齐策》三"齐欲伐魏"条及《史记》柒玖《范雎〈睢〉传》）。'行'与'退'皆步履进退之动词，'者'与'之'俱为虚字。东坡此联可称极中国对仗文学之能事。《冯应榴苏文忠诗注》肆伍未知'韩卢'为犬名，岂偶失检耶？抑更有可言者，寅恪所以以'孙行者'为对子之题者，实欲应试者以'胡适之'对'孙行者'。盖猢狲乃猿猴，而'行者'与'适之'意义音韵皆可相对，此不过一时故作狡猾耳。又正反合之说，当时唯冯友兰君一人能通解者。盖冯君熟研西洋哲学，复新游苏联返国故也。今日冯君尚健在，而刘胡并登鬼录，思之不禁惘然！是更一游园惊梦矣。一九六五年岁次乙巳五月七十六叟陈寅恪识。"

嘿，钱先生绝对也是记错了，《梦游清华园记》是1932年的试题，轮不到他1931年的考生来做。记忆错位，这是老人惯有的现象，用不着大惊小怪。笔者倒是觉得，错固然是错，却是错得有趣：季羡林和钱伟长这样两位泰斗级的大师，同时滑倒在一篇《梦游清华园记》，这现象，还不值得世人，尤其是心理学家们认真玩味吗？

三十年代的政治试题浅议

清华的高考作文题记错了，那么，北大呢？1930年，季先生同时报考了清华和北大，按他的说法，北大的作文题是《何谓科学方法，试分析详论之》。有一天，笔者向季老当面又提问了一次。

"这不会错。"老人说得很肯定。

"您再想一想，"

"没问题，这记忆有根。"

我还是不太放心，季先生是胡适"大胆假设，小心求证"的信徒，我不妨也大胆假设一下：万一又记错了呢？

借鉴清华的经验，再度小心求证。

这次没有亲自出马，而是委托北大的江力先生代劳。江力去了北大档案馆，"很幸运，"他来电说，"新中国成立前的高考试题，北大很多都没有保存，1930年的，恰恰有。"他在电话那头给我念了：

国立北京大学入学试验国文题（十九年七月）

甲组，北平用

一、作文：数学为一切科学之基本，试申言之。

二、把下面的文章，译为白话：（略）

乙组，北平用

一、作文：今之治学者每推崇科学方法，究竟科学方法之基本精神何在，试详析言之。

二、答问：

1. 宋儒各家思想，是否悉出于儒家？

2. 晚清"今文学"之勃兴，于思想上有何影响？

附，党议：中山先生提倡大民族主义，何以必先纠正世界主义之愚妄？又何以必先恢复民族固有的知德与能力？

明明白白，季先生考的是乙组试题。

我在前一节说到，季、钱两位先生同时滑倒在一篇《梦游清华园记》，这事值得认真玩味。其实，比较起来，北大和清华1930年的党议（政治）题，更加值得玩味。北大的题目是："中山先生提倡大民族主义，何以必先纠正世界主义之愚妄？又何以必先恢复民族固有的知德与能力？"清华的题目是："孙先生民生史观与马克斯唯物史观差异何在？"二十世纪三十年代，是国民党执掌政权，孙中山是国民党的创始人，是"国父"，这两道考题，无疑都很"突出政治"。北大的试题，比较切近实际，它检验考生的"大民族主义"理论，既要能放，又要能收。清华的试题，以今人观之，简直有点"出格"，它居然把孙中山的民生史观与马克斯（思）的唯物史观并举，让考生自己去判断差异，自由发挥，虽说重点在前，但马克思主义被视为举足轻重、不可忽略的一家，也是显而易见。从这事可以看出，民国时期，至少在三十年代初期，思想领域还是相当开放的。此外，清华的主考官和命题者，眼界显然比北大更为超越，人格更为独立。史料说，清华那年头大师云集，人才辈出，其活力之所在，由这道政治试题即可见一斑。

那天，在接江力先生电话的瞬间，兀地又想起当年北大的英文试题，其"汉译英"部分，选的是南唐后主李煜的半阕《清平乐》。季先生对李煜的文学才华推崇备至，比如，在清华读书期间，他曾应吴宓师之托，撰写李煜年谱；1993 年，他向读者推荐十种书，第五种就是"李后主的词"；2001 年作《我最喜爱的书》，第六项也是"南唐后主李煜的词"。季先生说："中国历史上多一个励精图治的皇帝，没有多大分量。但是，如果缺一个后主，则中国文学史将成什么样子？"这评价，是高得令人咋舌的了。王国维说："后主则俨有释迦基督担荷人类罪恶之意。"季先生认为："言似夸大，我们不能这样要求后主，他也根本不是这样的人。"但季先生的上述评价，仍然是石破天惊，至少对我来说，是这样。套用时下的语言：造神！

季先生对李后主的词一往情深，是否与北大的试题有关呢？要是能查出当年的试卷，该多好！——我又开始"大胆假设"了。不过，这一次信心不大，因为季羡林最终选择了清华，放弃了北大，北大即使保存有当年学子的入学试卷，也不会有他的。

在欧洲成了无神论者

季老的前七十年，据笔者分析，至少有五大机遇：离开老家到济南，一遇也；考中清华，二遇也；留学德国，三遇也；进北大，副教授一周转正，当上系主任，四遇也；古稀之年出任南亚所所长，北大副校长，五遇也。也有三大负面机遇：一、高中毕业考邮政局落选；二、留德期间遭逢二战，被迫滞留哥廷根，继续读博；三、"文革"中蹲牛棚，蹲出一本《牛棚杂忆》。一次，我跟季老说："纵观以往，您的机遇实在好，您说'天资＋勤奋＋机遇＝成功，三要素不可或缺'，天资好的人很多，勤奋的人也很多，机遇像您这么好的，就不多了，走道总能捡着天上掉下来的馅饼，说句迷信话，您是命好。"季老连忙摆手："命好，'文革'，怎么蹲牛棚？"我说："那

1934年于清华大学西洋文学系德文专业毕业。(左上)

1935年赴德国留学，入哥廷根大学，主修印度学，先后掌握了梵文、巴利文、佛教混合梵文、吐火罗文等古代语言。(右上)

1941年获哲学博士学位。(左下)

1946年任北京大学教授，主持创办东方语言文学系，并任系主任长达四十年。(右下)

是劫数，谁也逃不脱的，而您，跌倒抓把泥，啊不，抓把金，也不算吃亏。"

　　人的一生，顺或不顺，遇或不遇，成功或失败，很大程度上，取决于他的个性。性格之形成，不外乎先天遗传与后天培育。季羡林的祖上，可以考查的，只是他的父母，他的父亲生性豪爽，具侠义风，但不善理财；他的母亲，是勤劳、善良而又懦弱的化身。因为传世的材料太少，除了季羡林的模糊回忆，我们实在说不出什么。而考察外部环境，首先是老家官庄，那基本上是两个字：穷和野。因为穷，就谈不上什么志向，几个穷孩子凑在一起，野地里疯，野地里狂，疯狂成一团野性，无拘无束，胡天胡地。其次是济南，远离父母，投奔叔叔，寄人篱下，在离愁和孤苦中度日，曾经的天真热烈、活泼顽皮，日益为多愁善感、顾影自怜取替——即如我在传记中所分析："骨子里，顽梗倔犟之气犹存，但在表面上，已变得内敛，温驯，甚至木讷，与刚来城里那阵子判若两人。"其次是清华，空前的清新俊逸，以及捉襟见肘的贫穷（恐怕还有恼人的水痘后遗症），赋予他极度的自尊兼自卑；再其次是留学德国，得以接触西方社会的民主与科学，养成潜心治学与不信邪的根性。

　　季羡林的尊重科学、不信邪，在他刚从国外回到北平，入住翠花胡同一事上体现得十分清楚。那是一所"凶宅"，等闲人是不敢进的。"凶"在何处？季羡林曾有文记之，他说：

　　曾经有很长的一段时间，我孤零零一个人住在一个很深的大院子里。从外面走进去，越走越静，自己的脚步声越听越清楚，仿佛从闹市走向深山。等到脚步声成为空谷足音的时候，我住的地方就到了。

　　院子不小，都是方砖铺地，三面有走廊。天井里遮满了树枝，走到下面，浓荫匝地，清凉蔽体。从房子的气势来看，从梁柱的粗细来看，依稀还可以看出当年的富贵气象。

　　这富贵气象是有来源的。在几百年前，这里曾经是明朝的东厂。不知道有多少忧国忧民的志士曾在这里被囚禁过，也不知道有多少人在这里受过苦刑，甚至丧掉性命。据说当年的水牢现在还有迹可寻哩。

　　等到我住进去的时候，富贵气象早已成为陈迹，但是阴森凄苦的气氛是原封未动。再加上走廊上陈列的那一些汉代的石棺石椁，古代的刻着篆字和隶字的石碑，我一走回这个院子里，就仿佛进入了古墓。这样的环境，这样的气氛，把我的记忆提到几千年前去；有时候我简直就像是生活在历史里，自己俨然成为古人了。

　　这样的气氛同我当时的心情是相适应的，我一向又不相信有什么鬼神，所以我住在这里，也还处之泰然。

　　但是也有紧张不泰然的时候。往往在半夜里，我突然听到推门的声音，声音很大，很强烈。我不得不起来看一看。那时候经常停电。我只能在黑暗中摸索着爬起来，摸索着找门，摸索着走出去。院子里一片浓黑，什么东西也看不见。连树影子也仿佛同黑暗粘在一起，一点都分辨不出来。我只听到大香椿树上有一阵窸窸窣窣的声音，然后咪噢地一声，有两只小电灯似的眼睛从树枝深处对着我闪闪发光。

　　这样一个地方，对我那些经常来往的朋友们来说，是不会引起什么好感的。有几位在白天还有兴致来找我谈谈，他们很怕在黄昏时分走进这个院子。万一有事，不得不来，也一定在大门口向工友再三打听，我是否真在家里，然后才有勇气，跋涉过那一个长长的胡同，走过深深的院子，来到我的屋里。有一次，我出门去了，看门的工友没有看见。一位朋友走到我住的那个院子里，在黄昏的微光中，只见一地树影，满院石棺，我那小窗上却没有灯光。他的腿立刻抖了起来，费了好大力量，才拖着它们走了出去。第二天我们见面时，谈到这点经历，两人相对大笑。

我是不是也有孤寂之感呢？应该说是有的。当时正是"万家墨面没蒿莱"的时代，北京城一片黑暗。白天在学校里的时候，同青年同学在一起，从他们那蓬蓬勃勃的斗争意志和生命活力里，还可以吸取一些力量和快乐，精神十分振奋。但是，一到晚上，当我孤零一个人走回这个所谓家的时候，我仿佛遗世而独立。没有人声，没有电灯，没有一点活气。在煤油灯的微光中，我只看到自己那高得、大得、黑得惊人的身影在四面的墙壁上晃动，仿佛是有个巨灵来到我的屋内。寂寞像毒蛇似的偷偷地袭来，折磨着我，使我无所逃于天地之间。

——《马缨花》

关于季羡林这段独居生活，至少有两个旁证：北大教授白化文和著名诗人臧克家。白化文在一篇回忆中说："新中国成立前的文科研究所，就说 1947 年 ~ 1948 年那会儿吧，一进门是一个小院，两厢相对的，一厢是中文系统的"语音乐律研究室"，那似乎是刘半农（夏）先生创办的，当对常住的是周燕孙（祖谟）先生。周先生除了自己的语言文学方面的研究和教学任务外，似乎还在编研究所的刊物《国学季刊》。另一厢常驻的则是考古系统的宿季庚（白）先生。再往里还有几层院子，可就不敢进去了。据说那里原来是明朝东厂宦官审讯设私刑之处，弄死人是常事。还有过去那院子的房子里停满了棺材的传说。总之，是个阴气森森的地方，冤魂聚居之处。我生来胆子就小，经这种传说一吓唬，到现在也没敢进去过。只有一个人住在那里，独自掌管好几层大院子，那就是季希逋（羡林）老师。"（《鲁殿灵光在，梵天寿量高》）臧克家在一篇随笔中说："1949 年春，我从香港来到北平，和羡林又见面了。……那时，他孤身住在翠花胡同北大的宿舍里……他住的地方，说是宿舍，但不见邻人。他住着两间小西屋，书籍占了大半，显得拥挤。大院子里，树木阴森，古碑成行，仿佛记得还有挖掘出来的一具古棺，也在那儿停放。我每次去看他，总有点孤漠凄冷的感觉。他笑着对我说："我与鬼为邻。"我心中暗想，这两间房子，叫当年蒲松龄住在这儿多合适呀。羡林不但不显寂寞，反而觉得清静，可以读书，可以安心工作，少受外界事务的打扰。"（《朴素衣裳常在眼》）

"您难道就一点也不怕吗？"2006年底，在一次访问中，笔者当面提出疑问。

季老回答："倘若我不出国，也许会怕。出过国，就不怕了。我在欧洲待过十年，你知道，欧洲人的坟墓，是由大理石砌成，很干净，也很安静，居民常常选择墓地聊天、休憩，不存在恐怖的感觉；其次，我在欧洲深入接触了科学，成了无神论者，不相信天地有鬼神，自然就不怕。"

季先生的这种不怕鬼、不信邪的精神，反映在政治信仰和学术修炼，则为一种大无畏的淡定，包括"文革"中的"跳上井冈山"，以及晚年的政治性散文，如《牛棚杂忆》、《八十抒怀》、《九十抒怀》、《一个老知识分子的心声》等。季先生曾自我解剖，说经过了七波八折，他如今是什么也不怕。难怪有位外国朋友对笔者的一位北大学长说："在你们中国，有些话，只有季羡林敢说；而且说得好，说得巧，易于为各方面采纳。"诚哉斯言，这的确是一种难以企及的境界。

小学、中学、大学同学一瞥

曾经跟季先生谈过他的小学、中学、大学同学，谈过多次，零零星星，杂乱无章。这里各取一名代表，也算是聊具一格吧。

小学同学渺乎其茫，季先生谈得最多的，只有李长之。李长之是他在济南一师附小的同班，同过一二年级，两个小毛头，常常扎堆在一块儿玩，关系不近也不远。若干年后，李长之回忆季羡林，描述他打架时的滑稽模样，活现的是一个野性未泯的农村顽童；季羡林呢，在他的笔底，小学时的李长之只是一团模糊的记忆，理不出任何细节。因为转校，季羡林三年级就和长之分手，若不是大学时重聚于清华，彼此早成了陌路。

李长之祖籍山东利津，生于1910年，大季羡林一岁。年少多才，十二岁就在报纸上发表文章。小学毕业，升入季羡林想都不敢想的济南一中（只有初中）；高中三年，读的是齐鲁大学附中。季羡林呢，初中读的

1934年5月，同学们欢送季
羡林先生（前排中）时合影

是正谊，高中转入山东大学附中，因为地点在北园，俗称北园高中；1928
年，日寇借口"保护侨民"，公然侵入济南，酿成震惊世界的"五·三惨案"，
学校停课，季羡林被迫休学一年，转年复学，北园高中撤销，并入省立济
南高中，这也是新成立的全省唯一的一所高中。季羡林入学时，济南高中
和济南一中同处一所院落，嗣后合并，统称济南一中。季羡林曾说，他和
李长之是唯一的一个小学、中学、大学"三连贯"的同学，其中学的同学
根据，也即在这个济南一中。不过，中学阶段，两人并未走碰头。1929 年，
季羡林入省立高中读高三，李长之已经离开济南，到北京大学读预科了。
1930 年，季羡林考取清华。又一年，李长之预科结业，出乎意料，他没有
进北大，却选择了清华。两个老朋友兜了一大圈，终于又走到一起。更令
季羡林惊讶的是，李长之在清华，选读的不是他擅长的文科，而是生物！
季羡林凭常识判断，李长之是走错了路。据季羡林回忆："有一次到他屋
里去，看到墙上贴着一张图，是他自己画的细胞图之类的东西，上面有教
员改正的许多地方，改得花里胡哨。长之认为，细胞不应该这样排列，这
样不美。他根据自己的审美观加以改变，当然就与大自然有违。这样的人
能学自然科学吗？"（《追忆李长之》）是啊，长之应该学文学，甚或是美术！
这一点，长之本人也感觉到了，于是两年后，他跳出了生物系，转入哲学系。

哲学是热门，在三十年代的中国，和政治贴近，也和文艺结缘。李长
之拿出手腕，熔哲学和文学于一炉，从 1935 年写作《鲁迅批判》，到 1948
年出版《司马迁之人格与风格》，仅仅十来年，就在美学界、文论界、文
艺评论界长啸而出，傲领风骚。那可是真功夫，非时下某些人的狂炒滥秀

可比。同一时刻，季羡林大半时间还在德国研究他的梵文，两者的社会影响，不可同日而语。

1946 年 5 月，季羡林回国，与长之重逢于南京。9 月，季羡林北上，任北大副教授，旋即转为正教授，兼东语系主任。这是季羡林一生最重要的一个台阶。同年 10 月，李长之亦北上，任北师大副教授。刚进北平的那几年，两人都很忙，季羡林忙于他的翻译、比较文学、文献考证，李长之忙于他的意识形态转轨，研读马列主义，接触进步学生。1948 年，国民党抢运京都学人，季羡林资历浅，不在名单之内，长之呢，在不在名单不知道，却有许多朋友，如梁实秋，竭力劝他南飞台湾，连机票都帮助办好了。长之没走，他满怀热情地迎接新政权。

这是李长之相当活跃的时期。1949 年 2 月，他代表北师大教授起草"迎接解放"宣言，尔后又陆续起草了"拥护解放军渡江令"宣言、向新政协的致敬电等。同年 4 月，加入新民主主义文化建设协会，又加入了教授会的干事会、师生员工执委会、合作社筹委会，并当选为北京师范大学工会副主席、文学院工会主席。说来有趣，季羡林在北大的诸多职务中，也有一项工会主席。1949 年 7 月，李长之出席第一次中华全国文学艺术工作者代表大会，并加入中国作协。1950 年 2 月，正式向中共提出入党申请。1951 年，参加政协组织的西南土改工作团，任副团长……至此，李长之的日子是愉快的，比起季羡林，可说是不相上下。

李长之加入执政党的申请没有得到批准，1956 年，他由黎锦熙、游国恩介绍，走进九三学社。而在同一年，季羡林如愿加入共产党。这是一个分水岭。回过头来看，李长之的命运，早在 1935 年就埋下了伏笔：他的成名作《鲁迅批判》，正是导致他在新时代身败名裂的祸根。1957 年，李长之因言获罪，嗣后成为"右派"。

季羡林在 1999 年说过："我有一个自己认为是正确的意见：凡被划为'右派'者，都是好人，都是正直的人，敢讲真话的人……"他在说这话时，脑海里一定有李长之的影子。可惜李长之已听不到了，他在漫漫泥沼中跋涉了二十年，1978 年底，"右派"平反不久，还没有从崩溃中缓过气来，就与世长辞。

季羡林的中学同学，他仍记得的，有王联榜、许衍梁、徐家存、余修、黄离等等。王联榜是高材生，高中语文老师董秋芳有如下评价："季羡林

1934年夏，季羡林先生(右)与高中
同学徐家存先生合影。

的作文，同理科一班王联榜的一样，大概是全班之冠，也可以说是全校之
冠吧。"王联榜文科好，理科也出色，后来考进北大数学系，成了科普作
家。许衍梁和季羡林同岁，不同级，衍梁低一两班，他为人活跃，是一中
"文学研究会"发起人之一，也是短跑、篮球健将。1987年，季羡林在《怀
念衍梁》一文中说："不久余修谢世，去年衍梁也病逝北京……现在我中
小学的同伴生存的已经绝无仅有了。"看来，他的中小学同伴都没有活到
八十岁，一叹。

　　现在我要说的，是他的另一位中学同窗——张天麟。张天麟应该也是
山东人氏，籍贯不详，生于1907年，大季羡林四岁。按说，他俩应该差
几个年级，但天麟因为腿疾休了四年学，如此一来，到了初一，正好就与
季羡林同班。张天麟年长，脑瓜活络，善于交际，勇于闯荡。初中毕业，
季羡林进了山大附中，张天麟呢，不清楚，可能是到南方什么地方参加国
民党的革命去了。双方再次在济南见面，大概是在1928年末或1929年初，
正值日寇撤离而国民党军队进驻。这时候，他已经当了什么官，在季羡林
看来，颇有一些官架子了。

　　1930年，季羡林进清华攻读德文。张天麟不知怎么一来，也成了北大
德文系的学生。两人同读一个专业，而且有一位共同的老师：杨丙辰。杨
先生任职北大，在清华是兼课。张天麟发挥他的交际特长，成了杨先生的
红人。季羡林清华毕业，回乡教了一年书，1935年赴德留学。他绝
不会想到，张天麟跟着也去了德国，并于他之前，拿到了博士学位。张天
麟博士到手，没有做学问，而是去了国民党政府驻柏林公使馆，大概也是
一个什么官。1939年或是1940年，季羡林想回国，到了柏林，住在天麟家里。

那次没走成，仍回到哥廷根。隔了不久，天麟偕夫人、孩子到哥廷根去看季羡林，大约住了两个礼拜，共同过了一段非常愉快的日子。

1942 年，德国与汪精卫伪政权建交，国民党公使馆不得已而撤至瑞士。天麟全家也都到瑞士。季羡林与当时同住在哥廷根的张维、陆士嘉夫妇商议，无论如何也不跟日伪使馆打交道，遂宣布放弃国籍。当了几年海外孤子，并没遇到什么麻烦。1945 年，德、意、日战败，二战结束，季羡林等留德学生准备取道瑞士返国，因为没有签证，进不去，多亏天麟帮忙，才解决了这难题。那时天麟已有少校军衔，大概是一个副武官之类。1946 年春天，季羡林动身返乡，天麟一家与之同行，迢迢海路，朝夕与共，这真是三生修得的缘分了。既归，张天麟摇身一变，又成了教育部什么司的"帮办"（副司长）。季羡林对仕途不感兴趣，老老实实到北大当他的教授。

人算不如天算。没几年，张天麟随李长之之后，也来到了北师大教书。新中国成立之初，运动频仍，一年一小运，三年一大运，运得人晕头转向。尤其是知识分子，仿佛交了华盖运，每次运动，都在劫难逃。以李长之之紧跟，尚且罹难，张天麟就更不用说了，鉴于他的复杂经历，很快就被恢恢天网罩住；在学问和政治中走钢丝，本来就是火中取栗，张天麟 1957 年加冕"右派"，自是在政治家们的"阳谋"之中。

季羡林 2002 年回忆："虎文（注：张天麟的原名）被划为右派以后，当时批斗过多少次，批斗的情况怎样，我都不清楚，估计他头上的帽子绝不止右派一顶。反右后的几次小运动中，他被批斗，自在意料中。斗来斗去，他终于得了病，是一种很奇怪的病：全身抽筋。小小的抽筋的经验，我们每个人都会有过的，其痛苦的程度，我们每个人也都感受过的。可他是全身抽筋，那是一种什么滋味，我们只能想象了。据说，痛得厉害时，彻夜嚎叫，声震屋瓦，连三楼的住户都能听到。我曾到北师大去看过他，给他送去了钱。后来他住进北京一所名牌的医院，我也曾去看过他。大夫给他开出一种非常贵重的药。不知哪一位法制观念极强的人打听他是几级教授。回答说是四级，对方说：不能服用。这话是我听说来的，可靠程度我不敢说。总之，虎文转了院，转到了上海去。从此，虎文就一去不复返，走了，永远永远地走了。我失去了一位真正的朋友，至今仍在怀念他。"

张天麟病逝于 1984 年，比起李长之的身后热闹——长之毕竟有"千古事"的文章供人评说——他之死，越发显得冷清、落寞；打开互联网，天麟名下，只有寥寥几页信息，仅有的一篇悼文，就是季羡林写的。呜呼，天麟！季羡林老泪纵横地回顾："综观虎文的一生，尽管他有这样那样的问题，我仍然觉得他是一个爱国的人，一个有是非之辨的人，一个重朋友义气的人，总之，是一个好人。他对学术的向往，始终未变。他想写一本《中国母亲的书》，也终于没有写成，拦路虎就是他对政治过分倾心。"（《忆念张天麟》）

季羡林的大学同班，按进校时的花名册，是十八位，加上二年级插班的姚锦新，共十九。据季先生讲，都很聪明，一个赛一个能干。毕业后各奔东西，进了北大，和季羡林成为同事的，只有一个：王岷源。

王岷源是四川人，他的得名，窃想是与岷山有联系吧。岷源岷源，岷山之源，也是一解。大学期间，王岷源与季羡林过从甚密，这些在季羡林的《清华园日记》中都有记载。如1932年8月26日记："昨天同岷源约今日同往图书馆找沈先生托往英国购威廉姆·布莱克《天真之歌》（1794）和《经验之歌》（1789）……今晨往访岷，竟不遇，心中忐忑不安，盖余若决意干某事不达目的心中总是不安的。刚才岷来找我，我们去找了沈先生，大约二月后就可以到了。"8月30日记："起的很晚，只读了法文。因为听岷源说，吴雨僧先生有找我们帮他办《大公报·文学副刊》的意思，我冲动地很想试一试。"9月3日记："写致梅城姐信，托岷源索要目录信。""晚访吴宓（同岷源）。"9月4日记："九点，约岷源访吴先生，在。"9月5日记："过午本约与岷源同进城，嗣觉天太热，延（迟）不欲，乃止。""岷借五元（？）"看，前后不过十天，就有五天的日记谈到王岷源，有文学上的事，有生活上的事，居然还涉及到钱财，两人的关系，绝对不同一般。

1934年毕业，季羡林回济南教书，王岷源呢，他考取了外文系的研究生，曾与杨绛一起上过梁宗岱的《法国文学》。1935年，季羡林赴德；王岷源休学，回四川南充教了一年高中，隔年再念，1938年留美，进耶鲁，1942年得英文系硕士学位。与季羡林比较，王岷源一帆风顺，先研究院，后出国，官派，半点不用操心。学位却比季羡林晚了许多，王岷源硕士到手，又在美国待了4年，似乎没有问津博士。1947年初回国，进北大，教授英语，与季羡林成为同事。王岷源结婚迟，任职北大才结识后来的夫人张祥保。张女士也是英文教师，而且有一个显赫的家世，她的叔祖，就是商务印书馆的元老张元济。关于张元济和王岷源，还有一段插曲。据说，张元济老先生对这位刚从美国回来的留学生不很放心，特向老友胡适打听其人。恰巧胡适先生和王在美顶熟，很快回信说："王岷源先生是北大西方语文学系的副教授，现兼任训练印度政府派来北大的十一个学生的华语学习事。近年我在哈佛大学往来，见他寄住在赵元任先生的家中，见他温文勤苦，故去年邀他来北大任教。"

1952 年院系调整，王岷源被调到新成立的俄语系讲授俄文。这在北大，是出于通盘考虑，俄语系急需人才，而王岷源恰恰又具备俄文才干；在其个人，却是一条歧路。王岷源在俄语系教了十一年，1963 年才重回英文专业。

王岷源教的是公共英语，1986 年退休。晚年，我能查实的，主要干了以下几件事：为商务馆审校修改《简明英汉辞典》，为上海外语教育出版社审校《大学英语》泛读教材，为《英语世界》聘为顾问，常年为该杂志审校修改部分来稿；协助吴宓的女儿吴学昭，将吴宓《文学与人生》一书的英文部分译成汉语；翻译并编辑了《外国散文经典 100 篇》。

王岷源 2000 年去世。吴学昭女士著文怀念，她说："王岷源先生悄悄地走了，谁也没通知。一如他生前默默耕耘，不显不露，不说不争，一切看得淡淡的。"我在网上查了查，的确是这么一回事，王岷源之大去，公开发表纪念文章的，仅吴学昭、周一良、吴小如三位。两个月后有人电告季羡林，他惊讶得说不出话。

蹦出来的一中校友王昭建

王昭建是蹦出来的。

2007 年 7 月 29 日，在欧阳中石先生府上，笔者与欧阳夫人张茝京女士谈起季老的昔日学友，张女士说："在济南还有一位，王昭建，省文史馆馆员，今年九十七岁了，耳不聋，眼不花，行走自如。"

这信息很有诱惑力。2007 年 10 月底，笔者专程去济南，拜访了王昭建老人家。

耳不聋，经电话联络可以证实，电话是老人亲自接的，门牌号码回答得清清楚楚；行走自如，见面一目了然，老人在院门口等我，并领我走进他位于一楼的居室；眼不花呢，则更让人羡慕，——老人接过我的名片，未戴眼镜，居然一眼看清我的名字，并说："我知道你，你是季老的学生，我读过你的文章。"

落座。品茶。首先请教老人的年龄，老人说，户口簿上生年是 1913 年，报上讲的是 1910 年，实际农历是 1911 年 12 月 20 日，阳历已到了 1912 年 1 月。就是说，小季羡林先生半岁。

老人说，初中是在正谊读的，与季先生同校，低 5 个学期，没接触。1928 年，初中一年半，日军侵入济南，制造了大肆屠杀中国军民及外交官员的"五·三惨案"，学校停课，他在家里待了一阵，转到一所教会学校继续念。再后来，考取了山东省立济南高中，又与季先生同校，低一年，也没啥接触。真正接触，是在 1947 年，那时，他给山东省政府主席王耀武当秘书。一次，王耀武宴客，请的是张虎文（即张天麟）。席间，王耀武谈起留学生，认为留德的比较深刻、务实，留英留美的相对飘浮。这就细数起山东的留德学生。他在旁插话，说："这些人加起来，学问也比不上一个季羡林。"张虎文说："昭建说的对，连我加上，也不如季羡林。"王耀武动了怜才之念，执意要见一见季羡林。季羡林那时在北大，恰好暑假回济南，他就替王耀武联络，届时请客，也是他作的陪。

——这一幕，我在季承的回忆里得到证明。季承说："1947 年，爸爸回济南，走亲访友，应酬颇多。没想到惊动了当时山东省政府主席王耀武。他派人请爸爸去他的官邸赴宴，表示欢迎他回山东工作。爸爸那时已经当上了北京大学的教授和东语系主任，哪里会回山东。王耀武的车队惊动了二里长的佛山街，从此季家名声大振。"2008 年 1 月 16 日，笔者在与季老的谈话中，也提到了这件事，我把王耀武说成了王耀堂，季老摇头否认，说不认识。改回王耀武，这才"噢"了一声，说："有那么回事，有那么回事，王耀武请的，还有阴法鲁。"

王昭建老人说，1948 年，国共济南决战，王耀武兵败被俘。1959 年，特赦释放，在政协全国委员会文史资料研究委员会任专员。那期间，他动了再见一次季羡林之念。因为接连不断的政治运动，这愿望一直未能实现。王耀武 1968 年 7 月病逝于北京。

王昭建又说，新中国成立后，他对季羡林的了解，主要是听张虎文（张天麟）、牛西园夫妇谈的。还有，就是李长之的弟弟李长杰，长杰在山东师大，当过生物系主任。

王昭建 1931 年高中毕业，考取邮务佐，就是季羡林先一年报考而落选的那个职务。最终没去邮局，而是在亲属的资助下，考上了山东大学。第一年学的是教育，后三年学的是英语。在外文系，他对梁实秋老师印象很深。老人说，那时候，梁先生三十来岁，精通外文，却从不穿西装，梁先生上课，永远踏着铃声进教室，下课铃声未停，就已步出课堂。梁先生的理论是：上课，一分钟也不能浪费；课间休息是学生的，一分钟也不容侵占。

　　大学毕业，王昭建到安丘中学教书。日伪时期，回到济南，在教会办的齐鲁中学当教员。抗战胜利至济南解放，先后在济南市政府、山东省政府任文职，包括给王耀武当秘书。新中国成立后的岁月，我没问。根据他的这段经历，大致可以想象。

　　谈话间隙，我参观了老人的住房。两居室，是省政府的宿舍。陈设简陋，只有一张床，老人单身居住，儿子每天过来看望。进门处，也就是客厅，挂着欧阳中石先生的题词："过颐期茶"。还有一幅，是台湾某位高士的手笔，当时未记下，现在也想不起了。这地点不错，背靠大明湖，当年就读的正谊初中，就在附近不远。老人说，他建议在校园内立两个人的塑像，一个是鞠思敏，校长，一个就是季羡林。说到与季羡林的再度相逢，是上世纪九十年代的事，在济南一中校友会上。老人说，岁数大了，想念老朋友，明年春天，他打算专程去北京，看望季羡林。

　　王昭建没有什么著述，他送我的书，是他的老友孙墨佛诗选。如今，离开济南已经有多日了，当我在书斋补写这段记忆，晃动在我眼前的，是一位堪称乐天知命的老人。他个子不高，算不上山东大汉（本来嘛，他祖上是江苏的），身体很好，绝对是鹤发童颜，思路清晰，反应敏捷，说起话来，字正腔圆，目光尤其炯炯有神。"炯炯有神"，这是被人用滥了的套语，但用在他身上，却是再贴切不过。拿王昭建和季羡林以及其他同代人相比，我想，他一定会深刻地体会到那句老话：上帝是公平的。

第三章

拈花微笑的『红衣少年』

『我不是儒家，也不是释家！』

『背和诵的表演』

我们有哲学，但没有思想。

读书不肯为人忙

《站在胡适之先生墓前》一文的花絮

两个难兄难弟，一对大活宝

梦见吃鱼翅

书法，海内一宝

物无涯，悟无涯

清华三孙（荪），一份超凡脱俗的爱

"我不是儒家，也不是释家！"

2006 年 8 月，鉴于李玉洁的突然病倒，笔者的好多研究被迫中止，于是想到，不仅季先生春秋已高，就是李老师，也接近耄耋之年了，许多工作，都得抓紧做，转而与三两同道商量，大家觉得，还是以成立"季羡林研究会"为宜。

2006 年 10 月 2 日，我把这意思向季老说了。季老说："这是你们的心意，我没有意见。你们这几人办事，我放心。"

我讲了成立研究会的大致打算，季老说："我明白，做事，总得要一个平台。我么，只是一个符号，你们思路要开阔，印度有个尼赫鲁大学，我 1979 年访问过，王树英后来也在那儿研修过，尼赫鲁大学并不是专门研究尼赫鲁，它是文理综合性的，各科都有，要是局限于一个人，就搞不大，搞不出名堂。"

我又问："如果成立季羡林研究会，您看谁当会长合适？"季老笑了，说："这是你们自己的事，你们自己看着办好了，哪有让我点名季羡林研究会的会长的。"老人家不糊涂。

话题不知怎么转向冰心，我说，当年，文学界一帮人士要为冰心设个散文奖，找她商量，冰心表示支持，并且带头捐了一笔钱。说到这儿，季老显然误会了我的意思，突然插话，说："我的钱都捐了，我现在没有钱了。"我赶紧安慰老人，说："放心，一切经费都由我们自筹。"

话题再次改变，我问起收藏的事。季老在《寿作人》一文中说，新中国成立初期，他忽然对藏画发生了兴趣，而且品位极高，齐白石以下的一概不收。他找的第一位中介，是吴作人。吴作人问：画作上如果有受赠者的名字，要不要？他说不在乎。吴作人就一次为他张罗了五幅白石老人的画作，总价人民币三十元。我问季老："那五幅画的内容，您还记得吗？"

季老回答："记不得了，都是草虫，吴作人识货，是真品。那时，造假虽然不像今天这般泛滥，卖齐白石假画的也很多了，有些假画，让齐白石本人鉴定，都吃不准，可见造假的水平之高。"

季老趁着兴头，一路说下去："五十年代初，字画贱，不值钱，卖废纸一样。我和吴作人新中国成立前就认识，1951年又一起出访印度、缅甸，我找他，大概就一两次。后来，主要是去琉璃厂，找一个姓刘的，叫刘云普。他专门干这行，北京有许多宅门，大家庭，有钱人家，家道中落了，便把家里的一些东西，包括古董、字画，拿出来变卖。比如赵尔逊、赵尔丰的一个姑奶奶，从她家就倒腾出好多东西。我跟刘云普说，有了好的字画，先给我过目，我不要，再给别人。那时刘云普身边有一份收藏者的名单，记得上面有朱德朱老总，还有一些文化名人。就这样，我从他手里收了不少东西。最值钱的，是一幅宋画，宋朝画院画师的作品。还有陈老莲，明末的，三星图，福禄寿三星，画作很大，房里都展不开。明代的还有沈石田、文征明、唐伯虎，他们三人与仇英一起，并称'吴门四杰'。沈石田、文征明的是真迹，唐伯虎的把握不大，也许是赝品，他名声太大，作假的因此也多。总共收藏多少？有几百幅吧。死后都准备献给国家，一幅不留。为什么这么做？因为有些是国宝，留在民间，怕失落了，毁坏了。值多少钱？这很难估，有人跟我说，一个亿、两个亿打不住。"

适才进门，瞥见季老面前摊着一沓稿纸，遂问："今天在写什么？"

老人朝案旁溜了一眼，说："还能写什么玩意，是几句顺口溜，"他取过上面一页，念给我听："坏事决不沾惹，蠢事在所难免，好事我的心愿。"顿顿又说，近来想写一篇散文，反复考虑好久了，题目就叫《蠢事》。我问是哪一方面的蠢事，先生举例，讲：有年去东德访问，时间记不清了（笔者注：应是1980年），代表团有三位院士，我是最年轻的。我是团长，代表团配有一位俄文翻译，到东德，俄文不顶用，很多场合，是用德文。我懂德文，这下苦了，翻译的任务就落到我头上，每到一地，别人当团长，我当翻译，累得够呛。"

我说："这也说不上多蠢。"

季老苦笑："还不蠢！去东德，我早该考虑配德文翻译的，这是我的失职。"

我拿过季老写的顺口溜，北京大学的信笺，钢笔小楷，笔笔到位，一丝不苟，问："您考虑过口述笔录吗？陈寅恪当年就这么做，现在很多老人也是这么做的。"

　　"试过，但是不行，"季老说，"我做不到，我还是对着稿纸，才有灵感。"记得当年我劝季老用电脑写作时，他也是这么回答的。

　　关键是给老先生配备得力的学术助手，我又想。助手不光被动笔录，还要善于主动引导话题，激发思路。胡适当年要不是碰上个哥大博士唐德刚，也不会油然兴起，一拍即合，搞起他的口述自传来的吧。

　　我看季先生兴致甚好，于是抓紧机会，问了一个我最感兴趣的问题："儒释道三家，您受影响最大的是哪一家？"

　　"我不是儒家，"季先生反应有点激烈，"也不是释家，我的思想，比较接近道家，我是顺其自然，遵循天人合一……"季先生讲到了陶渊明和苏东坡，这些我在传记中都有所叙述，略而不赘（陶、苏二公无疑是中国文人的楷模，遗憾的是，季先生仅得其洒脱不羁、自由随性，而缺失他们浓郁芬芳的世俗亲情）。

　　"儒"这个词，近年迅速蹿红，任何人，仿佛一跟它沾上边，就立马渊博清雅几分，最典型的例子，莫过于商人，凡识得几个字的，都想方设法和"儒商"挂钩。因此，时下有些学者撰文，动不动就奉赠季先生一顶"当代大儒"、"东方鸿儒"的高帽，考其本意，是强调季先生的学问之深，资格之老，人品之高，并非执意把他和特定的儒家学派捆绑在一起。此事，我曾在别处说过，如果硬要强调季先生"儒"的一面，我觉得或许体现在他的拼搏精神。很多大家，到了一定高龄，就宣布封笔，退出写作，安享晚年，季先生不，他是愈到晚年，愈勤奋，即使住院以来，仍笔耕不辍。譬如，除了刚才念的那几句顺口溜，笔者还征得季老同意，取过下面几页，看了，其中有一首打油诗，写的是："老年老年，福寿双全，不痛不痒的地方，浑身都找不见。"时令入秋，皮肤瘙痒，驱之无策，化为幽默小品，既是无奈，也反映了季先生乐观进取的根性。至于释教，即佛教，季先生说研而不信，信不信是一回事，要说一点不受影响，也不可能，佛教精髓，体现在季先生，我认为，最大的方面是爱人，助人，而且不求回报。听杨锐说峨嵋山至高万佛顶，近来请先生为之题名，这事，算是找对了人。

　　同去的佟铮先生插问：一位当红作家最近接受扬子晚报采访，说到读者挑刺，讲"我曾经看到，连季羡林都被挑'有多少错别字'，季老哭笑不得：'我这么老了，即使错了，也是对的。'您说过这话吗？"

季老蹙额，雪白的寿眉高高挑起，他说："整天在文字堆里泡，出错在所难免，错了就是错了，说错了也是对的，那是胡话——我还不至于那么浑！"

转而采访杨锐。她说，外国语大学的陈琳教授，几天前去山东临清，打先生故居歪脖子枣树，采下一把枣子，有些还带着绿叶，挺新鲜的，特甜，季老尝了两颗，感觉似乎又回到了童年，很陶醉。又说，我爱人学过画，他知道季老喜欢猫，就画了几幅，那天到医院看望季老，顺便带给老人家欣赏。季老看到画，就想起了他家中养的猫，很高兴，鼓励我爱人多画，要画一百只。我爱人回家就画开了，你想，要画出一百整数，只只不同样，够他忙活的了。再又说，先生的《病榻杂记》，已经整理完毕，打算在内地、香港同时出版。这中间闹了一个笑话：稿子在李老师手里，李老师这一病，就耽搁下了，先生不知情，以为早交给了出版社，所以让我给对方打电话，说出版后买二百本，送人。经电话联系，才知道稿子还没寄。稿子没寄就跟人家要书，你说滑稽不滑稽？

杨锐说话很小声，是不想让季老听到，说到关键处，老人家仿佛又完全听清了，管自在一旁嘿嘿直乐。

背和诵的表演

笔者曾经说过："五四时代的散文大家，有一个共同的特点，就是学贯中西。比如，陈独秀、李大钊、胡适、鲁迅、郭沫若、冰心、茅盾、巴金、闻一多、瞿秋白、郁达夫、老舍等等，等等。这个名单，倘有兴趣，可以大大地长下去。他们都是学有专攻，同时写散文；注意，不是为了写散文而写散文。因而，他们都在散文领域蔚然成家，卓有建树。"

季先生出生稍晚，没有赶上五四风云的大潮，但他受五四的影响，是显而易见的，突出一点，就是中文好，外文也好。外文好在什么地方？他精通英语、德语、梵语、吠陀语、巴利语，还能阅读法语、俄语等书籍。其主要译著，包括译自德文的马克思《论印度》，译自梵文的印度古代大史诗《罗摩衍那》、印度名剧《沙恭达罗》，译自英文的特丽耶·黛维的《家庭中的泰戈尔》等等。为此,2006年9月26日,他获得了中国译协颁发的"翻译文化终身成就奖"。

在这之前,即9月18日,笔者去301医院见季老,正值先生伏案推敲获奖会上的书面发言。先生跟我说:"搞了一辈子外文,但得这个奖,还是心有惭愧。"

笔者拿相机拍下了先生的发言稿,全文如下:

感谢中国翻译协会授予我"翻译文化终身成就奖"。得此殊荣我很荣幸,也很高兴。

我一生都在从事与促进中外文化交流相关的工作,我深刻体会到翻译在促进不同民族、语言和文化交流中的重要作用。自从人类有了语言,翻译便应运而生。在世界文明发展的历史长河中,在中华民族伟大复兴的进程中,翻译,始终都是不可或缺的先导力量。中华几千年的文化之所以能永盛不衰,就是因为,通过翻译外来典籍使旧文化中随时能注入新鲜血液。可以说,没有翻译,就没有社会的进步,没有翻译,世界一天也不能生存。

中国两千多年丰厚的翻译文化史无与伦比,中国今天翻译事业的进步有目共睹。2008年世界翻译大会将在中国召开,这是中国翻译界的光荣,我这样的老兵为你们感到鼓舞;我更希望年轻一代能够后来居上,肩负起历史使命和社会责任。

我总认为,翻译比创作难。创作可以随心所欲,翻译却囿于对既成的不同语言文本和文化的转换。要想做好翻译,懂外语,会几个外语单词,拿本字典翻翻是不行的,必须下真功夫,下大工夫。

提高翻译质量,不能只停留在口头上,少讲大道理,多做实事,拿出真凭实据来,开展扎实的翻译批评和社会监督。

未来是你们的,希望看到翻译事业人才辈出,蒸蒸日上。

季老说:"你不要光顾拍照,你要帮我修改修改。"

我说:"蛮好,就这样。"季老这里讲"翻译比创作难",绝对是行家之言,笔者也曾译过日本文学,感觉就很痛苦,因为那玩意,绝对是"带着镣铐跳舞"。

译文获奖，自然与母语有关。季先生的中文好，举世公认，这事不需要证明。中文好，又因为古文好。这事需要感谢他的叔父。五四运动以后，社会上兴起打倒孔家店，提倡白话文，学校里的课程也是以白话为主，叔父相信"中学为体"，而中学的核心，则是古文，所以他在课程之外，又让季羡林跟一位老先生学习古典范文，打下了扎扎实实的中文底子。小学，季羡林的作文《游开元寺记》获得全校优胜，这是最早的记录。到了高中阶段，他的作文已稳居全班前两名。有次，国文王老师讲解《古文观止》里的《徐文长传》，过后出了一个作文题——《读〈徐文长传〉书后》。季羡林从小学到高中作文都用文言，他驾轻就熟地写了一篇"书后"，自觉并没有什么了不起，不意竟得到老师的青睐，定为全班压卷之作，评语是"亦简劲，亦畅达"。老师这一捧，季羡林更来了劲儿，于是拿来韩、柳、欧、苏的文集，猛攻一气，古文的根底愈加厚实。

　　季老的古文根底究竟怎么厚实？ 2006 年 11 月 1 日，老先生当面为我们表演了一番。笔者这里说"表演"，是因为老人兴会淋漓，神酣意畅，颇为自得。那天，我是同书法家汉南、大文一起去的，汉南带去了一本册页，录的是季老的散文名篇《清塘荷韵》，这算是见面礼吧。季老合手感谢，转而说——显然是冲着我说——他最喜欢的散文不是这篇，是《富春江上》，且随口背出两句诗："到江吴地尽，隔岸越山多。"《富春江上》我当然熟悉，在传记中也有所提及，但并没有把它上升到"最"。当晚回家，我又翻出来读了几遍，文章气势、意境、语言均佳，但和《清塘荷韵》比较，觉得还欠缺点什么，是什么？我模模糊糊地意识到，是人，是作者本人的形象。《富春江上》写于 1981 年，先生七十岁，当时正值跟命运较劲的攀登时期，他的人格、文品，远没有被大众认识、接受，因此难以引起举世共鸣。《清塘荷韵》写于 1997 年，先生其时已是享誉国际的大学者，大作家，他的遣词造句，举手投足，在牵引读者的目光，在人们心头激起回响。譬如观画，同一幅作品，署名为某某大师或阿猫阿狗，引发的审美情趣常常天差地别，这就是名人效应。——言归正传，汉南同时带去了另一本册页，是他手录的《古文观止》，供季老清赏，季老接过，即刻目射毫光，说："这个好，这个好，你应该把它出版。"不等汉南回答，又说："对年轻人，我是主张背点古诗古文的，我们上高中的时候，主要就是背《古文观止》，清朝人选的，过了几百年，还很流行，选得好。"

接着就进入了表演阶段。季老眼望虚空，背起了李密的《陈情表》："臣密言：臣以险衅，夙遭闵凶。生孩六月，慈父见背；行年四岁，舅夺母志。祖母刘愍臣孤弱，躬亲抚养。臣少多疾病，九岁不行，伶仃孤苦，至于成立。既无叔伯，终鲜兄弟，门衰祚薄，晚有儿息。外无期功强近之亲，内无应门五尺之僮，茕茕孑立，形影相吊。……"一边背，一边以右手击节，大有身心俱融、忘乎所以之慨。这当口，汉南与大文断续相和，笔者不能背，脑筋于是开了小差，眼前浮起季先生的童年，想，也许正是遭际的近似，才使得季先生对《陈情表》一往情深的吧。正神思飘忽，季老转而诵起欧阳修的《秋声赋》："欧阳子方夜读书，闻有声自西南来者，悚然而听之，曰：'异哉！'初淅沥以萧飒，忽奔腾而澎湃；如波涛夜惊，风雨骤至。其融于物也，鏦鏦铮铮，金铁皆鸣；又如赴敌之兵衔枚疾走，不闻号令，但闻人马之行声。……"此篇，汉南和大文都记不住，笔者记忆勉强能跟，口却不能言。一篇将了，季老兴犹未尽，又背起苏东坡的《前赤壁赋》："少焉，月出於东山之上，徘徊於斗牛之间。白露横江，水光接天。纵一苇之所如，凌万顷之茫然。浩浩乎如冯虚御风，而不知其所止，飘飘乎如遗世独立，羽化而登仙。……"这篇文章余等皆熟悉，遂由季先生独诵变成众人相和，高腔低调，煞是热闹。既歇，季老说："古文就是要背，文章有气，这气，看不见，找不着，只有背，才能慢慢领会。"俄而把头转向笔者，说："宣传《古文观止》，毓方你要卖点劲儿，我看你文章里也是有古文功底的，你是既得利益者。"

有医护人员进门，是送药来的。见季老忙，便悄立一旁。

这边，季老啜了一口茶，继续刚才的话题，他说："背古文，就以《古文观止》为教材，背古诗，当然是唐诗好，但也不必局限，譬如王国维的《人间词话》，好多年未念，还记住一些。"季老对王国维的才情是佩服的，曾专门论述过他的学问"三境界"，接着随口吟出王氏的一首词，我第一句没听懂，第二句、第三句更抓瞎，老人独吟无味，一跳又跳到崔颢的《黄鹤楼》："昔人已乘黄鹤去，此地空余黄鹤楼。黄鹤一去不复返，白云千载空悠悠。晴川历历汉阳树，芳草萋萋鹦鹉洲。日暮乡关何处是，烟波江上使人愁。"看到大家都能跟着他一起背，老人露出无限欣慰。

是时，在座诸人，最惭愧的，当数笔者了。想初中阶段，我也曾下力背过古诗古文，《唐诗三百首》是不用说了，《古文观止》不是全部，至少大半滚瓜烂熟。可是如今，除了个别篇什，其余的，都忘了。为什么九十五岁的季老能记住，而我却不能？一来是当初的工夫不够；二来呢，季老在《谈老年》之二中说过，记忆要经常训练，我呢，却是中学而后，一放就放下了，几十年不去摸，当然就忘得差不多了。季先生今天嘱我要卖劲宣传《古文观止》，我怎么好意思！

　　汉南请季老题词，老人说："我有话要说，而且要多说。"汉南呈上事先准备好的宣纸信笺，季老推开毛笔，拿出钢笔，刷刷一气写了几百字，谁知钢笔水涸，没一会，纸上就漫漶出团团墨痕，老人不得已，又换成毛笔，这回不用信笺，就直接书写在汉南带来的《古文观止》册页上，话也变得浓缩、简洁，老人最后题的是："要鼓励青年学生背诵古诗古文，这不但有利于写作水平的提高，而且能陶冶性灵，美化生活。"

"我们有哲学，但没有思想。"

　　2006年12月5日，下午，我陪师姐林江东去医院看望季老。江东高我一级，学的也是日语，退休后，潜心丹青。开初，季老和江东谈论绘画方面的事。季老说："一个绘画，一个音乐，都是要天才的。我不行，没有这方面的天赋。"我插话说："杨锐的丈夫吴先生有美术才能，我看过他的漫画。"季老于是把话题转向漫画。他说："中国漫画有很长历史，出了不少大家，有华君武、丰子恺、方成。丰子恺有一幅漫画，画的是十岁的小女儿趁爸爸不在，拿笔涂鸦。还有一幅，画的是黄包车夫，拉车的是他小时候的朋友，人情味很浓。"江东起先学的是传统国画，到日本游学了四年，转向抽象派的岩彩画。她送给季老一幅大写意的荷花，估计老人家能接受，至于抽象主义的作品，没把握，所以旁敲侧击，问："您在欧洲生活了多年，对毕加索的画，怎么看？"季老说："那玩意，不敢赞一辞。"此处话里有话，江东识趣，对自己近来画风的转变，绝口不提。

　　轮到笔者发问，我今天的话题是陈寅恪。季老说过，陈寅恪和吕德斯，是对他一生影响最大的两位老师。吕德斯是德国人，是季羡林的太老师，也是陈寅恪的老师，治梵学，其学问，笔者不懂，无从谈起。陈寅恪呢，原来也所知甚少，九十年代初，由于一本《陈寅恪的最后二十年》，使他成了文化圈的公众话题。但世人谈论陈寅恪，主要围绕他的精神、风骨，比如他在王国维纪念碑铭中提出的"独立之精神，自由之思想"；比如蒋介石请他吃饭、赏花，他如何浑身不自在，归来赋诗"食蛤哪知天下事，看花愁近最高楼"；以及在"对科学院的答复"中所说的"不宗奉马列主义，并不学习政治。请毛公或刘公给一允许证明书"等等。陈寅恪的傲骨，在昔日的中国，可称惊天地、泣鬼神。笔者问季老："您从陈寅恪先生那儿，学到的最主要的东西是什么？"

季老说："是治学方法，也就是考据。早先在清华，只是旁听过他的课，关于佛经翻译文学。后来到北大后，才认真读他的书。影响最大的，有两本，一是《寒柳堂集》，再就是《金明馆丛稿》。寅恪先生是吕德斯先生的学生，两人的考据方法基本上一致，不说空话，无征不信。具体说，就是从一个很小的口子切入，如剥笋那样，每剥一层，都是信而有征，让你非跟着他走不行，剥到最后，露出核心，也就是得到结论，让你恍然大悟：原来如此！寅恪先生考证不避琐细，但绝不是为考证而考证，总是小中见大，以一斑窥全豹。比如，他考证杨玉环是否以处女之身入宫，这样的问题，由这样的老先生口中提出，似乎非常不雅。无怪乎一个学者说：这太 Trivial（微不足道）了。其实呢，寅恪先生是想通过这个问题，研究李唐皇族的家风。李唐王朝是西北少数民族，在贞节方面，与汉族的观念大不一样。那位学者说陈寅恪不该这么做，看来，他根本不懂历史。"

我插问："那位学者是谁？"

季老说："这不重要吧。我们谈治学，有些事，不必指名道姓。"

说得好。这就是我们常说的"对事不对人"。

——笔者事后出于考据癖，上网查阅，搜索到一篇文章，署名余英时，题目是《我所认识的钱锺书先生》，其中有："后来在美国他又批评陈寅恪太'Trivial'，即指《元白诗笺证稿》中考证杨贵妃是否以'处子入宫'那一节，我才恍然他对陈寅恪的学问是有保留的。我本想说，陈氏那一番考辨是为了证实朱'唐源流出于夷狄，故闺门失礼之事不以为异'的大议论，不能算'Trivial'。但那时他正在我家做客，这句话，我无论如何当众说不出口。"顺藤摸瓜，复在钱锺书的《古典文学研究在现代中国》一文中觅得："新中国成立前有位大学者在讨论白居易《长恨歌》时，花费博学和细心来解答'杨贵妃入宫时是否处女'的问题—— 一个比'济慈喝什么稀饭？''普希金抽不抽烟？'等西方研究的话柄更无谓的问题。今天很难设想这一类问题的解答再会被认为是严肃的文学研究。"

——网上还有余英时的一句名言："不懂英法德，不谈文史哲！"想必余英时是懂得英法德的了，这种高论，用作自律可以，用作普世的真理，则未免有点霸道。

季老又说："像陈先生那样的学者，眼前是没有的了。抓问题，能从别人不注意的小处着手，扯着扯着，冷不丁的，抓出了一个大问题。"

笔者问："在您的著作中，最能体现陈寅恪治学方法的，是哪几种？"

季老说："那很难答。我们讲学问有三种：义理、词章、考据。我不喜欢义理，在我看，我们有哲学，但没有思想。这句话，你懂不懂？"见我嗯嗯点头，老人又说："我的'蔗糖考'，就是完整的考据，写了八十万字。注意，我写的是蔗糖，欧洲也有糖，是甜萝卜做的，和印度糖的来源不一样。……""蔗糖考"？这是哪一本书？我一时转不过来。杨锐插话，说："就是《糖史》。"

先生在医院写了好多打油诗，笔者在网上查到一首："电光石火九十年，如今都似过眼云；米寿祝过盼茶寿，忙里偷闲做病人。"前次问他："是不是您写的？"季先生说："记不得了。"事后查证，的确是老人家的作品。这次我想再讨要几首看看，老人急忙摆手，说："那是自己写了玩的，可不能外传。"

说到诗，季老有很多想法，他说："从五四到现在，诗的体裁一直没有找到。要找，还得到中国文学史里去找。诗歌先是有四言、五言，发展到七言，以后就不发展了。为什么没有六言？你念念就知道了，它不符合汉语的声韵规律，念起来不好听。我么，不搞中国文学史，只是有时候随便想想。"

"读书不肯为人忙"

2007年9月初，忘了具体日子，人民日报的老同事罗尔庄先生来电，因为刚刚读罢我邮赠的拙著《季羡林——清华其神，北大其魂》。照例叙了一通客气话，末了郑重其事地说，将送我一本他的堂兄罗尔纲先生的《师门五年记》，不过，尔庄先生又补充了一句，此书他手头没有，三联书店曾经出版，不知还能不能买到，他准备直接向他堂兄的女儿，也就是他的侄女索取。

是月 8 日,逛琉璃厂中国书店,恰好瞥见罗尔纲先生的《师门五年记·胡适琐记》,三联版的增补本,想起罗尔庄先生的推荐,当下买了,回家仔细翻阅。

本书一如其名,是"师门五年记"与"胡适琐记"两部分合在一起,共计十九万七千字。就中,"师门五年记"约占六分之一,三万来字。然而,就是这篇薄薄的小玩意,却获得了当事人胡适的极高评价。1948 年,胡适针对此稿写信给罗尔纲,说:"这本小小的书给我的光荣,比我得到三十五个名誉博士学位还要光荣。"

胡适为什么如此称道呢?

看完了你就明白。该书缘起:1930 年初夏,罗尔纲即将在上海中国公学毕业,想找一处地方研究历史,他给校长胡适写信,请求帮助。胡适斟酌再三,答复说:"此间并无历史研究院,中央研究院的历史语言研究所又远在北京。大图书馆此间亦少。"那怎么办?胡适怜才,特地为他指出一条路:"你毕业后,如果愿意到我家来,我是很欢迎你的。"

胡适乃一代宗师,有此良机,罗尔纲自是欢喜不迭。就这样,毕业之后,他进了胡适在上海的家门。半年后,又随胡适迁居北平。罗尔纲在胡府,分前后两段时期,前期为辅助胡适的儿子祖望、思杜读书,抄录胡适父亲铁花先生的遗著,整理胡适藏书等等;后期主要自学,常去的地方有北平图书馆,以及在胡适的安排下,进北大研究院考古室工作。胡适名满天下,然而世人眼中的胡适,大抵是舞台人物的造型,或多或少,都带有表演、作秀的味道。罗尔纲不然,他对胡适的观察、了解是全方位的,而且是细微的、坦白的、全然不加粉饰的,这就和一般习见的传记大相径庭,大异其趣。

试举一例:罗尔纲出身贫寒,初入师门,担任抄写员,面对胡府川流不息的名士,不免产生自卑。胡适善解人意,据罗尔纲记述:"每逢我遇到他的客人时,他把我介绍后,随口便把我夸奖一两句,使客人不致太忽略这个无名的青年人,我也不至于太自惭渺小。有时遇到师家有特别的宴会,他便预先通知他的堂弟胡成之先生到了他宴客那天把我请去做客,叫我高高兴兴地也做了一天客。适之爱护一个青年人的自尊心,不让他发生变态的心理,竟体贴到了这个地步,叫我一想起就感激到流起热泪来。我还不曾见过如此的一个厚德君子之风,抱热忱以鼓舞人,怀谦虚以礼下人,存慈爱以体恤人；使我置身其中，感觉到一种奋发的、淳厚的有如融融春日般的安慰。"

这里说的是慈，更有严。1935年春，罗尔纲为《大公报》作书评《聊斋文集的稿本及其价值》，胡适读后，感到立论不够工稳，当面教训罗说："你的话太武断了。一个人的判断代表他的见解，判断的不易，正如考证不易下结论一样。作文章要站得住。如何才站得住？就是，不要有罅隙给人家推翻。"又，1936年夏，罗尔纲在《中央日报》发表短论《清代士大夫好利风气的由来》，胡适见后，非常生气，随即写了一封严厉的信责备罗，胡适在信中指出："这种文章是作不得的，这个题目根本就不能成立。……你常作文，固是好训练，但文字不可轻作，太轻易了就流为'滑'，流为'苟且'。我近年教人，只有一句话：'有几分证据，说几分话。'有一分证据只可说一分话，有三分证据然后可说三分话。治史者可以作大胆的假设，然而决不可作无证据的概论也！"

胡适对罗尔纲的栽培，是量身打造、一丝不苟的。罗尔纲在北大考古室，做了两年，还是助理。因为北大文科研究所的升迁，向例是少有的。1936年春，机会来了：清华文学史学系主任教授蒋廷黻将出任驻苏联大使，蒋廷黻十分欣赏罗尔纲的才华，推荐他接任自己教授的中国近代史课。然而，出乎所有人的意外，胡适却不放罗尔纲去清华。罗尔纲大惑不解，对胡适也产生了离心，他在朋友的帮助下，又联系了南开大学和中央研究院。一天，罗尔纲前往久未登门的胡府，打算作最后的告别。胡适听他说完原委，恳切地说道："尔纲你生气了，不上我家，你要知道，我不让你到清华去，为的是替你着想，中国近代史包括的部分很广，你现在只研究了太平天国一部分，如何去教人？何况蒋廷黻先生是个名教授，你初出教书如何就接到他的手？如果你在清华站不住，你还回得北大来吗？"稍停，胡适又说："我现在为你着想，还是留北大好，两处都不要去。你到别个机关去，恐怕人家很难赏识你。"

如此推心置腹，如此细致入微。听了胡适的解释，罗尔纲彻底明白了恩师的良苦用心。这样处处为你着想的大师，你到哪儿去找？罗尔纲反躬自省，愈加对胡适感激爱戴。乃至他后来在胡适的同意下，转入待遇较高的中央研究院，工作了一年，还是毅然辞职，重新回到北大。他要追随胡适，他认为只有胡适才能把他领上学术研究的大道。

罗尔纲的《师门五年记》，写于 1943 年，次年在桂林印刷，因为战火，未得顺利与广大读者见面。1945 年再版，出版方请胡适为之作序，胡适因事耽搁，直到 1948 年 8 月才完成。遗憾的是，该书再度为战火所误，最终胎死腹中。

胡适一生共获得三十六个博士学位，除第一个是花了大力气求得的外，其余皆为"名誉惠赠"。彼种名誉博士，隶属锦上添花，说白了，就是冲着胡适的身份、地位给的。譬如，二十世纪四十年代，胡适任中华民国驻美大使期间，送上门的名誉博士，就有二十七个之多。而同是胡适本人，同是生活在美利坚，1949 年后，只因他的身份从大使沦为难民，那么多的博士证书也没能为他换来一个教席，最后只能在母校哥伦比亚大学图书馆谋一个中文部的管理员。胡适经此沧桑炎凉，愈加珍重昔日学生罗尔纲授予他的这枚特殊"勋章"——也就是《师门五年记》带给他的温暖。有一点，此处须特别指出：上世纪五十年代，大陆展开对胡适的批判，罗尔纲慑于形势，也发表了清算胡适思想的檄文。罗尔纲的批判文章辗转传入胡适耳中，胡适不以为然，他相信，那不是罗的本意。因此，到得 1958 年 12 月，即胡适六十八岁生日前夕，他自掏腰包把《师门五年记》印刷出来，作为生日礼品，赠给前来贺寿的每一位客人。据胡颂平编著《胡适之先生年谱长编初稿》，1958 年 12 月谱记：

> 12 月 17 日，今天是先生六十八岁的生日，又是北京大学成立六十周年的校庆纪念日。
> 中午，北大校友会在静心乐园举行校庆，同时为校长（先生还是北大的校长）祝寿。……
> 在这个聚餐会上致词的，有梅贻琦、黄建中、陈大齐、朱家骅、王世杰、罗家伦等人。聚餐前全体校友向胡博士三鞠躬贺寿，会后同学会向胡氏赠送织锦签名祝寿册两册。胡氏回赠校友每人一本《师门五年记》。

又据胡颂平所编《胡适之先生晚年谈话录》，1962 年 2 月 24 日，胡适生命的最后一天，胡颂平记的是：

> 下午一时与出席院士共同午餐。……饭后回到住宅。……上

床休息。……四点十分，先生起床了。……胡颂平问："吴健雄是中国公学的同学，送她一本《中国公学校史》吗？"先生说："好的，你送她一本。午饭时，我和他们谈起了《师门五年记》，他们从外国回来的四位院士，也送他们每人一本。"

这天傍晚，胡适设宴招待"中研院"院士，因心脏病突然发作，猝死于席终送客之际。于是乎，罗尔纲的《师门五年记》，遂成了他留给世人的最后的馈赠。

写到这里，还要加一小注：胡适的三十五个名誉博士学位，有三个是得于1948年之后，因此，他当初写给罗尔纲信中的感谢话如果属实，应该是为："这本小小的书给我的光荣，比我得到三十二个名誉博士学位还要光荣。"

回到本文开头。若问：罗尔庄先生为什么要赠我《师门五年记》？答案显然与季羡林先生有关。尔庄先生是我的同门师兄，他对季先生，一定有许多亲切的感受，所以在读罢我的季先生传后，就采取推荐《师门五年记》的方法，委婉地向我表达他的建议或意见的吧。

2008年1月16日，在301医院，我与季先生谈起罗尔纲、罗尔庄兄弟。季先生说："罗尔纲我见过，是在一次什么会上，新中国成立后，他长期在南京，然后才到北京来，那可是个好人，正正经经的学者。罗尔庄也有印象，学越南语的，比你年级高。"

罗尔纲治太平天国史，季老的思维由此产生跳跃，一跳跳到中国通史。季老说，世界上最重视历史的，就是中国。历来改朝换代，第一件事就是给前朝修史。辛亥革命推翻清朝，组织了一帮人，准备修清史，其中有赵尔巽兄弟，很有名的。新中国成立后，人民大学有清史研究所，戴逸主持。你是学日文的，研究清史，日本比我们起步早。陈寅恪先生在清华教书时，看到好多人去日本研究中国历史，气愤地说，国可亡，而史不可灭。他写过一首诗，群趋东邻受国史，神州士夫羞欲死。田巴鲁仲两无成，要待诸君洗斯耻。添赋迁儒"自圣狂"，读书不肯为人忙。平生所学宁堪赠，独此区区是秘方。陈先生一直是我敬重的。我还有一个想法，就是研究清史的，要懂满文。鲁迅在教育部，就看过满文书稿。范文澜，老知识分子出身，到延安去了一趟，再进城，就是红色专家，他写了一本《中国通史简编》，政治性太强，比如对佛教，一味谩骂，不及韩愈的水平。为政治服务，这是大原则，谁都不否认，具体做起来，很难。吴晗，我的清华同学，就搞不好政治与历史的关系。五十年代，一次开什么学术讨论会，我被归在历史组，算研究东方史的。我在会上提出，历史讲究事实，讲究从实际中归纳出理论，不能先把理论摆在前面，拿理论硬套事实。

此处须加注解：季老对这个话题很感兴趣，说起来滔滔不绝，我这里记录的只是大概。其中谈到陈寅恪的诗，季老是随口吟出，可见他对寅恪师的熟悉程度，以及记忆的敏锐，人到了这个年龄，记忆还如此好使，的确令人敬佩。至于我，实话实说，陈寅恪的八句诗当场只记下三句，回家后翻书，才查出原文，题目是《北大学院己巳级史学系毕业生赠言》，作于 1929 年 5 月。季先生念到"读书不肯为人忙"，特意重复了一句，似在玩味，似在思索。是的，这正是陈寅恪之为陈寅恪，短短七个字，风骨毕现，锋芒毕露。

言归正传。稍顷，季老突然说："我曾提出改写中国通史，现在有这方面的书了吗？"

在这之前，我们已搞了一个以季先生命名的研究院。因此，我答复季老："这些年学术繁荣，类似的书出了很多，我个人看法，能上架的很少。不过，我们的课题——考证夏代文字和文明，正是照着您说的去做的。改写中国通史，当然要从源头做起，我们搞清夏代的文字和文明，势必有助于澄清先夏时代和夏代的历史，牵一发动全身，上古的历史弄明白了，商、周以至秦汉以后的历史，自然也会跟着调整。"

季老对这个课题，显得满怀兴致，他问我们研究夏代文字，从何着手？

我说："根据文献资料和考古学的最新成果，从语言学、民俗学入手，这正是您的老本行。"

我告诉季老："根据我和一位合作者的考证，您的老家山东，在上古扮演着华夏文明发源地的重要角色。"我举了一个例，是关于泰山在上古政治、文化中的地位。"众所周知，古代帝王登基，都要去泰山封禅，这事，管仲、班固撰有封禅篇，司马迁、司马相如撰有封禅书，记叙的很是清楚。我年轻时读古籍，读到这儿，很是纳闷：华夏以五岳为尊，论方位，嵩山端居中央，而且是商周秦汉的腹地，论高矮，华山独领风骚，恒山次之，泰山又次之，仅排老三，论历史渊源，泰山位于海岱，是化外之区，为什么历代帝王偏偏要舍近求远、舍高求中、舍夏求夷地跑到泰山来祭天拜地？

这不是奇了怪了么？！这件事，直到本世纪初，在孜孜求证了数十年之后，方才得恍然大悟。悟到什么？悟到上古三代之首，即夏朝之疆域，根本就不在主流专家们紧紧盯着的河南、山西地面，也就是中原，而在被他们一贯忽视的古之东夷，今之山东！您肯定听说过，距今四千多年前，地球上发生过一场世界性的大洪水。据我们考证，泰山一带，洪水之前，是华夏民族的发祥地；洪水期间，扮演的是东半球的'诺亚方舟'；洪水退后，则成了夏王朝的核心地域。"

季老说："这是学科前沿课题，研究院就是要讲究开创性，否则国家有那么多的大学、研究机构，你再多搞一个民办的研究院有什么价值。"

我同时汇报："研究院的宗旨就八个字：凝望、延揽、推介、催生。特征为两句话，十二个字：民间，摒弃依傍；自由，特立独行。首批课题，除了一本与您晚年生活有关，其它都是研究性的论评，着眼于大时代，大背景，力求视野开阔，高屋建瓴。"另外，我们还打算设两个奖项，一个是季羡林散文奖，一个是季羡林文化奖，前者针对国内，后者针对国外。关于这，我有一个汇报提纲，是原则性的，念了两句，季老听不清楚，只好请杨锐代劳。

念完，季老说："项目不在多少，关键要做得好。"

规定的时间快到了，我赶紧说："无论从哪一方面讲，研究院的常规课题，总脱不了与您有关，我正在努力收集您的资料，感到有点困难……唉，怎么说呢……归根到底，您身边既没有罗尔纲，也没有胡颂平。"

我说的是心里话，据我观察，老先生待遇虽高，但在配备学术助手一事上，并没有得到相应的重视。

不知是没有听清，还是难于回答，季老动了动嘴唇，欲言又止。

《站在胡适之先生墓前》一文的花絮

1999 年三四月间，季羡林先生应邀访问台湾，归来，作《站在胡适之先生墓前》一文，开篇说：

1948 年 12 月中旬，是北京大学建校五十周年的纪念日。此时，

1999年末，季羡林先生在台湾为胡适先生扫墓

解放军已经包围了北平城，然而城内人心并不惶惶。北大同仁和学生也并不惶惶；而且，不但不惶惶，在人们的内心中，有的非常殷切，有的还有点狐疑，都在期望着迎接解放军。适逢北大校庆大喜的日子，许多教授都满面春风，聚集在沙滩子民堂中，举行庆典。记得作为校长的适之先生，做了简短的讲话，满面含笑，只有喜庆的内容，没有愁苦的调子。正在这个时候，城外忽然响起了隆隆的炮声。大家相互开玩笑说："解放军给北大放礼炮哩！"简短的仪式完毕后，适之先生就辞别了大家，登上飞机，飞往南京去了。我忽然想到了李后主的几句词："最是仓皇辞庙日，教坊犹唱别离歌，垂泪对宫娥。"我想改写一下，描绘当时适之先生的情景："最是仓皇辞校日，城外礼炮声隆隆，含笑辞友朋。"我哪里知道，我们这一次会面竟是最后一次。如果我当时意识到这一点的话，我是含笑不起来的。

文章于 5 月 2 日脱稿，按照惯例，在抽屉里搁一阵子。越搁，他对上面所说的事实，越没把握。于是在 5 月 14 日，又写了一则《后记》：

文章写完了。但是对开头处所写的 1948 年 12 月在子民堂庆祝建校五十周年一事，脑袋里终究还有点疑惑。我对自己的记忆能力是颇有一点自信的，但是说它是"铁证如山"，我还没有这个胆量。怎么办呢？查书，我的日记在"文革"中被抄家时丢了几本，无巧不成书，丢的日记中正巧有 1948 年的。于是又托高鸿查胡适日记，没能查到。但是，从当时报纸上的记载中得知胡适于12月15日已离开北平，到了南京，并于17日在南京举行北大校庆五十周年庆祝典礼，发言时"泣不成声"云云。可见我的回忆是错了。又一个"怎么办呢？"一是改写，二是保留不变。经过考虑，我采用了后者。原因何在呢？我认为，已经发生过的事情是一个现实，我脑筋里的回忆也是一个现实，一个存在形式不同的现实。既然我有这样一段回忆，必然是因为我认为，如果适之先生当时在北平，一定会有我回忆的那种情况，因此我才决定保留原文，不加更动。但那毕竟不是事实，所以写了这一段《后记》，以正视听。

季先生的这则《后记》，可谓天下罕有，闻所未闻。如果确认有误，理当改写；如果坚信无误，就不应该再缀这么一个尾巴。那时我还没有考证出季先生高考作文题的记忆失误，现在看来，季先生如果不把文稿沉淀沉淀，立刻发表，很可能重蹈《梦游清华园记》的覆辙。

2006年9月初，梁志刚先生告诉笔者，他已托人查过台湾版的《胡适先生年谱长编》，有一份复印件，已寄给季先生。是月18日，在301医院，笔者当面问季老，他说："我还没看，你拿去核对一下。"

梁志刚转来的胡适年谱，是从1948年12月1日至15日。年谱记载，12月13日，胡适写了《北京大学五十周年》一文，发表在《北京大学五十周年纪念特刊》，15日下午离开北大，乘上南京派来的专机。由此可以判断，胡适离开北平前，北大并没有举行庆典。至于17日，北大的生日那天情况怎样，年谱到此中断，无从考较。

怎么办？既然梁先生能查到胡适年谱，索性再请他查查16日以后的。2006年11月26日，梁先生交给我一份更为详细的复印件。这次弄清：胡适15日只是到了南苑机场，16日南下，当天，蒋介石设宴为胡适夫妇洗尘，并提前一天为胡适过生日。17日，北大倒是举行了五十周年纪念，有各种学术讲演和展览。其中，在校史展览馆，展出胡适的日记、《尝试集》初稿、初期白话诗稿印本、钱玄同书"胡适之寿酒米粮库"等。胡适原定在16日讲演的《校庆前夕的感想》，因他人已经离开北大，予以取消。17日在南京的庆祝活动，年谱未着一字，仍然存疑。

至于坊间，关于胡适在那几天的行踪，有种种说法。比如当年12月16日的《申报》说，胡适是15日离开北平，当日下午六时三刻降落在南京机场云云，此说把胡适南下时间锁定在15日，比年谱早了一天。

又比如岳南先生的《陈寅恪与傅斯年》第十四章说："1948年12月17日，正是北大五十周年校庆日和胡适五十七岁生日，蒋介石、宋美龄夫妇在南京黄埔路官邸专门设寿筵宴请胡适与江冬秀夫妇。平时请客从不备酒的蒋介石，特为胡适备酒贺寿，可谓破格示敬。尽管胡适对蒋氏夫妇的情谊深为感动，但当自己的助手胡颂平奉蒋氏之意劝他'替政府再做些外援的工作'时，胡却板起面孔极不高兴地说道：'这样的国家，这样的政府，我怎样抬得起头来向外人说话！'[1]遂不再理会。宴罢，胡适于下午三时赶赴中央研究院礼堂大厅，出席在南京举行的北大同学会和校庆会。席间，胡适'发表沉痛演词'。这是胡氏离平前专门赶写的一篇纪念箴言，谓：'北大整五十年了，北大是历代太学的正式继承者，但北大不愿承认是汉武帝以来的太学的继承人。'胡适在演讲词中高度称赞了蔡元培与蒋梦麟主持北大的功绩，称：'九·一八的炮火，震惊了他们的美梦……现在我们又在很危险很艰苦的环境里，给北大作五十生日。我用很沉重的心情，叙述他多灾多难的历史，祝福他长寿康强。'最后，胡适自谓'乃一不名誉之逃兵'。[2]言毕声泪俱下，哽咽不能语，在场者皆掩面而泣。"

这里，是把蒋介石设宴为胡适祝寿，说成是17日，也比我见到那份年谱记载的早了一日（惭愧，我见到的只是年谱中那几日的复印件，书名相同，但出版单位和出版年月，皆不详）。

笔者力有不逮，暂时无法做进一步考证。事后曾把有关情况汇报给季先生。先生说："这《后记》写对了。无征不信，知止不殆，写历史传记的人，不能随便发挥，有些事情，比如胡适17日在南京的活动，现在还不能落实，只有等待资料的进一步发掘。"

关于《站在胡适之先生墓前》一文的花絮，就到此为止。另外，在胡适写于13日的《北京大学五十周年》一文中，笔者注意到一个细节，胡适说："我曾说过，北京大学是历代的'太学'的正式继承者，如北大真想用年岁来压倒人，他可以追溯'太学'起于汉武帝元朔五年（西历纪元前124

---

[1]《胡适之先生年谱长编初稿》，胡颂平编，台湾联经出版公司1984年出版
[2] 载《申报》1948年12月18日。

年）公孙弘奏请为博士设弟子员五十人。那是历史上可信的'太学'的起源，到今年是两千零七十二年了。这就比世界上任何大学都年高了！"季先生在纪念北大一百周年时，说过类似的话："如果我们改一个计算办法的话，那么，北大的历史就不是一百年，而是几千年。因为，北大最初的名称是京师大学堂，而京师大学堂的前身则是国子监。国子监是旧时代中国的最高学府，已有一千多年的历史，其前身又是太学，则历史更长了。"可见，季先生是看过胡适这篇文章的，而且留下了不可磨灭的印记。

两个难兄难弟，一对大活宝

细数季先生的故旧亲朋，欧阳中石如今要排在前列，他是山东泰安人，和先生是大同乡，中学就读于济南省立一中，和先生是校友，大学深造于北大，和先生是一家，欧阳中石的夫人张女士，与季先生的妹婿彭菊田家是世交，她称彭菊田为二哥，称秋妹为二嫂，有如此之渊源，两家愈走愈近，愈走愈亲，是很自然的了。

笔者在欧阳中石先生府上见到季老和他们全家的合影，那是 2000 年，季先生八十九岁，春节之际，欧阳先生请季老来过年，他们帮老人理发，洗澡，换上一套新衣，然后合家欢聚，吃团圆饭。席间，季老对欧阳一家的温馨气氛颇为羡慕，对自己的处境，流露出一丝伤感……当我在 2006 年底听到这个细节，心里为之一抖，可惜，我没有机会同先生作掏心窝子的交谈，老先生成了一个"公众人物"，等闲靠他不近，靠近了也无法敞开心扉。

2001 年，季老九十大寿前夕，作还乡之行，欧阳先生夫妇随同，在老家临清，季老以耄耋之身，在父母坟前磕了三个响头，在场的人都为之动容，季老起身，面仍有不悦之色，问之何故，答：还有一事未了，叔父在济南的坟墓，因为城市扩展，已被夷为平地，如今祭奠无门，心头不免懊恼。欧阳夫人旋即答应帮他了此心愿，她回到济南，经过多方斡旋，选定在郊区玉函山，觅一处净地，树碑立墓，作衣冠冢。——笔者 2006 年 9 月曾前往祭扫，见碑文是季老亲笔所书，中间是叔父季嗣诚的名讳，婶母马巧卿、陈绍泽分列两侧。啊，白头人有此孝心，九泉人也该含笑了。

季先生住院以来，欧阳先生夫妇是探视得较勤的，譬如，他们知道季老的真正生日是8月2号，所以就于2006年8月1号，提前一天为其祝寿。那天，欧阳先生为季羡老奉上一幅寿桃，他自己画的；因系书法大家，有深厚的笔墨功底，所以画起画来，也是自成一格，别有情调。笔者以前在季老家里见过一幅《季荷》，也是欧阳先生的手笔。鉴于欧阳先生与季老的亲密关系，以及他的书法声誉，笔者8月21日登门拜访，便请他为拙作《季羡林——清华其神，北大其魂》题写书名，欧阳先生点点头，说："没问题，只要是与季老有关的事，你尽管讲。"

　　欧阳先生五十年代初入北大，进的是哲学系，逻辑专业，导师为金岳霖。依笔者看，他身上的确有金大师的调皮与睿智。有一个故事，说欧阳中石聪明好动，经常在班上搞出一些滑稽闹剧，曾几次遭到金先生善意的批评。一次，金先生有意难为他，给他出了一个上联："一切切切不可一刀切"，罚他对出下联。欧阳中石左思右想，不能完成，从此让他老实了多天。晚年，他突然颖悟：这上联本身就是"一刀切"，是错的，应改为："切切不可一切一刀切"。金先生是逻辑大家，不可能发生此错误，答案只能是，他是有意惩罚我……唉，等到欧阳中石明白原委，金先生已故去多年，哲人其萎，风华不再，他只能临风怅叹，不胜唏嘘了。后来，他把这段经历写成一篇短文，题目叫"再给老师调皮一回"，发表在光明日报。季老恰巧读到了，他对欧阳先生说，难得构思、分寸都掌握得十分好，是不可多得的佳作。

　　笔者与欧阳先生交谈，深感他多才多艺，亲切而幽默。举一个例：笔者曾想给欧阳先生写一篇报道，他婉拒了，自述"少无大志，见异思迁，不务正业，无家可归，不登大雅之堂。"这几句话，看似寻常，认真玩味，大有文章在，字字闪烁着他的大才华，真个性。

　　话说2006年9月4日，笔者在301医院访问季老，正聊起童年那一段往事，有客进门，原来是欧阳先生派来，给季老送山东老家美食的。附有一信，杨锐拿过念了，大意说，送上周村烧饼一包，请您吃早点；肥城鲜桃两个，还有点生啊，不能吃，闻闻也是好的；另有济南香肠，要遵医嘱，能吃就吃，不能吃就给别人吃。末尾署名"乡里妹子"。季老说，那是欧阳先生的夫人张chǎi京。又说，你看那字，标准的板书。提起欧阳先生，激起我想到关于为季传题写书名的事，随即拨通他的电话，欧阳先生在电话那头说："噢，噢，一定写，一定写，你哪天来拿吧。"说罢，笔者把手

2006年，欧阳中石与夫人为季老祝寿

机递给季老，让两位老朋友聊聊天。手机的音量小，老人家听不清，他只能自说自话："烧饼、桃子、香肠收到了，谢谢你的美意。"顿顿又加上一句："向张chǎi京问好！"我很诧异，因为季老在《故乡行》中写到欧阳老师的夫人，我看到的那个版本，印的是"张臣京"，他适才两次念张chǎi京，询问之下，才知道书中印错了，是莐，不是臣。把这事跟季老说了，季老说："你又揪出一个错误，再版一定要让他们改。"

客人走后，笔者趁势聊起欧阳先生，季老说他是智者，能玩会耍，做学问做出名堂，唱京剧唱出名堂，写字也写出名堂。又说欧阳先生眊在右目，而他，聋在左耳，两个难兄难弟，一对大活宝……话未说完，又有一位女医师进门，转达范曾先生的问候，说他现时人在南昌，千里外遥祝季老康健。季老合手表示谢意，关于欧阳先生的话题，就此搁下，没能继续往下谈。

9月中旬，欧阳先生夫妇赴济南，代表季老向山东有关部门赠书，笔者与之同行。在列车上，欧阳先生又给笔者讲了一段轶事：北大历史系老前辈邓广铭，与季老是旧交，关系熟得很。有一年，邓老先生的一位弟子职称评审遭遇障碍，便转而向季老求援。邓老先生亲自给季老打电话，劈头就说："这事你要帮忙，你想想当年汤用彤是怎么提拔你的！"邓老先生所说汤用彤一事，是指1946年季先生初进北大，按规定只能评为副教授，由于文学院院长汤用彤的激赏，一个礼拜后，就破格升为正教授。邓广铭先生曾任胡适校长的秘书，对于这段历史，知之甚详。但是，季老其时不管评职称的事，爱莫能助，他后来对欧阳中石叹气，说："邓老他怎么就忘了呢，须知北大早不是过去的北大，我季羡林也不是汤用彤。"

梦见吃鱼翅

季先生在 2000 年 1 月写作了一篇堪称长篇巨制的散文《佛山心影》，文中总结了自己的交友之道，他说："我交了一辈子朋友，我究竟喜欢什么样的人呢？我从来没有做过总结。现在借这个机会考虑了一下。我喜欢的人约略是这样的：质朴，淳厚，诚恳，平易；骨头硬，心肠软；怀真情，讲真话；不阿谀奉承，不背后议论；不人前一面，人后一面；无哗众取宠之意，有实事求是之心；不是丝毫不考虑自己的利益，而是能多为别人考虑；最重要的是能分清是非，又敢于分清，因而敢于路见不平，拔刀相助，疾恶如仇；关键是一个'真'字，是性情中人；最高水平当然是孟子所说的'富贵不能淫，贫贱不能移，威武不能屈'。……古人说'金无足赤，人无完人'，我自己不能完全做到上面讲到的那一些境界，也不期望我的朋友们都能完全做到。但是，必须有向往之心，虽不中，不远矣。简短一句话，我追求的是古人所说的'知音'。"

季先生的《佛山心影》是为一位老人所写，这番话也是为这位老人所说。这位老人不同寻常，1999 年 11 月，他在广州暨南大学向全国 101 所"211工程"大学赠书，居然能说服年事已高，平常深居北大燕园不出的季先生"舍命陪君子"，飞越迢迢关山，亲临羊城现场。又是这位老人，在赠书仪式结束后，邀请季先生到他的家乡——广东佛山、南海参观游览，共同度过了"总是欢声笑语，其乐融融"、令季先生"永世难忘"的三天。正如季先生随后乘机北返，在高空中回忆："我们短短三天相聚，已经结成了深厚的友谊，这友谊像仙露醍醐一样，滴到了我这老迈的心头，使它又溢满了青春的活力。垂暮之年，获此殊幸，岂不快哉！岂不快哉！""坐在飞机上的只是我的身躯，我的心却留在了佛山，留给了那一些非常可爱的、永世难忘的友人们。"

这位老人是谁？他叫石景宜，1916 年生，小季先生五岁，是位港商，更确切的说法，是位香港的大书商。他以卖书起家，以出版为业，一点一滴打拼，在香港创出了一番事业。他走过的道路，和季先生迥不相同，这样两位一南一北的老人，是如何走到一起，又如何成为至交的呢？

长话短说，石景宜是位成功的商人，他卖书赚了钱，在香港算得中产阶级。香港的中产阶级有的是，他的行为却与众不同，堪称独一无二。怎么个独一无二法？1978 年以来，石景宜有一个独特的身份，就是出任香港和内地，以及海峡两岸的"文化书使"。这头衔是民间叫起来的，不是什么官方机构加封的。所谓"文化书使"，就是向内地和台湾无偿赠送珍贵的图书。截至季先生飞赴羊城，参与赠书盛会的 1999 年，据不完全统计，石景宜已向大陆数百文化、教育、科研机构无偿赠送图书三百万册，向台湾赠送图书十一万册，受益单位遍及全国各地。

季先生原来不认识石景宜，对他的赠书活动毫无所知。1994 年至1995 年，为了搜集写作《糖史》的资料，季先生每天跑一趟北大图书馆，在日复一日的翻阅过程中，发现台湾版的书"用处极大，用起来极为省力"，也就在那时，季先生对台湾版的图书有了深刻的印象，从而有了海峡两岸版本交流的急迫想法。

两位老人相识是在 1998 年。那年夏天，石景宜斥巨资从台湾购得一批贝叶经，他知道，这是稀世珍宝。但是，宝贝到手了，却苦于无人认识。稍后，适逢北大新建的图书馆即将落成，石景宜拟赠送一批贵重图书以示祝贺，其中含有贝叶经。一天，石景宜在与北大图书馆林被甸馆长交谈时，流露出请专家鉴别贝叶经的愿望。林馆长说，据他所知，贝叶经极为稀罕，北京城里，只有中央民族学院存有几部，为云南、西藏、新疆等少数民族的宗教文化珍品，至于外国的贝叶经，尚未听说。林馆长又介绍，当初，中央民族学院为了鉴定他们保存的贝叶经，曾请北大的季羡林先生出马。季羡林您不知道？他可是大大有名，人称东方学的泰斗！看来，要鉴定您的这批贝叶经，非季羡林先生莫属。闻此，石景宜喜出望外，他当即请林馆长协助联系，想当面就自己的贝叶经聆听季先生的高见。

季先生起先婉拒，因为事先没有见过原物，怕认不准。后经校方斡旋，才答应试试看。会见时，季先生戴上老花眼镜，外加放大镜，接过石景宜递过的一部贝叶经仔细审视。只几分钟，季先生就说看明白了，这是用泰文字母刻写的巴利文大藏经。季先生指出，巴利文是古代印度的一种文字，没有自己固定的字母，在印度，则用南印度字母抄写，间或也用天城体字母；在泰国，则用泰文字母；在缅甸，则用缅文字母；到了近代，英国的巴利经典刊行会使用拉丁字母。现在世界上各国的巴利文学者以及佛教学者，都习惯于使用拉丁字母。据德国梵学大师吕德斯的看法，泰文字母的巴利藏有许多优异之处。季先生又指出，石老购得的这批巴利文贝叶经既有学术价值，又有极高的收藏价值，珍贵无比。

季先生随即拿笔，在一张信笺上写出如下的评语：

> 巴利文，南传佛教，巴利藏(Pāli—Tripi aha)，泰文字母。这是巴利藏的一部分，版本颇为珍贵。

季羡林

1998 年 8 月 13 日

这时候，最高兴的要算石景宜了，他为自己的贝叶经找到识主而高兴，更为这批国宝有了权威鉴定而高兴。当场，石景宜将那部贝叶经赠送给季先生。季先生也欣然接受。

两位老人由此拉开了交往的序幕。

而后不久，石景宜携夫人刘紫英专程从香港到北京拜访季先生，并再次赠送两部贝叶经以示敬意，同时请季先生为另外两部贝叶经作鉴定。

季先生为另外两部贝叶经作出的鉴定，分别是，

之一：

> 巴利文 (Pāli) 三藏是佛教小乘上座部 (Thvar āda) 的经典，是所有的佛教经典中最完整的一部。
>
> 巴利文没有自己专用的字母，在印度有时甚至用梵文常用的天城体 (Deva nayari) 字母来印刷。在缅甸则使用缅甸字母，在泰国则使用泰国字母。据德国梵文大家 H. Lüders 的意见，泰国字母版的巴利藏有其优越之处。
>
> 现在国际上流行的是英国巴利藏刊行会 (Pāli Text Society) 的

拉丁字母的版本。这一项巨大工程进行了七八十年才完成。

北京大学

季羡林

1998 年 10 月 14 日

之二：

这是用缅甸字母书写的巴利文大藏经。巴利文没有自己的字母，在缅甸就用缅甸字母，在泰国则用泰文字母，依此类推，因地而异。

这一套经，页数混乱，无法按顺序排定前后。书写用的可能是从石油原油中压出来的黑漆似的东西。如果是红色的话，则用的是漆虫压制的红色原料，所用的纸名孟艮。

两块夹板上绘的是：一、释迦牟尼的少年、中年、老年的形象，共三幅。二、神猴哈努曼的形象，也是三幅。中间夹杂着佛教神话中金翅鸟 (garuda) 等等。

在缅甸历史上，十九世纪中叶缅王曼同曾对巴利藏进行过修订，这一卷经很可能就是曼同王当时修订时的写本，时间是十九世纪中叶写成的。估计当时不可能写很多本，也许是仅仅写了一部，册数恐能达到一百以上。

无论如何，这是缅甸的国宝。

季羡林

1998 年 12 月 2 日

于北京大学

石景宜也用他的专长为季先生的研究服务。那是他俩相识不久，季先生因为写作《新疆佛教史》，需要台湾出版的《高僧传索引》，遍查北大图书馆，只得其中一册，一日遇见石景宜，随口说到此事，万没想到，几天后，石景宜就完成全部操作：从台湾购得《高僧传索引》，用特快专递发到香港，再从香港转发北京。季先生接书后感慨万千，有石景宜这样的书使，又有他这样的雷厉风行，真是快何如之！快何如之！

石景宜了解到季先生虽然名重天下，每月薪水却只有紧巴巴的一两千元（1998年为一千七百元），因此每次来京，于赠送书籍、资料之外，还送上一些营养品，如花旗参茶、燕窝、腊肠、肉松之类。且说2003年9月30日，季先生因为石景宜次日来京，强行要求出院，回到他在北大东门外蓝旗营的别居，他希望在这所装潢一新，未来得及住就入院闲置的"雅宅"接待贵客。当夜，季先生起床上洗手间，突然对身边的人笑嘻嘻地说："我梦见吃鱼翅，我梦见吃鱼翅！"原来，石景宜每次来都请季老吃鱼翅，他已经提前梦到了。儿时梦见吃白面馒头，老来梦见吃鱼翅，口福之欲，人之本性；第二天，石景宜夫妇偕义女施汉云来访，果然请季老饱享梦中所得之美味。

石景宜除了请季老吃鱼翅，还想进一步帮老人改善生活，直接送钱，他估计老先生不会要，因此，在2003年12月的一次会见中，他委婉地向季老表示："请您帮我写一部传记，三十万字，一字一元，好吗？"石景宜是香港的生意客，他想采用市场的通行法则。过了一阵日子，发现老先生不领情，症结就在这个"钱"字。季先生赞赏石景宜的爱国情怀，但他不愿为了钱而动笔。石景宜于是改口，说："字数不在多少，您随便写，写多长算多长，总钱数不变。"季先生还是不能接受，他对秘书说："我要是写一个字，就等于从别人口袋里掏一块或几块钱，我还能写得好吗？"

企业家与大学者打交道，总是要慢慢磨合的，关键在于一份真情。

尔后，随着交往的增多，企业家与大学者的距离渐渐缩短，直至称兄道弟，彼此无间。让我们来看一看季先生和石景宜日后的通信，季先生的一封信说：

> 景宜老弟：
> 　　我这样称呼你，而不称你为"石老"，我想你是会高兴的，我以老大哥自居，是你我共同的愿望。……

随后，石景宜回函，欣然从命，接受"老弟"称呼，兄弟之谊正式订交。石景宜的信写道：

1998年8月，香港石景宜博士（左）拜访季老。

羡林大哥：

　　景宜有幸，十分高兴接受"老弟"的称呼，这比任何堂皇名号更有价值、更加亲近、贴切、自然，我万分珍惜！古人有言，人之相与，贵在知心。知我者，莫过季大哥也。我能有这样一位举世仰慕、正直善良的学术泰斗兄长而深感无上光荣与自豪。……

　　2007年10月21日，石景宜在香港去世，享年九十有一。11月10日，悼念仪式在香港殡仪馆举行。据中新社报道，全国政协常委徐展堂在致悼词时表示：

　　"石景宜博士在经营图书业务时，时刻惦记着祖国的文教事业。1978年，石景宜博士把超过一千册外国书籍赠与内地图书馆，开始展开了他近三十年'以书为桥、以画作舟'促进两岸文化融合的使命和工作。"

　　"据悉，为了支持祖国文教科技事业的发展和令内地同胞进一步了解台湾，石景宜博士自1978年以来，已向全国七百多个城市、近两千个地区的图书馆、大学、科研单位等无偿捐赠台湾版图书，已达六百五十余万册。"

　　徐展堂指出，石景宜博士一生心系桑梓，情系中华，为祖国的文化事业、国家的教育发展鞠躬尽瘁。他的德言懿行，赢得了两岸人民的尊重，被赋予"文化书使"、"开启两岸文化交流第一人"等美誉。

　　石景宜逝世后，中央领导人和其生前友好纷纷发送唁电或致送花圈，表示哀悼，在长长的名单中，人们找不到季羡林的名字。原来，为担心老人家精神受到刺激，他周围的人隐瞒了石景宜去世的消息。这已是惯例，前几年启功、臧克家、林庚等老友辞世，周围的人就是这么做的。老人在这方面的反应，有时特灵，那年巴金去世，上海有人来电话，李玉洁只说了三句："呀！一百零一岁，这么快？！"季老偏偏就全听见了，听见了也就全明白了。心情难免波动，一波动就伤身体。所以在这方面，要特别小心翼翼。

石景宜去世后，2007年底与2008年春，石景宜的大儿子石汉基两次从香港赴京，依然如从前一样去301医院，代表父亲向季老问好，并以父亲的名义，送给季老一些营养品。关于爸爸的近况，只说是身体欠安，暂时不能过来大陆。季老听罢，总是双手合十，连说："谢谢他的礼品！谢谢他的礼品！请你也代表我向你父亲问好。"

2008年3月底，我去佛山，见到石景宜的两位公子汉基、国基兄弟，交谈中，他俩一再交代我，关于家父去世的消息，无论如何不要告诉季老。

老人家总是需要特别保护的。这就是为什么有些话可以当面对季老说，有些话则不可以说——尽管你说的都是绝对真实，并且也是出于百分之百的善意。

纸里包不住火，时间长了，季老也会猜出个大概。出于世故，他同样也会装聋作哑，佯作不知。因此，在季先生有生之年，只要不出意外，这幕用真情和谎言编织的戏剧，还将心照不宣地演下去。

书法，海内一宝

季老不以书法见长，但这并不妨碍他的字，成为海内一宝。

说来遗憾，季老小时候，没有好好练过字。季老的妹夫弭菊田先生在九十年代初回忆，当年，婶母命小羡林和妹妹在一起练字，常常是，"写着写着，季公就不耐烦了，让妹妹在他脸上画上眼镜，添上胡须，再胡乱勾勒上些图案，然后他再给妹妹画上一通，互相瞧着对方的脸谱哈哈大笑，那毛笔字也就抛到一旁了，所以至今的季公的书法实在令人不敢恭维。"

弭菊田先生曾是济南画院院长，为海内书画名家，他是从专业的角度看待季老的字的，但他忽视了，季老首先是个学问家，大文人，其次才是他的字。季老的书法，就书道而言，未必完全中规中矩，但他有内涵，有张力，在诸家之外自成一体：季体。老话说"字如其人"，季老的字，包含了他的学问、人品、经历、精神，等等，自是有大气象，大韵味。

欧阳中石先生是解人。且举一例，2006 年 9 月 18 日，欧阳先生代表季老，向山东有关方面赠送八千二百余册《中华传统美德名言警句》，那书名，就是季老的手笔，内里亦有季老的题词。欧阳先生对笔者说："季老的字，不是练出来的，是学出来的。练，主要指花费时间，所谓拳不离手，曲不离口；学，讲的是水涨船高，字与才学、修养一起进步。季老的字，绝对有他积学的高度、厚度，是他神韵气质的外在体现。比如这签名，季羡林三字略微向一边斜，制作者想把它正过来，我说，万万不可，季老这么写，自有其一刹那的性情、灵光在，不能位移。一般来说，季老的字比较秀丽，而且充满智慧。"

欧阳先生的"水涨船高"说，我深以为然。季老虽然不专攻书学，但他是学问大家，对书道一门，尤其是学者之字，有自己独特的理解与熏陶。季老曾作《书法文化与学者眼界》一文，议及：

"学者书法有自己的历史，起码清华过去有梁启超，北大过去有沈尹默等。学者书法不仅讲求书法的典雅清正，而且要求书法具有深厚的文化意味，学者书法不仅是艺术，而且是文化，同时也是学者对汉文字的美化和文化化。"

"从学者书法作品中可以看到学者的文化修养和宽宏眼界。好的书法给人精神和身体带来双重好处，使学者身心健康。看怀素狂草，使人心花怒放；看邓石如书法，惊心动魄；看吴昌硕墨荷的笔墨，精神和身体双重振动！"

在为内弟彭松书法集作序时，季老又有精辟发挥，他说："书法同绘画一样，是一种视觉艺术。绘画的作用，在于重现自然，无论是山水、人物，还是花、鸟、虫、鱼，重现时都必然沾染上一些个人感情成分。所以，虽同是一类画家，然而画风各异，决不像照相机那样，照出来的都大同小异。书法不在重现自然，而在抒发胸中一股浩然之气，这种气，人与人殊，因此王羲之决不同于魏碑，颜真卿决不同于怀素，苏轼决不同于黄庭坚，董

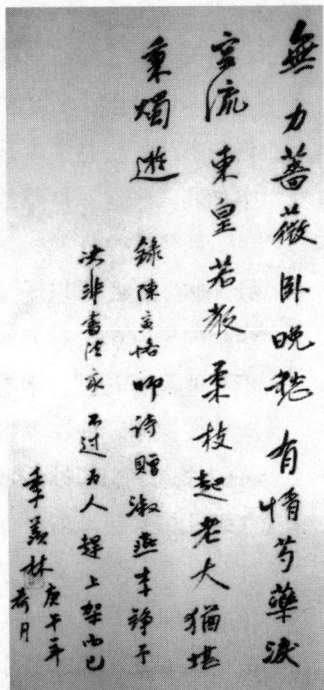

季羡林赠助手李铮夫妇的题诗

其昌大类赵孟頫，清代馆阁体则表现一种富贵气象，像郑板桥那种字体绝进不了翰林院，只能到扬州当'八怪'之一。如果像颜真卿那样的刚烈人物而书法却如赵子昂，这简直是匪夷所思。古人常说：文如其人，我则说：字如其人。这一点恐怕是非信不行的。"

回到本文开篇，季老小时候没有好好练过字，决不等于永远与书法无缘，他的岳父，即妻子彭德华的父亲，以及妹夫弭菊田，都是有名的书画家，两个内兄内弟（彭平如、彭松），也是出色的书法家，耳濡目染，以他的悟性，不可能没有长进。季老曾给我讲过一个故事：三十年代初在清华读书，一次德文课前，他在黑板上用粉笔写了几个汉字，当时写了玩的，带有鬼画符的味道，忘了擦，德文老师艾克进门，发现了那几个字，当下愣住，站在那儿傻呆呆地看，似乎无限欣赏。下课后，艾克问这字是谁写的，季羡林从实招认，艾克一笑，说："我不认识汉字，但我是美学家，我看汉字像看一幅画，只看结构、线条，不管含义，你这字，写得真漂亮！"艾克是德国专家，娶的是中国媳妇，叫曾永荷，是曾国藩的后人，他后来去了夏威夷。当日，艾克的随意鼓励，给了季羡林极大的启发，他从此把书学跟美学挂钩，在学问之中、书法之外慢慢领略书道的真谛。

我最早阅读先生的字，是在八九年前，徐敬亚先生为深圳龙岗策划"百龙碑"，请我求先生襄赞。先生平素用的是小号自来水毛笔，不惯写大字，结果，只能以小放大。一个"龙"字，聚集了先生对中国魂的理解和大半生的学力，见者莫不称奇。又曾为深圳徐广德先生公司的招牌求题。先生声明，凡涉及商业，一概不写。不过，那次破例，还是给了我面子。我于是见好就收，以后涉商的求请，一概不接。又为《十月》杂志主编王占君求题，内容是《论语》中的一句，哪一句，忘了。顺便也请先生为我写了一幅，内容是苏东坡的"好风如水"，它就挂在我的书房，日日朝夕相对，先生之风，于我，的确是浩浩乎洋洋乎若无涯之水的了。

近期，因为采访的频繁，接触季老墨宝的机会骤增。印象深刻的，有：给北大图书馆的题词"志当存高远，心不外平常"，境界高妙，字形也洒脱。2006年5月14日，北大举行季老执教六十周年暨九十五华诞庆典，特意把它制成镜匾，送给每位嘉宾；又有：赠北大王岳川教授的"极高明而道中庸"，这是先生从几千年的中华文化中悟化而来，笔道妩媚而遒劲，是难得的上品；再又有：赠助手李铮夫妇的题诗，录的是陈寅恪的旧作。诗云：

"无力蔷薇卧晚枝愁，有情芍药泪空流；东皇若教柔枝起，老大犹能秉烛游。"落款为"庚午年荷月"，即 1990 年 6 月，那时季先生七十九岁，正值老骥伏枥、壮心不已之秋；再还有：为泰安方面创作的《泰山颂》，全诗三十六行，每行四字，从左到右，恭录于若干幅 A4 型白纸，这算得先生的长篇手书，为我所见之最。

感受深刻的，是为敝乡阜宁的题词："中国散文之乡·阜宁"。那天，我持阜宁县委的公函前往 301 医院，先生听说是"散文之乡"，二话没说，取出特制的便笺，欣然挥毫，第一幅，墨色稍枯，不喜，弃之重写；第二幅，墨酣意畅，一挥而就，老人快慰，众人也高兴。我回家后，发现，老人只题了"中国散文之乡"，没有写"阜宁"，美中不足，感到不好交差，于是，二次前往医院，再烦先生动笔。这次我有了经验，特地从家中带去一管长锋羊毫、一叠裁好的宣纸和一瓶墨汁——这是打定主意要劳动老先生的筋骨了。季老听说了缘由，觉得在理，乐意重题。展纸、拈笔、舐墨，从来没见先生写这么大的字，老人家气定神凝，悬腕挥毫，我注意到，他不喜欢中途停顿，而是笔走龙蛇，一气呵成——九十五岁的老人，难得有这番精神！

又，10 月 16 日上午，偕书法家刘先生前往医院看望季老。刘先生赠季老事先准备好的两幅字，即在下为季老写作的传记的副题："清华其神，北大其魂"，并当场用大红洒金宣纸，为季老写下"福寿康宁"四个大字，刘先生不用书桌，让我和同去的王树英兄提着纸，挥毫悬书。季老喝彩，说："真功夫！"刘先生得意，又提出要为季老写苏东坡的词："谁道人生无再少，门前流水尚能西，休将白发唱黄鸡！"季老纠正："不是谁道，是谁言。"刘先生狂草既毕，季老一边欣赏，一边背诵王羲之的《草诀歌》："草圣最为难，龙蛇竞笔端。毫厘虽欲辨，体势更须完。有点方为水，空挑却是言。宝盖无左畔，走之阙东边。……"这歌诀，在下也读过，但仅仅读过而已，无论如何也背不上，不由得不佩服老人的记忆力。刘先生说到舒同的字，当年，舒同先生曾为刘先生题词"熔铸百家，自成风貌"。季老接话："舒同的字，是学何绍基的，济南大明湖公园的对联'海右此亭古，济南名士多'，就是何绍基的手书。"临了，刘先生求老人墨宝，老人略想一想，就在一幅宣纸上写下"翰逸神飞"四字，那笔道，端的也有李白"俱怀逸兴壮思飞"的神采。

有人曾根据季老的钢笔手书，分析他的笔迹，结论："线条率意而又严谨，自然而不雕饰，朴拙中含苍劲。率意、朴拙，不雕饰的线条表明朴素、不易、诚挚的生活态度，永葆年轻的心态甚至孩童般的纯真。严谨的线条直接表明认真严谨的作风和文人的清高。苍劲的线条表明人生经历沧桑而依然达观自信。"这番话，准确不准确，科学不科学，留请高明推敲，我从季老的毛笔书法中，却真真切切地看到了他的大写意、大朴质、大智慧。

"物无涯，悟无涯"

京城有位书法家，姓薛，名夫彬，是欧阳中石先生的弟子。薛先生身边有件稀罕物，是他从甘肃买来的：上下是两块木板，中间夹一叠树叶，也分不清是什么树叶，有二三十片，叶上刻得许多字，好似藏文，又好似蒙文。叶片用漆髹过，铮明透亮，瞧上去，很有沧桑感。周围的人都不认识，只说是个好东西，劝薛先生拿去拍卖，准能卖个大价钱。薛先生不在乎钱，作为书法家，他想的是谁能识得上面的字。一次，大概是2003年腊月，他在欧阳老师处，听说季老住在301医院，欧阳老师准备过几天去探望。薛先生灵机一动，想，季老是学问大家，识得多种文字，连吐火罗文的剧本都能破译，也许能识得叶片上的文字。老话说"宝剑赠与壮士，红粉赠与佳人"，把那件玩意赠与季先生，也是物得其所，三生有缘。于是，他回家把它取了来，托欧阳老师，转赠给季先生。

过了些日，季老传过话来，说那玩意叫贝叶经，他现时身体不太好，精力不济，待过了这段治疗时间，再静下心来慢慢研究。季老同时请欧阳先生，转送给薛夫彬几本书，分别是：《三真之境》、《留德十年》、《故乡明月》。

后来，那是我去看望季老的若干次中的一次。谈话中偶然涉及到薛先生和他的贝叶经，季老说："贝叶经就是刻写在贝多罗树叶上的经典文献，梵语称pattra，源于古印度，当造纸术还没有传到印度，他们就在贝树叶上刻写东西，包括文字、法典、宗教、政治、哲学、佛法、绘画。如今，它主要流传于我国云南境内的傣族地区和东南亚一带……薛先生送来的这卷贝叶经是十分珍贵的，既有学术价值，又有极高的收藏价值，将来，我不在了，要把它再还给人家。"

说来真巧，薛先生和我住得很近。2007年夏日的一天，因为收集欧阳中石先生的资料，我去拜访他，交谈中，顺便透露了季老"物归原主"的态度。

薛先生听罢直摆手，说："哪能呢，送出去的东西，岂有再拿回来之理？而且中间还经过了欧阳老师！你跟季老说，不管多么珍贵，都是他老人家的了，我坚决不要！"

季老和薛先生，套用一句老掉牙的古话，都是真君子。

由此又联想到了季老为扇面题字的事。话说南京有位姚志祥先生，通过我，我又通过李玉洁，转给季老一件折扇扇面。扇的一面，已有上海杨秉辉先生的钢笔速写画，题款为"上海市中有上世纪二十年代所建筑之石库门式民居，多已破旧，近有慧眼识者将其改造为旅游休闲之所，一时华洋云集，称新天地……"云云；另外一面，右半为台湾诗人余光中的题词："若要快活／当先慢活／乡愁无涯／文化有根"，左半空着，请季老赐墨宝"悟无涯"三字。季老欣然首肯，说："杨秉辉先生我熟悉，是叶浅予的学生；余光中先生同我也有过交往，那年访问台湾，余先生做东，请我吃过饭，三人凑在一扇，总是有缘。"

动笔之际，由于物与悟音同，季老没有听清，下笔写成了"物无涯"，待至发现，已经来不及改了，季老略作沉吟，又在下边添写了"悟无涯"。如此一来，遂成了"物无涯，悟无涯"。不愧大家，错也错得有味，把两句串在一起读，浑然天成，别臻精妙。

是的，大千世界永远是物无涯，悟也无涯。

"清华三孙（荪）"，一份超凡脱俗的爱

1998 年 8 月 29 日，我陪魏强先生去朗润园拜会季老。谈话中涉及厉以宁先生，说他从前早晨散步，常常过后湖来，拢季府闲话。由此又说到厉先生的老师陈岱孙教授，叙起陈老的种种往事。季老轻声感叹："那一辈人远去了……"

当时说了也就说了，季老的感叹，全没有往心里去。2007 年 7 月 13 日，笔者与季老聊及当年清华园的生活，老人忽然说："清华有个'三孙'的典故，你知道吗？"

"三位姓孙的？"我问。

季老回答："不是，是三个名字里含'孙'字的，分别是叶企孙、陈岱孙、

金龙荪。金龙荪就是金岳霖。他们都是我的师辈，是清华的元老，真正的大师。三个人又都是独身者，终生未娶。"

噢，上述"清华三孙（荪）"。新中国成立后，随着院系调整，又都转到北大去了。这三个人里面，有两个，我是知道的。陈老的逸事，书斋里的清谈加上文革间大字报的渲染，燕园上下几乎人人皆知。大意是，二十世纪二十年代初，清华园内的陈岱孙和他的同窗好友周培源，同时爱上了一位姓王的女生，那女生也爱他们二人，如何解决这场三角纠纷？两位男士立下君子协定：谁先从美国拿回博士学位，那位女生就归谁。结果，陈岱孙去了美国，经过多年拼搏，终于拿到博士学位。当他马不停蹄地赶回国内，却发现，周培源没有拿到博士学位就提前归国，并且已经成了王姓女生的丈夫。陈岱孙经此打击，旧情难弃，新欢无缘，从此走上了独身的道路。

这个故事，根据我的考证，属于亦真亦幻。首先说其幻，陈岱孙和周培源，虽然同在清华求学，却绝非同窗，陈岱孙是 1920 年毕业，周培源是 1924 年毕业，整整相差了四级；其次，陈岱孙是 1920 年留美，1926 年获得博士，并没有马不停蹄地返乡，而是从容赴欧游历，于次年 2 月回国，周培源是 1924 年留美，1929 年归国，就算周培源利用"时间差"，中途毁约，提前返程，他结婚的年份也不对，据史料，周培源是 1932 年和王蒂澂结为伉俪，而那个时候，陈岱孙已归国五年，不存在让周同学"捷足先登"。

既然如此，又何来其真呢？这里用得上一句老话：查无实据，事出有因。按说，陈岱孙和周培源，先在清华，后转北大，终生共事，一个关于恋爱的神话，口口相传了半个多世纪，若属子虚乌有，两人生前，总会以某种形式出面辟谣。但是，没有。那么，真相究竟如何呢？据北大的几位老学长提供：陈岱孙、周培源留学归来，分别担任了清华大学的教授，三十年代初，周培源认识了当时女师大的校花王蒂澂，稍后，因为周培源的关系，陈岱孙也认识了王蒂澂，两人对她俱一见倾心；同时加入恋爱阵营的，还有清华的另一位年轻学子，日后成为著名数学家的许 XX。实事求是，三位都是白马王子，为爱情而展开的攻势也旗鼓相当，但女子只有一个，她也只能接受一个郎君。怎么办？大美当前，三位男士体现了君子风度，他们相约停止追求攻势，把主动权交给王蒂澂，让她在三人中自由选择。结果么，这是大家都已知道了的：王蒂澂选择了周培源。于是，故事掀开一页：那位青年学子许 XX，毅然拨转马头，另寻佳偶。陈岱孙呢，丘比特的金箭一经射出，却是再也收不回来的了；曾经沧海难为水，除却巫山不是云，初恋既是开篇也是终结。从此，他表现出了壮烈的姿态，一边和周培源夫妇继续保持亲密的友谊，一边奉初恋的偶像为神，秘锁心室，独善其身，矢志不娶。黄延复的《水木清华》透露："很多人都亲见陈岱孙先生在清华时，每年一到一定时刻，他必佩带一朵小红花，以纪念某人某事。"呜呼！失恋本是无奈，能把失恋做到堂堂正正、烈烈昭昭，也不失为一种英雄行径。

金岳霖的恋爱终始，与陈岱孙同工同曲。稍稍异趣的是，因为林徽因的风华绝代，魅力远传，也因为金岳霖的真诚坦率，无遮无掩，两者之间的曲折更加广为人知：大概也是上世纪三十年代初，金岳霖爱上了一代才女、有夫之妇林徽因；要命的是，林徽因既爱金岳霖，也爱她的丈夫梁思成。精彩由此铺垫，高潮由是迭出。首先，林徽因把隐秘告诉梁思成，求他帮助裁断，这是人间一奇。既而，梁思成经过一夜苦思，在比较了自己和金岳霖的优劣之后，如此答复爱妻："你是自由的，如果你选择金岳霖，祝你们永远幸福。"这又是人间一奇。再其次，林徽因把丈夫的话原原本本转告金岳霖，让他帮助拿主意，你猜金岳霖怎么回答？面对唾手可得的机会，他说（口气俨然一位得道的高僧）："看来思成是真正爱你的。我不能去伤害一个真正爱你的人，我应该退出。"这更是奇中之奇。

金岳霖退出了情场的角逐，但没有退出林徽因的情感生活，在某种程度上，毋宁说更深入，更持久。林徽因生前，他是梁府的紧邻、密友、忠实顾问，兼林本人五体投地的"粉丝"。林徽因死后，他是她的九泉知己、凡世的守护神，兼梁氏后人不分彼此的至亲。那份透明透亮的真情，敢说是前无古人、后无来者的。且举两例：1955年，林徽因因病去世，在所有的挽联中，金岳霖送的一副最为写意传神。上联："一身诗意千寻瀑"，下联："万古人间四月天"。斯人也，而有斯情，而有斯语！这是林徽因一生最具诗意的丰碑。又有一逸闻：林徽因死后多年，一天，金岳霖突然在北京饭店宴客，事先没有说明原委，受邀者都摸不着头脑，不知老金所为何来。开席前，金岳霖才郑重其事地宣布："今天是林徽因的生日！"举座闻言，顿时肠暖心酸，唏嘘不已。

金岳霖的痴情，是超越失恋的痛苦而自我升华。且再举他的一番话为证：八十年代，金老垂暮之日，有林徽因诗文的编者请金老为文集题几句话。金岳霖露出一脸神圣，说："我所有的话，都应该同她自己说，我不能说，"

稍停又补充："我没有机会同她自己说的话，我不愿意说，也不愿意有这种话。"说完，闭上眼，垂下头，陷入亘古的静默。

至于叶企孙，我是徒知其名，而不谙其事。知其名，因为他是大物理学家、大教育家，许多历史场合都会碰到。不谙其事，是关于他的情感生活，一无所知。归家查资料，才了解他也是曾经有爱，而爱之无果，遂独善其身。不过，这段经历没有旁证，难以敲实。倒是他1916年的日记，有些议论，颇见其精神气质。如他12月28号的日记说："读培根论爱。曰：钟情一物，性之弱点。若扩之而为博爱，则古圣贤不是过也。"又，"论在上之职。曰：在上有三役。役于国；役于名；役于事。"1916年叶企孙十八岁，小小年纪，便立下了终身之职，莫过于"役于国；役于名；役于事。"的高远志向。纵观叶企孙一生，他创建清华物理系，奠基清华理学院，培养出王淦昌、陈省身、华罗庚、王竹溪、钱伟长、彭桓武、钱三强、何泽慧、王大珩等一大批科学家。他不是没有爱，他是博爱，大爱，爱事业，爱弟子，爱国家。

上述资料，多半是后来查的。记得当天，季老着重谈了陈岱孙。季老说："陈老出生名门，祖父是陈宝箴，当过湖南巡抚（笔者查知，此处有误，陈宝箴是陈寅恪的祖父；陈岱孙的祖父是陈宝璐，光绪年间进士，翰林院编修；陈宝璐的胞兄，也就是陈岱孙的伯祖父陈宝琛，为同治年间进士，当过末代皇帝溥仪的老师）。陈老原来是我的师辈，后来在北大一起搞工会，在全国政协，又分在一组——社科组，混得很熟，成了无话不谈的好朋友。有一阵子，陈岱孙和我成了北大的象征，有什么要紧事，总是让我们两人同时出席。陈岱孙是福建人，他曾经开玩笑，说福建的男人特勤，女人特懒。你知道他在开谁的玩笑吗？他在说冰心，冰心是福州的，他的同乡……"

曾经想就所查得的"清华三孙（苏）"资料和季老交换意见，后来想想，又算了。我相信在老人的心里，这不仅是谈资，也是一种人生修持，因为它寄托了一种震撼心灵的大美，具有经典的永恒和神话的绚烂。

三人中，叶企孙去世于1977年，享年七十有九，金岳霖活到1984年，享年八十九岁，陈岱孙活到1997年，享年九十七岁。他们三人，都因各自的学术成就、工作业绩而垂誉青史。对于他们的独身，可用得上陈寅恪先生的一段话："娶妻仅生涯中之一事，小之又小者耳。不志于学志之大，而兢兢惟求得美妻，是谓愚谬。"诚哉斯言！

为大师者，不可或缺的，还应有一份超凡脱俗的爱。

第四章

闲话季羡林

都是随笔惹的祸

多愁而又多欲、自尊而兼自卑

真实度与自由度

游戏与道具

奥运会有此二「顾」

都是随笔惹的祸

　　我早年误入日文专业，大不满意，而立改行从事新闻，又觉并非终生之计，天命之年再改，捡起少时喜爱的文学，写散文，一写就是六七年，这是心性，是缘。到了 2002 年夏秋之际，散文热消退，做学问的心思萌芽。学问之道广矣大矣！我只是在古籍中徜徉，往来巡猎，至于具体选择哪儿作突破口，一直没有确定。2005 年底，老同事孙燕君、刘自立二位登门，说他们策划了一批选题，其中有季羡林先生传，他们觉得，我写这书最适合。经不起诱惑，就答应了。2006 年元旦动笔，8 月结稿。趁兴，拟再写一本，关于季先生的晚年。到了 11 月中旬，第二本书也写了八万字。停！这速度太快！我自己告诫自己。你想，老先生身体这么健康，再活若干年不成问题，我要是一路写下去，这晚年得写多少万字？还是停下来，观察观察，等待等待的好。于是，就把第二本，也就是读者您现在看到的这本书搁下来了，准备集中精力搞学问——其时我已选定考古，考证夏王朝的文字、文明，这是应一位老朋友之邀，也是遂了我多年的心愿。

　　转向之前，我以季先生为素材，写了七篇随笔，以缓解报刊约稿的压力。你知道，报刊是我的舞台，也是我的衣食父母，这一年光顾写书，未作短文，耳边早传来责难一片。这七篇随笔，每篇都在三四千字，还是长了，为适合报纸副刊版面，不得不狠加删节，大体控制在一千五百字。然后加了个总题：《闲话季羡林》，交付《北京晚报》。

　　那七篇随笔如下：

分享季羡老的光环

因为写作季先生的传记，跑301医院的次数就多了起来。按说，任何审美对象，见多了也会使感官迟钝，见季先生则不然，每次去，心口总像有小鹿蹦蹦跳，三分喜悦，七分神秘，既见之后，又有老牛反刍式的回味。有读者要问：你面对的不过是一位风烛残年的老翁，满脸皱折，一头霜雪，口不能悬河，足不能健步，你呀你，还激动个什么呢？

文人有文人的衷情，笔者直觉：面对的是一部活生生的世纪史。

季老生于1911年，那一年出生的婴儿，就神州大地而言，总会有几百万吧，经过漫漫时光的筛选淘汰，如今剩下的，绝对是"多乎哉，不多也"的了，而在这"不多也"的人瑞中，季老又属凤毛麟角，长寿之外，更兼学阔才赡，德隆望重。他经历了、见识了近一个世纪的无数事件，在他的记忆之野，你只要随便挖掘几锹，就能引出一泓清泉；当着老人家，哪怕彼此默默无言，脑海里也会有万千意象翻涌。

先生自喻为"四半老人"，他有一方闲章，用的就是这四个字。所谓"四半"，坊间流传着两种说法，一是半聋、半瞎、半瘫、半拐，二是半聋、半哑、半瞎、半瘫。笔者曾当面求证，先生说，是第一种。我说，瘫与拐岂非同义，先生给我比划，说，还是有动作的区别。当然，这都是正常的生理现象，年纪大了，器官老化，在所难免。具体讲，先生左耳重听，但不妨碍交流，你最好坐在他的右侧（由于右侧是床铺，所以一般客人，都习惯坐在左侧），讲话的声音不宜太小，也不宜太大，太小听不真切，太大，他会扭过头来望你，仿佛说："你扯着嗓子干吗？"先生眼近半盲，读书读报，全仗他人念，这样一来，有些信息，如林庚先生2006年10月4日仙逝，别人就商量好了，不念给他听，信息经过过滤，这也好，省得在他平静的心湖卷起伤感的波澜。先生腿近半瘫、本拐，那是前几年的事了，如今双腿已不听使唤，只能以轮椅代步，但逢客到，老人一准在书案前坐好，挺胸，昂首，下巴微微内收，那规规矩矩、端端正正的模样，看了令人感动，感动得不忍上前打扰。

季老的姿态历来放得很低，包括这里说的挺胸端坐，也是对客人的一种尊敬。同样是在301医院，笔者拜访过另一位学术大师，他老先生是斜卧在沙发上，一边玩健身球，一边和我聊天的；斜卧，是老人的生理需要，某种程度上，也是他尊严的体现。无论如何，那姿势，季老再过几十年也学不来。

姿态低,更表现在律己严。比如他 2005 年 12 月向清华大学捐出 15 万美元,他就不让媒体报道。笔者也是事后才听人讲的。据说,在 301 医院,季老对到场的清华校长顾秉林说:"捐赠的事决定很长时间了,赶上'非典',又住院,一拖就是一年,今天总算可以兑现了……钱不多,不过来路清楚,都是自己'爬格子'所得,希望能够抛砖引玉,为母校贡献。"

那还是住院前的事了:四川的青年才俊李里游学到京城,遵孔子"自行束修以上,吾未尝无诲焉"的古训,特意买了十块干腊肉,登门拜访季先生。适逢先生不在,他就留下礼物和书信一封而去。过了些日子,李里再度造访,在约定的时间,季老早早地站在门口等候。李里见状,纳头便拜。季老连忙上前扶起,一边扶一边说:"别客气,你是孔子荐来的,我焉敢不见?"季老由是和李里结成忘年交,住院以后,仍念念不忘这个远方的弟子。据笔者所知,2005 年元旦,季老就给李里寄去一张贺卡,上书"天道酬勤"。

毕竟是九十五岁的人了,耳有点背,眼有点花,反应自然不如以前灵敏,在这个意义上,说他半哑,也是能成立的。尤其是,对于某些不感兴趣的话题,他会佯作没有听清,乘机装聋作哑。

晚近,季老的头上耀着诸多光环,毋庸置疑,这也是他吸引眼球的魅力资源。但在交谈之际,你常常生出一种错觉,仿佛老先生在与你分享光环,甚或那光环就是你送给他的,他现在又原封不动地还给你。

季羡林的人生机遇

季羡林曾经为世人列出一道公式:天资 + 勤奋 + 机遇 = 成功。

季羡林无疑是成功者,拿这个公式相对照,笔者认为,他的天资是聪颖的,他的勤奋是十足的,这都是基本要素,是他大写人生必不可少的前提,然而,季羡林的成功,换句话说,季羡林之所以为季羡林,更大程度上,取决于他的机遇。

季羡林生于贫穷,贫穷不是罪过,却是成功的障碍,因为按照常规,他无法得到系统的教育,当然就谈不上日后的一系列发展。但是,季羡林是幸运的,六岁那年,转机来了:他在济南城有个叔叔,叔叔家境殷实,膝下无子,如此一来,作为老季家唯一的男孩,季羡林的教育问题,就提上举族的日程,议决的结果,是他离开老家官庄,离开父母,投奔叔叔,从而开启了正规的学堂生涯。

这是他人生的第一个机遇。季羡林在济南接受了完整的小学、中学教育，凭着他的天资和勤奋，在一干学童中脱颖而出。高中毕业，遵照叔父之命，报考济南邮政局，从他的一生看，这是一个歧途，倘若考中，社会徒然多了一个邮务员，却少了一位学术大师。关键时刻，偶然性，也就是命运出来干扰，谢天谢地，他没有考上。这才有了以后的报考北大和清华，并且一鸣惊人，同时为两校录取。

季羡林选择了清华，之所以这么做，是为了将来出国方便。四年转眼而过，毕业，有背景、有金钱的同学，纷纷作逍遥游，向东洋，向西洋；他么，什么也没有，只能回济南，凭关系谋了一个中学教员。那教员也不是好当的，勉强撑了一年，社会险诈，人心叵测，饭碗，随时有被砸的危险。穷途之际，忽然柳暗花明：清华和德国签订交换研究生协议，正在物色赴德留学人选。清华是他的母校，留学德国，首选当然是要懂德文，季羡林呢，他在清华的专修就是德文，而且像他这样从头到尾学了四年的，全班就他一个！这机会，简直是冲着他来的。你说，此事岂非天意！

留学德国，他心心念念，想的就是如何挣个博士学位。对他来说，博士不光代表学问，更是金字招牌，有了它，回国好谋个铁饭碗。但规定的期限只有两年（1935年秋至1937年秋），选修的课程又艰难繁复，在这短短的时间内，他无论如何也拿不下博士学位。然而，人算不如天算，1937年夏，因为日寇侵华，济南沦陷，他顿时变得有国难回，有家难归。没奈何，只得在德国继续逗留。这本是坏事，民族的空前的浩劫，却从反面帮助了他——也正因为此，他才有了充裕的读博时间，学位固然如愿以偿，学术更是精益求精。老实说，季羡林能有今天，和他在德国的十年攻读大有关联。

学业有成，不等于饭碗到手，要回国了，季羡林试着走陈寅恪的门路。他认识陈寅恪吗？谈不上，早先只是在清华，旁听过陈先生的课。就这么一点缘分，这一点缘分起了大作用，他选择梵文，就是因陈先生的课而起，他在德国的老师，又是陈先生在柏林大学的同窗，这叫缘上加缘。季羡林这边一封书去，陈寅恪那厢欣然首肯，随即把他推荐给北大。再说北大这方面，掌门人有三位：校长胡适，代校长傅斯年，文学院长汤用彤。这三位都是识才的伯乐，掂得出季羡林的分量；加之傅斯年是陈先生在柏林大学的知己，汤用彤是陈先生在哈佛大学的同窗，种种因素一凑合，好运来了，挡都挡不住：季羡林进入北大，任职副教授，仅一个礼拜，就转为正教授，并且官拜新成立的东语系主任。

这就叫顺。季羡林在东语系任上，又搭上了清华老同学胡乔木。当初在清华，乔木是如何对他苦口婆心，循循善诱，一心要把他引上革命道路。他哩，胆小，怕事，自私，最终辜负了乔木的热望。但经过几番交道，他也给乔木留下了深刻的印象。北平解放，新中国成立，乔木旧情重拾，以他的高位，频频向季羡林伸出援助之手。尽管季羡林晚年著文，强调自己如何清高，如何被动从事，事实是改变不了的：乔木，扮演的是他生命中的贵人。

2006年8月6日，季羡林与温家宝总理交谈，说自己的一生"大起大落"。季羡林这里所谓的"大落"，指的是文革中蹲"牛棚"。其实，在一个天翻地覆、鱼龙变化的大时代，任何人的一生，都很难风平浪静。比较起来，季羡林的一生，算得是坦荡顺遂的了；即使"文革"中蹲"牛棚"，不也让他蹲出了一本畅销华夏的《牛棚杂忆》！这样的负负得正，天下又有几人能及？

季羡林的贫民底色

笔者曾和季老共进早餐和午餐，那还是在他住院之前。前者是我去早了，正赶上他忙，还没顾上用早点，得，客来了，那就放下手中活，一起随便吃点东西吧；后者是我去迟了，或是谈话时间拖长了，碰上开饭时间，拉你一起上桌。先生的食谱——你可别报多大奢望，粗茶淡饭，淡到说不出什么印象，拼命回忆，仅依稀记得早餐有小米粥、花生米、腐乳，午餐有馒头、大葱、青菜，此外还有一杯茶。对了，先生特别喜欢吃花生米，在301医院，笔者曾细问过他的饮食，早餐仍保留这种一贯制的小吃。问，您这么大了，又没有装假牙，怎么嚼得动？先生笑笑，说，没问题。

也曾请先生出外吃饭，专门选择了一家上海饭店。先生以他惯有的诙谐，说："今天既然出来，打定主意就是要让你多破费几文，可是胃不帮忙，我的胃是农民的，只对青菜萝卜豆腐感兴趣。"结果，点的只是一碗面条，外加几碟家常小菜。

先生自1946年留学回国，端上北大的饭碗，就与贫困绝缘。不仅脱贫，而且致富。前几年，杨澜在凤凰卫视对季先生作过一次访谈，其间问到："你放弃了国外优越的工作条件，回到国内，是什么驱使你这么做的呢？"先

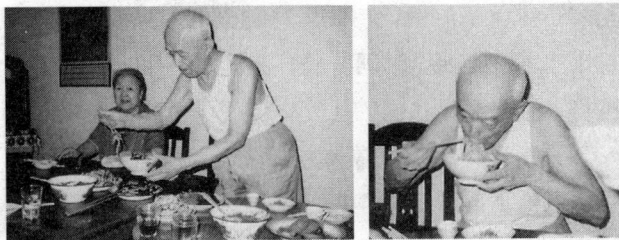

季羡林夫妇生活照

生回答:"钱多。"他接着解释:"当时副教授月收入五十元,正教授八十元,而一石谷才二元钱,薪水和物价实在很悬殊,所以我选择了回国。"这说的是四十年代中期的事。那么,五十年代呢?据先生自述,五十年代初他被评为一级教授,工资三百四十五元,加上中科院学部委员的津贴,每月一百元,总共四百四十五元。这收入是相当高的了。当时吃一次"老莫"(莫斯科餐厅),大约一点五元至二元,汤菜俱全,外加黄油面包,还有啤酒一杯;如果吃烤鸭,也不过六七元一只。

先生的富裕程度,可以从他的业余爱好得到旁证。五十年代初,他开始收藏字画,自订标准:"齐白石以下的不收。"务必记住这个标准,先生要就不玩,一玩就动真格的。齐白石以下,是今人,今人他不入眼,他要的是清代明代元代宋代而上,是古籍,是文物。玩的就是心跳,仗的是什么?是钞票!

不管先生有多少钱,小时候的烙印,总也磨洗不掉。他在官庄是一个穷娃;在济南,是一个寄人篱下的穷少年;四年清华,贫穷依然和他如影随形。先生曾告诉笔者,一日三餐,他总是在最后的时刻去食堂,那时,好菜都被人吃光了,他就买点剩下的孬菜,一个人飞快吃罢了事。查《清华园日记》,季羡林收到了稿费,自我犒劳,通常只是上街买点烤红薯、板栗、荸荠,偶尔奢侈一下,请别人,至多烤鸭一只;而朋友请他(当然是穷朋友),情形有时更惨,譬如,他1933年11月13日的日记说:"过午,坐在图书馆里,读下去,读下去,忽然被人拖走了,拖到合作社,请我吃东西,结果肚子里灌满了豆浆,接着又是上体育。满以为晚上可以把过午的损失补回来,于是又坐在图书馆里读下去,读下去,忽然又被人拖走了,是到合作社请我吃东西,结果仍灌了一肚子豆浆。"

穷小子当上大学教授,乌鸦脱胎变成凤凰,骨子里,还是一股逼人的寒酸气。和季羡林交往,你绝对看不出半点富贵相。据他的儿子季承说:"爸爸容不得丝毫浪费，房间里亮着电灯，只要没人看书，他就把它关掉，在自来水前洗东西，时间一长，他就要呵斥，所以后来我和姐姐帮他洗衣服、被褥，干脆拿回自己的住处，洗好了下次再带来。"

另一方面却又异常大方：对于那些经济困难者，不管认识不认识，只要求到他，必然出手帮助。这种菩萨心肠，令人油然想起他的专业：佛教研究。先生偏又不信佛，他这么做，是缘于对贫穷的感受，对他人的关爱。李玉洁老师说："以前在朗润园，这样助人为乐的例子多了，先生有一点，赞助了还不让说，他说这是出于真诚，真诚就不要宣扬，不要报答。"

史学家、剧作家兼报界元老唐振常先生精于美食，著有多种饮食小品，友人谭其骧先生曾分析其独特优势："从小有吃——出身于大富大贵之家；会吃——亲友中有张大千等美食家；懂吃——毕业于燕京大学，有中西学根底；有机会吃——当记者游踪广，见的世面大，吃的机会多。"唐先生闻言大笑，深以为然。与唐先生相比，季先生落败在第一项，这是最为关键的，尽管他后三项毫不逊色，然而，财富、地位能改变他的命运，却改变不了他的底色，由幼及老，他始终是一个"土包子"。

季羡林的缺憾人生

季先生的《学海浮槎》，记录了他中学生活的一个细节，读后，令我眼前一亮：

> 在学习方面，我现在开始买英文书读。……买英文书，只有一个地方，就是日本东京的丸善书店。……每次接到丸善书店的回信，我就像过年一般的欢喜。我立即约上一个比较要好的同学，午饭后，立刻出发，沿着胶济铁路，步行走向颇远的商埠，到邮政总局去取书，当然不会忘记带上两三元大洋。走在铁路上的时候如果适逢有火车开过，我们就把一枚铜圆放在铁轨上，火车一过，拿来一看，已经轧成了扁的，这个铜圆当然就作废了，这完全是损己而不利人的恶作剧。要知道，当时我们才十五六岁，正是顽皮的时候，不足深责的。

少年的天真、活泼、顽皮，在这里表现得充分无遗，假若季羡林能以这种心态度过他的青春岁月，呈现在我们今天面前的，将会是另外一种截然不同的形象。

可惜，这只是短暂的返璞归真。须知，这是在济南城，不是在老家官庄，这是寄身于叔父的家，不是依偎在自己父母的膝下，环境变了，季羡林的个性也随之发生改变。怎么变？朝哪一方向变？季羡林晚年总结，他说："从我小时候的作风看，我本是一个外向的人，然而，后来怎么就转成了内向呢？这个问题，过去从未细想，现在回顾在济南那段生活，忽然有所感触，也就顺便给它一个解答。我认为，'三字经'中有两句话'性相近，习相远'，可以作为参考，古人说得对，'习'是能改造'性'的。我六岁离开父母，童心的发展在无形中受到了阻碍。试想，我能躺在一个父母之外的人的怀抱中，撒娇打滚吗？不，不能，这是难以想象的。叔父当然对我好，但他'望子成龙'，要求十分严格。课余除了抓学习，还是抓学习，偶尔有一点示爱，比如给我从乡下带回几只小兔，也让人感到距离，那种只能身感，不能言传的距离。说到婶母，我不能说，她虐待我，那样说不真实；但在日常生活中，小小的歧视，在她可能是不经意，在我却是看在眼里，记在心头。叔父有个女儿，我叫做秋妹的，她和我的待遇明显不一样。比如说，做新衣服，有时就给她做，不给我做。偏心自己的亲生女儿，这是人之常情，不足为怪。实事求是地说，拿一个母亲的标准，去要求一个叔婶，本来就是不现实的。话又说回来，要一个七八岁的孩子，有大人的开通，也是不可能的。一件两件，我也许不放在心上，三件四件五件，经得多了，难免潜移默化，影响到自己的价值取向以至性情。"

季羡林的终生遗憾，是在母亲去世之前，整整八年，他没有回家看望一次。八年啊，八年！这期间，他读完初中，上高中，停学一年，再读，娶妻，生女，高中毕业，上大学，寒暑假回济南……如此漫长的过程，如此曲折精彩的变化，竟然没有抽出一些日子，回家看看。季羡林事后捶胸顿足，懊悔不迭，可以说，他一辈子浸泡在悔恨里。

终生遗憾的，应该还有婚姻。且慢，季羡林在《寸草心》中，不是对妻子评价很高么？请看他文章开头的叙述："我因为是季家的独根独苗，身上负有传宗接代的重大任务，所以十八岁就结了婚。父母之命，媒妁之言，自不在话下。德华长我四岁。对我们家来说，她真正做到'毫不利己，专门利人'，一辈子勤勤恳恳，有时候还要含辛茹苦。上有公婆，下有稚子幼女，丈夫十几年不在家；公公又极难侍候，家里又穷，经济朝不保夕。在这些年，她究竟受了多少苦，她只是偶尔对我流露一点，我实在说不清楚。"注意，这里说的是妻子的为人，那是一位典型的贤妻良母，也正因为这一点，季羡林对她十分敬重。敬重是一回事，疏离隔膜又是一回事。不信，再请看下列事实：季羡林1929年结婚，次年离家上清华，1934年毕业，回济南教书，1935年赴德，一去就是十一个春秋。1946年回国，进北大，按说，他应该把家属接来同住的，那时一没有户口障碍，二没有经济之虞，但是——他没有！直到1962年，德华才迁来北京，算算看，从结婚到再度聚首，夫妻分居竟长达三十一年！

人生有憾，至少是不完满。朱光潜先生说："这个世界之所以美满，就在有缺陷，就在有希望的机会，有想象的田地。"季先生是大明白人，对一切早已参透，所以他有一篇随笔，题目就叫"不完满才是人生"。

季羡林的免战牌

"走自己的路，让人们去说吧！"但丁的这句话，一经马克思引用，便成为经典名言，因为它鼓舞了人们的特立独行、我行我素，乃至一意孤行。同样是但丁的话，假若马克思没有插这一杠子，而是被张三李四援引，在特定的历史时期，就是百分百的"右派"言论，跟随而来的是撤职、批斗、蹲大牢，弄得妻离子散，家破人亡。

季先生活到耄耋之年，愈活愈明白。明白之一，就是真理并非愈辨（辩）愈明。他曾举过两个辨与辩的例子，一个是《庄子·秋水》："庄子与惠子游于濠梁之上。庄子曰：'鲦鱼出游从容，是鱼乐也。'惠子曰：'子非鱼，安知鱼之乐？'庄子曰：'子非我，安知我不知鱼之乐？'"季先生觉得，惠施还可以答复："子非我，安知我不知子不知鱼之乐？"这样辩论下去，一万年也得不到结果。

另一个例子取自《儒林外史》："丈人说：'你赊了猪头肉的钱不还，也来问我要，终日吵闹这事，哪里来的晦气！'陈和甫的儿子道：'老爹，假如这猪头肉是你老人家自己吃了，你也要还钱？'丈人道：'胡说！我若吃了，我自然还。这都是你吃的！'陈和甫儿子道：'设或我这钱已经还过老爹，老爹用了，而今也要还人？'丈人道：'放屁！你是该人的钱，怎是我用的钱，怎是我用你的？'陈和甫儿子道：'万一猪不生这个头，难道他也来问我要钱？'"

季羡林总结："以上两个辩论的例子，恐怕大家都是知道的。庄子和惠施都是诡辩家。《儒林外史》是讽刺小说。要说这两个对哲学辩论有普遍的代表性，那是言过其实。但是，倘若你细读中外哲学家'辨'和'辩'的文章，其背后确实潜藏着与上面两个例子类似的东西。这样的'辨'和'辩'能使真理愈辨愈明吗？戛戛乎难矣哉！"

话说上个世纪八十年代末、九十年代初，季羡林对二十一世纪世界文化发展趋势，作出两点预测：一、"东西方文化的发展规律是：'三十年河东，三十年河西'"；二、"二十一世纪东方文化将再领风骚"。此说一出，舆论大哗，支持者不乏其人，反对者尤其人数众多，声势浩大。季羡林郑重声明：他的上述看法，决非一时兴起，心血来潮，也非出于狭隘的民族主义心理，图一时的痛快，为受压迫的东方民族出一口气，而是"几经考虑，慎思明辨，深信不疑的"。于是，大伙儿就等着看论战——论战犹如打架，最能激发国人的看客心理——谁知老先生一不商榷，二不反驳，而是高挂免战牌，上书三个大字"不争论"。

季先生说："我是不相信'真理愈辨（辩）愈明的'。中国春秋战国时期，百家争鸣，辩论激烈；但是没有哪一家由于辩或辨失败而放弃自己的主张的。我主张大家共同唱一出《三岔口》，你打你的，我打我的，最后观众自己来判断是非。"

季先生此举，使一干摩拳擦掌的反对派失望，也使众多翘首以待的看客失落，甚至包括某些支持者。以笔者的一位朋友为例，他是赞同先生的观点的，先生抛出"不争论"，他不以为然，认为是示人以弱，特地通过笔者向季老请缨，要求为季老的主张辩护。最终由于李老师的阻拦，才偃旗息鼓了事。

"美国现代成人教育之父"戴尔·卡内基有一句箴言："永远不要与人争论。"因为，"要是输了，当然你就输了；如果赢了，你还是输了。为什么？如果你的胜利使对方的论点被攻击得千疮百孔，证明他一无是处，那又怎么样？你会觉得洋洋自得。但他呢？你会使他自惭，你伤了他的自尊，他会怨恨你。"这是从人性的角度说的。季羡林未必读过此公的著作，他只是从多年的经验教训中悟得："如果……打笔墨官司，则对方也必起而应战。最初，双方或者还能克制自己，说话讲礼貌，有分寸。但是笔战越久，理性越少，最后甚至互相谩骂，人身攻击。到了这个地步，谁还能不强词夺理，歪曲事实呢？这样就离真理越来越远了。"堪谓与卡内基不谋而合，英雄所见略同。

季羡林认为："是否真理，要靠实践，兼历史和时间的检验。"因此，与其把精力消耗在无谓的争论，还不如抽出身来，集中精力，在苍茫的暮色中抓紧赶自己的路。

季羡林的招牌形象

季羡林说："在衣着方面，我是著名的顽固保守派。我有几套——套数不详——深蓝色卡其布的中山装。虽然衣龄长短不一，但是最年轻的也有十年以上的历史了。虽然同为深蓝，但其间毕竟还有细微差别。可是年深日久，又经过多次洗濯，其差别越来越难辨析。我顺手抓来，穿在身上，明眼人一看，就能看出是张冠李戴，我则老眼昏花，不辨雌雄，恬然自得。"

"对此我有自己的哲学基础：吃饭是为了自己，而穿衣则是为了别人。道理自明，不用辩证。哪有一个人穿着华丽，珠光宝气，天天坐在菱花镜前，顾影自怜？如果真正有的话，他或她距入疯人院的日期也不会远了。"（《衣着的款式》）

这里讲的穿衣，当然指的是装饰，是高级阶段，形象工程。如果是在初级阶段，用以保暖，护体，则又当别论。然而，也正因为衣服是身体的面孔，俗谓"体面、体面"，所以才必须讲究，"人靠衣裳马靠鞍"、"佛要金装，人要衣装"嘛。装饰又讲究入时，自民国以来，中国逐年西化，与国际接轨，在各种重要场合，得体的服装，几乎一律是西服。写到这里，顺便插一件小事：2005年5月，央视拍一个关于季老的纪录片，笔者出任配角，地点就在我的家里，拍摄前，编导让我把夹克换成西服，我说穿不惯，她说不行，这是台里规定，规矩不能破，结果只好听她的，换成西服出镜。——可见西服在吾国的地位。话又说回来，人家季老先生就是牛，老子就是中山装、黑布鞋，你爱看不看，爱拍不拍。

季先生为什么要逆潮流而动呢？

笔者曾就此向季老发问。季老说："这是对全盘西化的反感。改革开放，国人强调向西方学习，西方经济发达，是其长处，但它经济发达，与衣着没有关系，或关系不大。我们呢，不知道为什么，好像西装代表高贵，代

季老工作照

表身份，一夜之间，都洋装纷纷穿在身了。我就看不惯，打定主意，西装，就让那些根本不懂外国文化为何物的人去穿吧，我还是穿我的中山装。"

季老还为我举了一个新闻的例。他说："有一幅照片，登在报纸上的，一个农民穿着西装，打着领带，在地里劳动，真是出洋相。劳动就劳动呀，穿那么整齐还怎么干活？让人一看，就知道是假的。如果是专门为了拍照，那就更让人笑话，好像说中国农民的生活水平提高了，你看，连下地劳动都穿得这么好。"

"您说改革开放，这是八十年代以来的事，"我提醒季老，"而您似乎在五六十年代，就经常穿中山装了。"

"是的，新中国成立后那阵，是两种格局并存，有时穿中山装，有时穿西装。"季老回答。"我穿西服有年头了，1935 年去德国留学，是借钱制作了几套。那时印象中，西方人都穿西装，所以到西方去，要入乡随俗。可是到了欧洲一看，人家穿着都很随便，除了某些庄重的场合，并不都是西装革履。1946 年回国，坐英国的船，船上很讲究，进餐厅吃饭，一定要穿礼服。我们没有礼服，就不让进。后来我们穿上中山装，告诉他们，我们是中国人，这就是中国的礼服。他们没话说，就让我们进了。这事给我很大启发，我们干吗要放弃自己的传统，什么都跟外国人跑呢。"

"新中国成立后，"季老又说，"我是北大的工会干部，一直当到主席。工会干部穿西服，不伦不类，穿中山装，就显得跟工人靠近。穿着穿着，就成了习惯，习惯成自然，等到全社会都西服化，我就成了守旧落伍分子。"

笔者插话："网上有篇文章，说五十年代北大教授穿中山装的，就两位，一位是您，另一位是钱学森。"

季老回答："这不对，第一，五十年代，教授主要还是穿中式服装，包括中山装；第二，钱学森当时不在国内，在美国，1955年回来，也不在北大，在中国科学院。说起钱学森，想起一件事，德国哥廷根有个研究所，是研究飞机制造的，十分保密，我有个熟人（张维的夫人），是该所的博士生，连她都没有进去过。德国战败，美军开了进来，里边就有钱学森，他那时是上校军衔，他的任务，就是接管该研究所。"

"网上很多文章靠不住，"我说，"不管怎么讲，您这守旧，还守出了名堂，现在只要提到您，人们就会想起一套中山装，一双圆口黑布鞋，这已经成了您的招牌形象。"

"也时髦不是，"季老得意地笑了，"世上许多事，都是风水轮流转的。"

为什么没有第二个季羡林？

咱不说北大，咱就只说东语系。

在季羡林的光环下，若干年来，笔者每年都要参加几次学术会餐，那基本上是东语系的同学、师友的盛宴，会场内，放眼一望，皆是我熟悉的老面孔矣！季羡林是一面不倒的旗帜。一个曹雪芹，一部《红楼梦》，激发了后世多少红尘客。一个季羡林，一代学术宗师，聚拢了门下多少弟子。在物欲横流、卷得人人都手忙脚乱、抬不起头、直不了腰、喘不过气来的今天，能有这样一种无功利的、轻松而兼怀旧的聚会，确实是吾辈之福，是托季老爷子之福。所以，即使在这个意义上，吾辈也祈祷季老爷子长寿，长寿，再长寿。然而，聚会多了，老面孔看足了，看够了——红衰翠减，毕竟不是赏心怡目的风景；一个感慨禁不住油然而生：怎么就只有一个季羡林？季羡林之后谁是大树？唉，总不能一辈子都吃季羡林的饭！

在笔者出席的上述东语系盛宴上，主持者最为自豪的话题，就是在北大所有的系中，东语系出的官员最多。据说这是一位北大的老领导发现的，季羡林在讲话中也引用过，因为，"东方学系的人听了，都很高兴。"这里有数字为证，咱就说外交部门，截至2006年，咱们国家驻外的特命全权大使，出于东语系门下的，就有二十三位，至于武官、参赞、秘书之属，更是数不胜数，难以统计。这当然是很骄人的业绩。官本位么，现在哪一个学校，哪一个科系，不是以培养出多少大官为荣。他们之中，或许有成就超过叶公超的（注：叶公超曾为季羡林的清华英文教授，后弃教从政，当到民国政府的外交部长），但是，但是——怎么说呢？笔者敢于断定：没有一个能成得了季羡林。

"你这是在强调学问，"有东语系的老人会说，"咱系培养的语言、文学和研究人才，也是人数众多、成果显赫的呀！"人数众多我不否认，有报道说，季羡林执教东语系六十年，弟子超过五千，堪谓桃李满天下，这些人中，跻身于专家、学者行列的，或为准专家准学者的，肯定是大多数。成果显赫我也不否认，北大图书馆有一个季羡林资料室，室内附带有系友的成就展，我是一一浏览过的。然而——还是然而，正因为浏览过，所以我也就有了发言权：迄今为止，我还没发现哪一位的学术成就，能与季先生相比，更不用说青出于蓝而胜于蓝了。

这是颇令人沮丧的。季羡林创建了东语系，六十年来，东语系却没有培养出第二个季羡林。此事与系主任季羡林无关。在季羡林本人，他是巴不得世上后浪推前浪，一代新人胜旧人的。那么，责任在弟子？有其因素，但不全是。问题在于教育体制，教育方向。我们首先来讲是的一面。季羡林1946年创立东语系，三年后扩大，那是迎接新中国的诞生。一个新政权的建立，百废俱兴，而当务之急，是外交和外贸，这在胡乔木与季羡林的初次谈话中，已说得明白。这也是十分正常的。涉及招生，强调的是阶级路线，出身要好，觉悟要高，成绩嘛，只怕是其次的了。即使有那么几个新生，像季羡林当年，小学就奠定古文和英文基础，高中国语和英文出类拔萃，此外还忙里偷闲地学了半年德文……也算是好苗子吧，一脚踏进东语系，等待他们的，则是无休无止的政治运动，排山倒海而来，惊涛拍岸而去，消耗了吸收了一个人的大部分精力。武林秘籍中有吸精大法，政治运动类似。对此，你只能随波逐流，不能有丝毫抵触。否则，轻者，定为"落后分子"，"白专"，毕业分配从次；重者，打成"右派"，开除学籍，劳改。笔者是1964年进北大的，系内系外都有一些留校劳动改造的右派学生，那种非人化，狼狈相，至今记忆犹新。

退一步，就算有那么几个，天资出众，才华过人，大学期间又没有被政治淹没，毕业后，他们能像季羡林当年那样留学海外吗？彼时闭关锁国，谈"外"色变。留学也并非绝对没有，去的都是所谓友好国家，如苏联（我不称前苏联，因为并没有与之对应的后苏联），在国外也是政治第一，运动第一。要他们效法季羡林，甘于寂寞，不避冷门，在已经掌握了英文、德文的基础上，更拼命去学习梵文、巴利文、法文、阿拉伯文、俄文，乃至吐火罗文，非不愿也，实不可能，绝对的不可能。

就算熬过来了。历史学家翦伯赞有言："板凳要坐十年冷。"他们也坐了。轮到学成归国，想当年，季羡林是得到陈寅恪的提携——他认识陈寅恪吗？谈不上，早先只是在清华，旁听过陈先生的课，……仅一个礼拜，就转为正教授，并且官拜新成立的东语系主任。当今之世，你到哪儿去找陈寅恪这样的伯乐？又到哪儿去找胡适、傅斯年、汤用彤这般的校级领导？老实说，仗着你"海归"的身份，博士的头衔，闹个副教授就了不得了，又哪里能不经考察，不经评选，一个礼拜后就加官晋爵，一步登天。

就算天降奇迹，这一切都在你身上发生，当其五十年代，你能既与政治共进，又不为它扭曲吗？遥想当年，陈寅恪在广州，面对铺天盖地的声讨，发觉独独缺少季羡林的发言，其快意又是如何！胡适在大洋彼岸，翻阅旧邦大陆数百万字的檄文，查不到季羡林的片言只语，其欣慰又是如何！进入六十年代，纵使遭遇文革，陷入蹲"牛棚"的厄运，你能依然不坠青云之志，写出一本空前绝后、"为天地立心，为生民立命，为往圣继绝学，为万世开太平"的《牛棚杂忆》吗？进入八九十年代，你能摈弃物欲的诱惑，和克服生理的衰老，以惊人的毅力，七十岁开始学问大业的途中跑，八十岁进入一生最辉煌的冲刺吗？

这里顺便说几句。季先生写作他一生最为重要的学术著作《糖史》，就是在八十岁以后开始的。写作需要搜集大量的资料，而这些资料又分散在古籍中，用网络或其他方式无从查找，他只能采用最原始也最笨拙的方法——找出原书，一行行一句句地翻检。观先生自述："我曾经从1993年至1994年用了差不多两年的时间，除了礼拜天休息外，每天来回跋涉五六里路跑一趟北大图书馆，风雨无阻，寒暑不辍。我面对汪洋浩瀚的《四库全书》和插架盈楼的书山书海，枯坐在那里，夏天要忍受三十五六摄氏度的酷暑，挥汗如雨，耐心地看下去。有时候偶尔碰到一条有用的资料，便欣喜如获至宝。但有时候也枯坐上半个上午，把白内障尚不严重的双眼累得个'一佛出世，二佛升天'，却找不到一条有用的材料，嗒然拖着疲惫的双腿，返回家来。经过了两年的苦练，我炼就一双火眼金睛，能目下不是十行，二十行，而是目下一页，而遗漏率却小到几乎没有的程度。"（《我

季羡林先生在书房工作(1996年)

的学术总结》）试问，你要是到了七老八十，还能拿出季先生的这种"拼命三郎"精神吗？

就算你能。等等，这里还有至关重要的人脉，以及必不可少的机遇。人脉是很微妙的，你可能业绩骄人，天下无双，但你不一定为世人抬举；抬举不到位，就出不来那份名望。北大有多少老教授，老教授有多少人穿中山装，但你就穿不出季羡林那份风光。人脉、名望来源于机遇，而又反过来促进机遇。譬如说，仍拿糖来比方：糖，发明于印度，是棕黑色的，传入中国，俗称红糖、黑糖。据刘献庭《广阳杂记》的记载："嘉靖以前，世无白糖，闽人所熬皆黑糖也。嘉靖中，一糖局偶值屋瓦堕泥于漏斗中，视之，糖之在上者，色白如霜雪，味甘美异于平日，中则黄糖，下则黑糖也。"这个有心人由此悟出，大概泥土中的碱性发生了作用，使糖色变白。白糖就这样被发明了。而后又经商贾之手，倒流回印度。——嘿，你要想成为季羡林，就得不停地把握黑糖变白糖的机遇。

啊，这太难了，概率实在太小了，成功的机会微乎其微，看来，吾辈只有死了这条心。

季羡林是往昔的奇迹，不在教育大纲规定之列；在他面前，不管你才华如何出众，志气如何冲天，也只能"高山仰止，景行行止"。

（注：前六篇，是交付晚报的稿子，也是删节稿；第七篇，是未经删改的原文。）

《北京晚报》反应奇快，没几天，这七篇随笔就在副刊头条连续登出来了。而后，国内发行量最大的《读者》，又分期转载了两篇，其他若干省市的报刊，也连载或选载了这一组稿子。这是市场经济的眷顾，是编者、读者的自由选择。然而，也有人提出了相反的意见，并且通过他身边的人灌入季先生的耳朵，据说力度还挺大。我在此谨向他们致意，他们这样做，一，无非是出于对季先生的爱护，二，也是出于对拙文的关注。不过，我也想和他们做一个君子协定：以后再遇到这样的情况，直接跟我本人交换意见好不好？或者干脆就在报上公开商榷，千万，千万不要再去惊动风烛残年的季先生，万一老人情绪波动，血压增高，影响饮食和睡眠，那个责任，我可负不起！

顺便插几句，后来，在一次见面中，季老也的确就"机遇"一文中提到的胡乔木，跟我"商榷"。季老认为，胡乔木不是他的"贵人"。当时，我做了解释，这要历史地看，胡乔木如今名声不显，口碑尤其不佳，但在新中国成立之初，人家是毛泽东的大秘书，而且在一些重要问题上，帮过您的忙，比如五十年代初，中国政府向印度派出一个大型文化代表团，由周恩来总理亲自抓，若不是胡乔木点名，恐怕不会轮到您。

季老仍然不悦，说："你知道吗？我帮过乔木一个大忙，当时很多人说他是左王，我写了一篇文章，为他辩护，他家里人很感谢我。"噢，说到这里，我多少能摸着季老的心思，不过，对这事我亦有自己的看法，前提是乔木帮过您的忙，投桃报李，然后您又帮他的忙。但我没讲出来，我说："关于这件事，我在传记里已有所交代，您明知世人对乔木的看法，不为所动，敢于站出来，说出您心目中的乔木，这是您的本色。同样得过乔木的帮忙，人家杨绛，就是另一副笔调，写得让人看不懂。"又说："作为您的学生，我也只能写出我心目中的您，我把您当人写，决不造神。"

事后想，我跟季先生较什么真呢？老人家的心情明显遭到破坏，这里面自然有我的一份责任。老人说什么，就让他说好了，听着就是。感情的障碍，决不是三言两语可以化解的。何况，我现在面对的不是北大副校长兼东语系主任季羡林，南亚所所长季羡林，院士季羡林，学者季羡林……在我心目中，他只是一个老人，接近一百岁的老人，如此高龄老者，他有资格说任何话……设身处地想一想，他处在那样一种环境中，受到种种包围、包装，对我文章里的某些提法感到不悦，不是很正常么？！

事后我又想，乔木是不是季先生的贵人，这个问题本无关紧要，是又怎样？不是又怎样？进言者选错了靶子。他们若真要说动季先生跟我"商榷"，应该拿婚姻问题说事才对。我在《季羡林的缺憾人生》中所写的，远远超出老人身边一些拥趸的忍耐底线。我现在可以重申，那都是基本事实，而且是蜻蜓戏水，点到为止。我这么做，并不是要揭老人的疮疤，出他的洋相，恰恰相反，它只能使老人的形象更立体，更真实，更可亲，更易为人接受，丝毫也无损于他的超常人格和历史地位。

为了使自己的立论坚实可靠，这里不妨再稍稍透露一点：季羡林不是在1962年和夫人团聚了么，情况是这样的：两个孩子，季承和婉如，看到父母长期分居，感情疏远，心内着急，于是以豁出去的心态，瞒过父亲，直接给北大校长陆平写信，要求解决老祖和母亲的户口。陆平把信转呈北京市市长彭真，彭真阅后批了特事特办，这才有了季府的大团圆。但是，季羡林对子女的"多事"是抵触的，他责令退掉新置的双人弹簧床，仅仅在客厅，给夫人安了一张单人床……

写到这儿，不禁想起梁漱溟在前妻逝世后，写下的一首悼亡诗：

我和她结婚十多年，
我不认识她，她也不认识我。
正因为我不认识她，她不认识我，
使我可以多一些时间思索，多一些时间工作。
……

梁漱溟的第一次婚姻是不理想的，夫妻各方面差距太大，所以同在一个屋檐下生活了十多年，终了还是互不相识。季羡林的情况与此类似，他基本没有世俗意义上的家庭生活——童年缺乏梦幻，成年既缺爱情，又绝舐犊之爱，老年乏有天伦之乐。季羡林唯一投入的是工作和学术，他是"移情别恋"，正是这种忘我的投入，平衡了他的身心，抚慰了他的创伤，给予了他生存的憧憬。他以全部生的意志向孤寂挑战，向凡庸挑战，向命运挑战。大学时期，季羡林沉湎的是荷尔德林的诗歌，"谁走到凌驾于自己痛苦的位置，谁就会走得更高。"荷尔德林如是说。我们看到，季羡林正是从自己的痛苦出发，对于一颗和家庭保持距离的敏感的心，向外部世界敞开自己的全副胸怀，无疑是他的最佳选择。而沟通世界，在季羡林看来，驱遣笔底的文字远比驱遣舌尖的语言更为得心应手。他沉溺于学术研究，寄兴于散文创作，饱满充实，淋漓酣畅，乐此不疲。晚年，当他入住 301 医院，一想到要从摸爬滚打了几十年的前沿阵地撤离，就神魂不定，坐卧不宁，老嚷嚷着要回去。直到医院给予特殊照顾，把病房改造成书斋，这才勉强安下心来，继续他几十年一贯制的爬格子生涯。

镜头回放，那一次，季先生并没有和我提婚姻的事，"商榷"仅到胡乔木是否他的"贵人"为止。

亲爱的读者，这里我还要特别强调一点，我们介绍、评说一位学术上的偶像，归根结底，是为了揭示历史的真实，促进思想的解放，言论的自由，学术的繁荣，而不是相反。因此，如果我有机会重写第七篇随笔《为什么没有第二个季羡林？》就必须郑重加上一笔：弊病还在于大学的近亲繁殖。张维迎在《大学的逻辑·为什么不能近亲繁殖？》一文中说："我们现在，包括北大，一举大师都是五十年代之前的大师，那么这五十年都干什么去了？如果我们的教育搞到这种程度，我们还好意思再为它辩护吗？"又说："废除近亲繁殖对中国高等教育的意义，不亚于每年增加几百亿的投入。"振聋发聩，我举双手赞成。

就在这组随笔发表的同时，我曾给南方某报的副刊主任写过一信，也算是创作谈吧，其中特别强调：

> 我有我的复杂思虑，和极端自信的表述风格，不是每一个人都能进入我的场。我追慕的是大历史中的季羡林，不是某个时段某个角度的季羡林；前者应有血有肉，有喜有悲，后者往往沦为平面而苍白的剪影。季羡林先生虽然活着，却已进入了历史。他是一位历史人物，是超越"国宝"、"大师"之类俗誉的一种令人亲切，令人感奋的文化现象。于他，一切煞费苦心的捧或诽，拔高或包装，都只有暂时的新闻效应，而无恒久的认知价值。
>
> 我所构建的，是连通历史与未来的桥梁。

多愁而又多欲、自尊而兼自卑

这是 2007 年 5 月的事，其时我已彻底转向，墙上挂的，案头摆的，都是清一色的古文字、古文献。有关季老的书籍、参考资料，俱已从显著位置后撤，码在书房的一隅，双行，足有半米来高。一日，广州的王黄儒先生光临舍下，他对古文字不感兴趣，一眼看中的，还是与季老有关的图书资料。他蹲下去翻了翻，问：

"这些书中，对你影响最大的是哪一本？"

"要看从哪一方面说，"我答。

"当然是写作的角度，"黄儒说。

"《清华园日记》，"我从书堆中抽出那一册，2002 年，辽宁美术出版社出版，隔着书案，递给他。

黄儒说："这本，我从网上订购过，没有订到，内容介绍是见过的，我想不懂，季老青年时代的日记，跨度只有两年，对你，能有那么重要吗？"

"非常重要，"我说，"内容是一方面，最可贵的，是它的真诚。"

"真诚又怎样？"黄儒表示不解。

"你想呀，"我说，"季先生当年写日记，完全是给自己看的，他绝对不会想到事过七十年，还会发表，因此，他本着情感的驱使，想怎么说，就怎么说，没有伪饰，没有造作，读起来，一个敏感的、多愁而又多欲、自尊而兼自卑，最终还是自尊占据上风的三十年代青年，活龙活现，跃然纸上。这就是真。2002 年，季老已届九十一岁，跻身泰斗级的大师行列，到了这地步，一般人，出于爱惜羽毛，对于早期的日记，一是秘而不发，二，即使发表，也是涂涂改改，百般修饰。你见过演员化妆吗？我有一次在台北采访大陆去的一位名角，我和她同住在一幢楼，按照约定，来到了她的客房门外，等呀等，等呀等，她愣是不开门，说妆没化好绝不见客，幸亏楼道尽头有一咖啡室，我于是进去坐等，你猜我在那儿等了多久？把一本王鼎钧的随笔，从头到尾翻了两遍，她化妆还没结束——许多名人的早年著作，更不用说日记，都经历过这番精心的化妆。季老不，他原先写作时是什么样，现在发表时仍旧是什么样，一字不改。这就是诚。"

"你怎么能断定他一个字没改，说不定这也是一种作秀？"黄儒扬眉。

"这有影印本为证。"我从书堆中又抽出一本，也是辽宁美术出版社出版的，递过。

"即使没有影印本，从内容看，也可以肯定。"我取回铅印本的《清华园日记》，信手一掀，读："你看这儿：'因为抽稿子的事情，心里极不痛快。今天又听到长之说到几个人又都现了原形，巴金之愚妄浅薄，真令人想都想不到。'还有这里，骂臧克家的……以及这里，骂倒北平文艺界一干人……你知道，2002年，此日记出版时，巴金、臧克家都还活着，如果改动，他首先就会改这里。"

"你再看这里：'过午看同志成中学赛足球和女子篮球。所谓看女子篮球者实在就是去看大腿。说真的，不然的话，谁还去看呢？'"

"等等，这里有更出格的，"我翻到一页，又念："'晚上，有人请客，在合作社喝酒，一直喝到九点，我也喝了几杯。以后又到王红豆屋去闲聊，从运动扯起，一直扯到女人、女人的性器官，以及一切想象之辞，于是皆大欢喜，回屋睡觉。''今天看了一部旧小说《石点头》，短篇的，描写并不怎样秽亵，但不知为什么，总容易引起我的性欲。我今生没有别的希望，我只希望，能多日几个女人，（和）各地方的女人接触。'怎么样，这足以证明日记是'原生态'的，丝毫没作篡改吧。"

黄儒点头："好家伙，我信，我信。这种事，非圣人莫为。不要说一般人没胆量，就是胡适、吴宓，也做不到，我看过吴宓日记，明显经过删改。"

"从前我读鲁迅和许广平的《两地书》，"我说，"读到鲁迅讲住处简陋，没有洗手间，外面草地又多蛇虫出没，夜间小解，只能靠痰盂解决，然后趁夜半无人，从窗口泼下去。深感鲁迅坦率可爱，现在看来，季先生也是这样的人。"

"我还知道一个名家，不要说日记不敢发表，对于早年讲过的话——现在看起来，也就是有点自大而已——拼死抵赖，硬不认账；仿佛他从来没有幼年，一生下来就老成持重，文质彬彬。更有一位，理论大家，曾请我帮助整理文集。这位理论家很苦恼，因为时代变迁，政策换样，过去的文章，倘若不加删节，按现代人的眼光，简直成了罪证；删吧，把过时的观点抹去吧，文章便剩不下几篇，连出单行本也不够，遑论文集。最后，他老先生干脆收回，告诉我：'不出了，不出。'让我白忙活了多日。"

"你再看这里。"我翻开季老的序言，念："'我写日记，有感即发……有时难免有披头散发之感，却有一种真情流贯其中……我爱上了这些粗糙但却自然无雕饰的东西。'"

"'我尝想，日记是最具体的生命的痕迹的记录。以后看起来，不但可以在里面找到以前我的真面目，而且也可以发现我之所以成了现在的我的原因——就因为这点简单的理由，我把以前偶尔冲动而记下的日记保存起来。'"

"'日记是写给自己看的。什儿样的思想，什儿样在人前难以说出口的话都可以写进去。我把自己活脱脱地暴露在光天化日之下。'"

"'我看到什儿就写什儿，想到什儿就记什儿，一片天真，毫无谎言。'"

"这样做，季老也曾反复考虑，尤其是影印本，他说：'错别字无法改，漏掉的字无法填，这就等于赤条条地走上舞台，对作者是有些不利的。'然而，老人家思之再三，还是决定出版，'目的是向读者献上一份真诚'。书出版后，有没有副作用呢？我看没有，很多读者都为季老鲜活而无雕饰的文字，以及诚极近圣的精神感动。——什么是大师？这就是大师！"

真实度与自由度

为活着的人作传，书稿要不要给传主过目？这一点很重要，它涉及文章的真实度与自由度，因此，动笔之前，就必须考虑清楚。通常的做法：一是给，一是不给。给有给的写法，不给有不给的写法，此中奥妙，不言自明。我取折中：部分给，部分不给。2006年5月，季羡林传完成过半，我向先生呈送了第一章、第二章，并附上一封短信：

季老：

现把写作情况，简单汇报一下：

一、书名尚未定，完稿后再斟酌。

二、全书初定十章，现在完成七章，写到八十岁。八十以后是重点，要慢慢来。

三、写作如砌楼，一稿是搭架，三稿是毛坯，五稿是初装，七稿是精装，如能写到九稿，就会写出神奇。我现在前七章只在一稿到二稿之间，还很难看。

四、打印出两章，先给您过目，好知道我的需要。已有的材料，我能想办法消化。我需要那种公开的文章没有的细节，哪怕是一句话，一个动作，一个观点。

五、文章要考虑后人，也就是历史，要尽量写得丰满，立体。这里有许多工作要做，现在的感觉，只是热身，更艰巨的事在后面。

六、我面临两道难题，一是如何取得大量新材料；二是如何过政治关。

七、写作本书最大的快感，是二十世纪的大家几乎全部囊括在内；每一个人可能就是几句话，一个侧面，但要拿捏到恰到好处——这就是挑战。

八、希望能取得您的帮助，以您方便的形式。

敬叩

颐安！

毓方

5 月 14 日灯下

先生年老目衰，稿子是由李玉洁代念，听完，说了几句客气话，如"卞毓方就是卞毓方"、"写我的稿子，根本用不了那么多遍"等等。

那一阵子，我全身心都扑在书稿，日夜兼程，拼命赶。到了 7 月中旬，十章已完成其九，只剩下最后一部分，即"百年回眸"之二。书名拟定，是在北京至珠海的航班上偶然想到的，那真是天机一现。7 月底，我给李玉洁送去前言，并正文中的反右和重返哥廷根两节。窃以为，季老看了以上三部分内容，对全书的风格、水准，会有个基本的把握。

8 月初，李玉洁突然病倒，而且病来如山，吉凶莫测，这一来，采访无法继续进行，怎么办？考虑来，考虑去，我索性来个急刹车，书稿就写到第九章为止，手头那些准备好了，但还没派上用场的材料，统统挪去下一本书中使用。

早先夸口说要改八稿九稿，这时，也顾不上了，心里想的是快快结束。这样，到了 8 月中旬，一切改写完毕。然后便是与某出版集团交涉。然后便是等。

说话到了 12 月，书稿虽然交出去了，并未签约，对方认为市场上季老的书有点泛滥成灾，因此需要等，等待稍微平息的那一天。北京有几家出版社得悉，加入竞争，弄得我六神无主，左右为难。一日傍晚，我在公园散步，接雨城先生的电话，说江西教育出版社对季羡林传很感兴趣，打算下周派人进京面谈。我一愣（那一天记得是星期二），随口说：下周来，太晚了，要来就快来。结果，江西的同志第二天就飞来北京。见面，江西的同志开门见山，说：我们出过《季羡林文集》，八百万字，编季老的书，有基础。我一听，大为感动，我说：这事我知道，十年前，大概是1996年吧，你们已经出了几卷，一次来人和季老商谈具体事宜，我正好在场。九十年代初，季老远没有现在这样的名气，你们能给他出文集，是很具眼光和魄力的。得，万事随缘，冲这一点，书就交给你们了。

接下来是例行公事，签约，交稿，编辑，排版，校对。转年，2007年4月，前期工作结束。4月16日下午，按照事先的约定，江西出版集团的周榕芳、傅伟中、熊侃三位，与我一起去301医院拜访季老，顺便呈上小样，请老人家过目。

前面说过，这本传记不是只打算给季老看一部分的么，现在为什么改为全部？中间是不是有过改动，删去某些不想给当事人看的文字？不，没有，一个字也没有删。

周榕芳曾主持江西教育出版社，现升为省出版集团领导，他与季老是老熟人，八百万字的《季羡林文集》，就是在他手里推出的。见面后，周榕芳和季老叙旧，说您米寿（八十八岁）那年，我给您过生日，一晃八年过去了，您看上去十分健康，这要向您祝贺。季老说，就这样了，快一百岁了，差不多了，不过，活百岁没问题，我的目标是超过。一百五十？那不敢，写诗可以，那是浪漫。现在生活条件好，很多人超过百岁，周有光就一百出头了，侯仁之么，与我同年，小我四个月。接着，榕芳叙说来意，一是江西想继续出《季羡林文集》，并一再解释，仍旧是文集，不是全集。季老说，那就出吧，你们曾经出过，有基础。全集已答应外研社了，由郝平他们出。榕芳叙说第二件事，就是出我的《季羡林——清华其神，北大其魂》，同时递上样稿。季老抚摸清样，说，关于我的传记，蔡德贵写过一本，有人反映，事实有出入，没有继续下去。张光璘写过一本，《风风雨雨九十年》，当时眼睛行，看过一遍。这本书，我没有力量看了。

我说："这是去年写的，有一部分，李老师已经给您念过，剩下的，可以找另外的人帮您看看。"尽管有前次"闲话季羡林"引起的风波，我知道这本书稿不会搁浅。我有这个自信。

榕芳接下去说到要出《王云五文集》，请季老当顾问。季老表示首肯，老人对王云五印象深刻，他说："年轻时，就两个出版社，一商务，一中华，王云五是商务起家，我清华毕业回济南教高中，就靠他们的《辞源》吃饭。"

傅伟中是江西社现任社长，熊侃是我书稿的责编，二位分别向季老致意。末了轮到我，我说什么呢，简单汇报两件："一、关于您的书，计划写两部，今天交的，是第一部。第二部才开个头，得慢慢写。二、今年开始，转入对虞夏文字、文明的考证，这主要是受您用吐火罗文解决古代疑难的鼓舞。"话未说完，杨锐提醒，约定的半小时到了。好，群体起立，再次致谢，走人。

数天后，出版社方面来电，说季老要看这本书，他眼睛不行，便由杨锐念，每天念一部分。我向杨锐表示感谢，我能想象，念二十万字的书稿，多辛苦。而且我那本书的用辞，过于凝重，典雅，念起来会很吃力。

出版社担心：老人家年纪大了，难免会有一些古里古怪的想法，书稿会不会通不过？

我告诉他们：季先生清醒得很，那种事不会出现。

一个人的文章，很难让另一个人完全满意，这是常识。实事求是，书稿中某些地方，可能不对季老的胃口——我当初写作时，就没想到去揣摩他的胃口，那样岂不是太无聊！尽管如此，鉴于我对季老的了解，除了基本事实，其余的，他都不会改，因为那是别人的文章，代表别人的观点，他不会把自己的意见强加于人。也有一位搞先秦文学的老友提醒我，说由于前次晚报的文章，老先生已经对你有了成见，庄子言"意有所至，而爱有所亡"，说不定此番会吹毛求疵，阻拦书稿出版。我回答他："你太小看了季先生，老人家岂是那样的人！至于上次的'商榷'，很正常，人老了，某种话听多了，就会上心，对此，我们要完全给予谅解。"还有一层意思我没说，老人近来身体不是太好，毕竟九十六岁的人了，精力有限，在这样的情况下，仍然决定认真听一遍我的书，这事，从各方面考虑，只能是对出版有利，老人其实是在帮我们的忙。

果然，将近一个月之后的 5 月 14 日，出版社来电，说：您的估计是正确的。稿子终于念完了，书也最后通过了。我问：季老改动了什么？答："只删去四个字，是关于他孙子季泓的，您写的是'大名宏德'，季老说就叫季泓，没有宏德这名字。"

宏德也者，我是根据季先生临清老家提供的季氏族谱得出。族谱此说从何而来？2007 年 6 月，我曾向季泓本人当面咨询，季泓说：家谱的确是那么定的，后来我由小泓而大泓，一直就这么叫，没有采用宏德。

原来如此。

游戏与道具

既为名人，就免不了被置于放大镜下，一言一行，都有人揣摩、研究。这不，2007 年 6 月 30 日午前 8 点，窗外正是京城难得的淅沥小雨，有深圳许先生来访，谈罢他孩子高考的事，话题一转，说到季先生。他说：在人民日报海外版看到季羡林的一篇文章，是谈"国学"的，季先生的意思，国学应该是"大国学"，国内各地域文化和五十六个民族的文化，就都包括在"国学"的范围之内。他还特别提出，吐火罗文的《弥勒会见记》剧本，也是当然的"国学"。这就给人一个印象：季先生一边辞去"国学大师"的帽子，一边又在暗示别人，自己是当然的"国学大师"。

当时我正在网上，返回百度，敲出"季羡林大国学"，启动搜索，弹出的第一页，清一色的都是许先生说的那篇文章：《季羡林：国学应该是"大国学"》。文长不超过千字，我一目十行地溜了一遍，不像是新写的，大概是从前某篇文稿的摘录。季先生指出：现在国学特别热，但是年轻人对国学的概念比较模糊，不太清楚。那么，什么是"国学"呢？简单地说，"国"就是中国，"国学"就是中国的学问，传统文化就是国学。现在对传统文化的理解歧义很大。按我的观点，国学应该是"大国学"的范围，不是狭义的国学。

季先生这种看问题的方法，我很熟悉，他当初给我的散文集《岁月游虹》作序，就把散文分成广义和狭义二体，并把我的散文归为前者。实际是对传统散文模式的一种突破，形同解放。这里，季先生认为传统的国学概念，局限在儒家文化，未免太褊狭，提出"大国学"，即广义的国学，把诸子百家以及各地域各民族的文化，都包括在内，符合当今的实情（当然，这里有个时代背景和立足点的转换）。再比如说佛教，本是地道的外来文化，但经历在中土近两千年（或说逾两千年）的演变，已经完全中国化，与儒家、道家一起，构成了中华传统文化的核心（相反，佛教在它的发源地印度早已式微）。因此我们谈国学，就不能把佛教排除在外。

季先生这里谈的是学问，学问就是学问，不能简单地以常人之心度学者之腹。我对许先生说："据我所知，季老辞去'国学大师'的帽子，态度是真诚的，不存在一面辞去，一面为自己辩护。你对他还是不太了解。"

许先生不服：你说我是常人，你还不如说我是小人，那句成语就是"以小人之心度君子之腹"嘛。好，你是季羡林的学生，你说说你对他的了解。

这是"将军"了。

我回答许先生：虽然我也可算做他的门生，但我绝不会无原则地吹捧，在一些问题上，我跟季先生的看法就不一样，有时还发生冲突。这很正常，学生和老师的观点一模一样，这学生还有什么出息？当老师的又有什么高兴？但在你说的这个问题上，我要为季先生辩护。

我说道：你分析看，季先生的各种头衔，包括什么"国学大师"、"国宝"、"泰斗"之类，没有一个是自己争取，都是别人"强加于他"。这个世界就是这样，当你超越世俗，达到一定高度，种种不虞之誉，纷至沓来，挡都挡不住。譬如说"世界桂冠诗人"，那是人家评好了才告诉他的，事情已成定局，你让老人怎么办？沉默，意味默认；请辞，又被说成作秀，横竖左右不是人。关于《泰山颂》得奖，季先生曾对人说："这是游戏，人家有人家的道道，我只是个道具。"又说："如果我是世界桂冠诗人，那些专门诗家又往哪儿搁？这是天大的笑话。"

再举一例，针对拙著《季羡林：清华其神，北大其魂》的书题，季先生曾跟我的一位系友说："毓方起这书名，挖空心思，其实，什么神啊，什么魂啊，我只是一个老清华、老北大而已，普普通通，一个常人。"你看，这就是老人家一贯的姿态，他清醒得很。

奥运会有此一"顾"

2007年7月27日，人民日报发表了我关于季先生的一篇采访；次日，人民日报海外版予以摘要转载。

那篇采访的全文如下：

一个文化老人的"和谐观"

8月6日，季羡林先生将迎来九十六岁生日。前几天，趁拙著《季羡林—清华其神，北大其魂》出版之际，我去301医院再次看望了他老人家。

季老的病房，我来过多次。而这一次，与平常不同：迎面一幅隶书寿字中堂，旁有一联，上联"喜贺即登期颐"，下联"同祈二度花甲"，横批"福寿康宁"——透露出喜迎华诞的气象。

"你来啦？快请坐。"季老见了我，露出他一贯慈祥和善的笑容。与十年前相比，他除了年纪大了，行走不便外，看不出两样，依旧精神矍铄，神清气爽。

"和谐"是中国文化的精髓

2003年季老住院以来，许多人纷纷前来探望。就在今年6月18日，金庸先生也来了。

"谈了些什么？"我问。

"主要谈武侠小说。"季老答。

提起武侠小说，季老谈兴颇浓：这种题材在中国盛行，别的国家没有。有人提到西班牙的堂·吉诃德，那完全是另外一个典型，不同于中国的侠。什么是中国的侠呢？金庸认为中国的"侠"（繁体写作"俠"），下面是两撇，是两个人在打架；路见不平，拔刀相助，在中国人看来天经地义。西方人不如此看，他们崇尚拳头里出真理，力大者为王。

"我很同意他的说法。在西方，两国开战，谁强谁赢，十分正常，世界就是弱肉强食。"季老说。

但他是不赞成"弱肉强食"的。"从中国文化的传统来说，我们也是不讲弱肉强食的。中国宋朝思想家张载在《西铭》中说：'民，吾同胞；物，吾与也。'民，都是我的同胞兄弟；物，包括植物都是我的伙伴。这就是中国的思想。"

在他看来，中国文化的精髓就是"和谐"。自古以来，中国就主张"和谐"，"礼之用，和为贵。先王之道，斯为美"。

"时至今天，我们又提出'和谐'这一概念，这是我们中华民族送给世界的一个伟大礼物,希望全世界能够接受我们这个'和谐'的概念,那么,我们这个地球村就可以安静许多。"季老平静中带着喜悦与自豪。

每个人都要做到内心和谐

"关于和谐,我目前正在写一篇文章,题目就叫《漫谈和谐》,岁数大了,慢慢写,不着急。"季老透露。这些年来,"和谐"一直是他思考的话题。

去年8月6日,国务院总理温家宝去医院看望季老,老人还同总理饶有兴趣地探讨了这一话题:"有个问题我考虑很久,我们讲和谐,不仅要人与人和谐,人与自然和谐,还要人内心和谐。中国现在正在大力倡导构建和谐社会,可以说是适逢其时。我活了将近一百年了,从未看到过这么好的一个时代。"

在季老看来,建设和谐社会,首先是每个人都能做到内心的和谐。

"要想达到个人和谐的境界,需要具备两个条件:良知和良能。"他耐心地解释,知是认识,能是本领,良知是基础,良能是保障,两者缺一不可。知行合一,天人合一,方能和谐。

"良知是什么?概括起来就是八个字:爱国、孝亲、尊师、重友。"季老说,这在中国传统文化中都有。一个人如能做到这一点,那就可以说他是个人和谐了,而每一个个人都和谐了,那整个社会也就和谐了。

言谈中,季老也顺带提及对中国文化走出去的关切,"不能只让外国人在孔子学院学习我们的汉字,还要让他们领会中国和谐文化的精髓。这是最主要的。"

通过奥运会展示和谐形象

每次与季老相对,时间总是过得飞快。离开医院前,我们又谈到了2008年北京奥运会。

"这是一个扩大中国文化影响的绝好机会。办好人文奥运,不是建几座模仿外国的大楼,而是对中华民族文化的传承和发扬。"

季老说，他是奥运会文化艺术顾问，这个顾问，一定要当好。

北京奥组委刚刚成立时，开幕式总导演张艺谋就来征求季老的意见。季老当时对张艺谋说，中国作为东道主，要把中国文化中美好的一面充分展示给外国人。

我问，"奥运会的一个重点就是开幕式和闭幕式。关于这，您有什么具体考虑吗？"

"我建议在开幕式上将孔子'抬出来'，因为他是中国传统文化的典型代表。"他说，当今世界并不太平，到处都是你争我夺。而中国向来是一个追求和平、和谐的国度，奥运会正是一个展示我们国家和民族伟大形象的机遇。

季老还强调，要办文化奥运，在弘扬中国文化的同时，也要注意吸收外来的优秀文化。"中国人向来强调海纳百川有容乃大。奥林匹克文化的内核就体现了中国文化包容、融合的特点。因此，届时表现其地域文化的独特魅力也是应有之义。"

"应该通过奥运会，让世界了解中国文化、了解中国人民、了解中国特色社会主义精神文明成果"，季老认为，要让 2008 年奥运会成为歌颂人、尊重人、追求高尚文化精神的过程，使 2008 年奥运会以自己独特的魅力体现"和谐、交流与发展"的文化主题。

"北京无比深厚的文化积淀与现代文化的有机结合，一定会使北京奥运成为具有独具魅力的盛会。"季老满怀希望地说。

报道发出，短短两三天内，在全国各地激起热烈反响。什么叫一石激起千层浪？这就是。这应归功于互联网，平面媒体半隔绝状态的信息，经网站网民的迅速转帖、传播、争辩、交锋，把声音放大、放大、再放大，闹得轰轰烈烈，沸沸扬扬。概括说来，赞成和反对的焦点，集中在奥运会上要不要把孔子"抬出来"。

反对派的基本观点，见：

何必请孔子"参加"奥运会？

北京奥组委刚成立时，开幕式总导演张艺谋向学者季羡林征求意见，季向张建议在奥运开幕式上"将孔子'抬出来'，因为他

是中国传统文化的典型代表"。(7月28日《人民日报》海外版)

没有人可以否认孔子是中国传统文化的典型代表。然而,即使是在国内,真正能够完全或是基本理解、掌握孔子思想的,也是少之又少。对眼下的大多数国人而言,孔子不过是个我们并不能完全了解的中国文化的标志性人物。更不要提与我们价值观不同、文化背景不同的外国观众了。

由此而言,请孔子"参加"奥运会开幕式,充其量也不过是让世界观众了解到中国有一个有形式无内容的"孔子",很难达到将中国文化中美好的一面展示给世界观众的预期目的。因此,与其让孔子的"形象"参加奥运会,倒不如让能在一定程度上反映孔子思想的,能够让世界观众直观地欣赏、理解中国文化美好一面的某种文化艺术形式参加,这样的文化艺术形式,在中国可以说是俯身可拾。再者,我们也不能总躺在历史的功劳簿上。改革开放以来,中国的经济社会文化都发生了翻天覆地的变化,这样的变化更需要在奥运会上展示给世人。(《东方早报》2007年7月29日,作者:邓学志)

支持者的声音,见:

奥运开幕式孔子可以抬　关键是咋抬

最近,季羡林老先生在接受记者采访时表示,"我建议在开幕式上将孔子'抬出来',因为他是中国传统文化的典型代表"。季羡林＋孔子＋奥运,此类"兴奋点"大集合的新闻,总是很打眼,也总是能引来各种迥然不同的议论。

从互联网上的反应来看,反对者不在少数,更有甚者用"腐儒"等字眼来形容"挺孔派"。

这是一个值得玩味的话题——中国人的奥运开幕式,孔夫子该不该"有戏"?

当前,与孔子学院全球开花的场面形成鲜明对比,一种高论颇有市场,即认为:今日中国在外塑形象上,应该更加强调自己"现代"的一面,更容易引起外国人的共鸣,而如果过分倚赖孔子、旗袍、汉服、大红灯笼、四合院等文化符号,则一方面老外难以

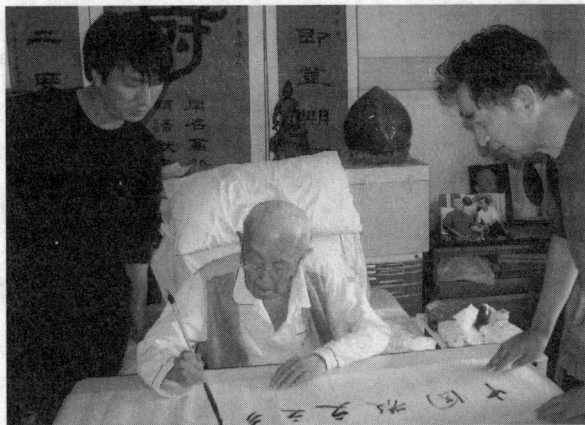
季老生活照

理解，另一方面极易给洋人造成"老大中国"、暮气沉沉之类的不良印象……

这里，让我们先来明确一个问题：塑造国家形象到底是为了什么？塑造文化"软实力"的受益方又应该是谁？什么才是真正有生命力、有竞争力的民族文化、国家形象？很显然，工具主义者们已经不知不觉掉入了一个陷阱，即偏执地把西方对中国文化的认同度，当作中国软实力提升、国家形象树立的核心指标，从而在各种文化符号上向西方趋同。殊不知，一味地为了迎合别人而融入世界的同时，丢掉的"糟粕"，有些恰恰正是本国文化中最精髓者。

必须承认，工具主义者们的主张有时似乎很见效，比如西方人认为"龙是恶兽"，于是我们有些人便呼吁不要再对外国人说我们是龙的传人、不要再在对外宣传标志上印制龙的图案等等。然而，这种阉割自己以逢迎他人的做法，难道不是玩了小技巧、却犯了大糊涂吗！狼是很多国家的恶兽，但罗马人坚持把它绘在自己的城标上，当母狼哺育两兄弟的感人故事传播开后，罗马城的形象反而更丰满了。越是民族的，越是世界的。国家形象、民族品格，首先不是迎合而成的，而多半是坚守而成的。

因此，笔者在此毫不含糊地支持季老的主张——作为中华传统文化中最核心的因子，孔子的符号必须出现在奥运开幕式上。

明确了这一点，我们再来讨论：这个"孔子符号"怎么来图解、展示？

毫无疑问，如果克隆某些不伦不类的"公祭"排场，多半会大煞奥运开幕式的风景，原因很简单：太一本正经。其实，我们不妨尝试反向而行，即脱下孔子"文圣"、"万世先师"等沉重的制服，向历史最深处还原一个真实的、有血有肉的孔子形象，让他作为一个聪明的"人"、而非"神"，代表中国与世界对话，或许能达到既坚守民族文化特质、又照顾老外接受习惯的两全其美。让我们来看看那个叫"孔丘"的凡人吧——肉切得不方正，他就不吃，五十六岁那年终于当上了大司寇（大致相当于最高法院院长），便喜形于色，对别人的质疑也毫不在乎；他曾说"只要带了腊肉作见面礼，我都会教他学问"；当漂亮又擅风情的王妃南子与孔子"幽会"后，学生子路不高兴，孔子连忙面红耳赤地发誓赌咒，证明自己没做亏心事……

　　这么可爱的一个老头，再加上他的睿智、学识以及对理想的执著，多么丰满的一个文化符号啊，如果我们能再在上面添加些现代的元素和包装手法，比如重新设计孔子的卡通形象，以吸引观看奥运开幕式的中外小朋友，拍一部《"孔"翁情史》，以还原其人性等等，我们那位已经被于丹涂成了彩色的孔老头，不仅不会给奥运开幕式丢脸，更将为中华文化添上无穷魅力。（大洋网－广州日报 2007 年 07 月 29 日 06：14，作者：徐峰）

　　两相比较，反对派文章的分量轻了些，这不是我存私心，有意偏向支持一方，而是在网上搜索来，搜索去，始终没有找到更适合的。当然，真理不在长短，这是其一；其二，奥运会开幕式究竟怎么搞？决定权在张艺谋，以及他的团队，季老这里只是建议，尽一个顾问的职责而已；其三，有争论总比一潭死水要好，让不同的声音充分表露出来，其实正是通向"和谐"的无上要义；之四，有人问我自己怎么想，我说，要相信张大导演的水平，季老既然身为顾问，并有此一"顾"，而张大导演又尊重季老的意见，那么，他必然有多种艺术手段和艺术语言来处理。至于我本人，说到孔子以及他所开创的儒家学派，看法和季先生不尽相同，但那是另一回事，此处不赘。

第五章

解读《病榻杂记》

关于"三辞"

《病榻杂记》一书，很早就策划，而且保密工作做得极好，笔者数番打听内容，得到的都是"无可奉告"，偶尔透露一点，事后拿出版的书对照，只是沾了个边。

但是炒得厉害，这是出版商的事，据说有四十多家出版社参与竞争，利字当头，奇货可居，一切都可以理解。书于2007年元月，由新世界出版社推出，我在第一时间拿到了样本，因为彼时本人已经改向，转入甲骨文及上古文献的研读，实在忙不过来，所以只是略微翻了翻，就撂过一边。直至2007年5月，趁回苏北老家探亲的机会，才拿出认真看了一过。

这期间，宣传文章铺天盖地，内容异常集中，就是季老的"三辞"。舆论当然是高声叫好，新华社特意发了时评：《季羡林"摘冠"是一面镜子》（作者：赵鹏、周慧敏），在我看，这是所有热评中最具权威和导向的一篇。抄录如下：

> 北大教授季羡林先生在最近出版的《病榻杂记》中称，他希望摘去民间封给他的"国学大师"、"学界泰斗"和"国宝"三顶桂冠，还自己"一个自由自在身"。此事引发了学术界和社会各界的广泛关注和议论。这种现象，既是出于人们对季先生高尚学术品格的钦佩，也是公众对当前充斥于学术界的一股追慕虚名、浮躁功利风气的不满，更是全社会对纯净学术环境、讲求学术品格的深切呼唤。
>
> 以季先生的学术造诣，民间封之"国学大师"等称号可谓实

至名归，季先生却三呼"摘冠"，意味深长。当前的学术界，不少人为自己能"加冠"奔走呼号。为了求得这样那样的"桂冠"，学术造假者有之，道德失范者有之，不务正业热衷做官者有之。风气弥漫所至，玷污了学术殿堂的圣洁，侵蚀着学术界的肌体，毒化着社会道德和风气，引起了公众和大多数学者的深切忧虑和强烈不满。

学术成果是推动社会进步的巨大力量。对那些以自己的辛勤钻研造福社会的学者，社会理应给予相应的回报。但那种不择手段地追逐名利，不曾付出艰辛的研究和探索却想靠投机取巧博得种种好处的行为，是学术道德和品格的沦丧。当一个学者整日抛头露面风光无限，忙于在这"讲座"那"论坛"之间飞来飞去，他有什么时间和沉静之心研究学问呢？他能够给社会奉献什么样的研究成果呢？特别是某些"著名学者"，头上顶着这"家"那"家"的重重光环，肩上扛着这样那样的官衔品序，满足于级别职称带来的种种荣耀和应酬之中，端酒杯的时间多于端燃烧杯，这样的学者除了吃吃老本，还能拿得出什么像样的学术成果呢？

"总上电视的科学家，他的科学生涯就快结束了。"发明了汉字激光照排技术的王选教授生前说过的这句话，与季羡林先生大呼摘掉"三顶桂冠"其实异曲同工。愿学术界能够因他们的言行而有所触动，洗掉虚华浮躁的泡沫，像季先生那样"还了我一个自由自在身"，踏踏实实搞学问，为国家和民族奉上真正的研究成果。（据新华社北京1月11日电）

季先生关于"三辞"的叙述，我玩味许久，起先打算也写点东西，后来想，算了，何必凑那个热闹。有些事，你不到那个地步，就不会有那个境界。威廉·毛姆，英国杰出的小说家和戏剧家，当他九十寿辰，面临世界各地潮水般的祝贺时，说的却是："真不知他们为什么要这样做！我并不认为自己是一个伟大的人物啊！你们看，我的整整一生，都被这个世界困惑着。我至今也弄不明白，我是怎样被卷入这样的困惑中的。我其实是当今世界上最不讨人喜欢的老头儿之一。"还有一位登山家，曾经登顶珠峰，我叩问他在高峰状态下的生命体验，他说："很狼狈的啦，最后几十米，不是走，是爬，好不容易才一寸一寸挪上去。勉强站起来，站在珠峰极顶，脑子里一片空白，似乎什么也没有想，或者说，什么也没有来得及想，只记得拿出相机，一连照了十几张相，再就是张开双臂，下意识地吼了一嗓子。那天是阴天，山头布满大雾，几步外就看不清楚。冷？倒不在乎，主要是缺氧，呼吸急促，心脏咚咚跳，也就待了七八分钟，赶快下撤。当时是四个人一起登上去的，事后我问他们仨，感觉也和我差不多。"你瞧，这就是登临的高峰体验。

热炒中也有酷评，以知名度计，当数台湾李敖的言论最为引人注目，李敖在接受南都周刊访问时，有如下的对话：

> 南都周刊：最近大陆的季羡林老先生，在最近面世的《病榻杂记》中辞谢"国学大师"、"学界泰斗"、"国宝"三顶桂冠。您认为季老算不算文化大师？
>
> 李敖：他不是国学大师！他是个很弱很弱的教授，他就是语文能力还不错。别人全死光了，他还没死，所以他就变成国学大师了！这些桂冠，他三个都不及格的，根本轮不到他！中国有句老话："蜀中无大将，廖化做先锋"。可是廖化后来怎么样？廖化投降了！你看三国志，七十岁以后，阿斗先投降，先锋也投降了。季羡林只是个老资格的人，根本轮不到他做大师。

这使我想起当年李慎之对季先生的批评，李慎之说："季（羡林）也许在梵文方面有专长，但在学术思想上无非是一个庸俗的民族主义者（今称爱国主义者），现在则给他戴上许多高帽子，甚至称之为'学术大师'。季本人固然好名，倒也无大害，只是学术界这样捧一个对国学与世界史近乎无知的老人，实在是中国的耻辱。"（笔者按：是一位朋友从网上传给我的，未经核实，不知出处。）

对所有这些，季先生的门生弟子，保持习惯性的沉默，我这里之所以在沉默之前加上"习惯"二字，因为他们久受老人家的潜移默化，一贯低调行事，潜心向学，对种种身外的热评、酷评、炒作，无暇分心一顾。即使对他们掌握的最有"市场价值"的材料——有关季先生的学问、生活、言行——也是放在心之一隅，让它静静地在灵魂深处发挥效应，而不愿随便抛诸报端，流入传媒，沾惹自炫邀捧之讥。至少，我所知道的季老的一些弟子，恕不举名，都是这么做的。曾有局外人责问我："季老号称桃李满天下，为什么当季老的形象受到攻击、歪曲，不见有人出来为老师辩护？季老的学生都到哪里去了呢？"我回答："你说的那些事，都无损季老的形象。作为学生，认真把自己应做的事做好，就是对老师最好的回报。"

曾有一位朋友，针对网上传言的李慎之对季老的批评，写了一篇回应文章，要我找报刊发表。我看了，措辞颇为激烈，论说也有条有理，应该说写得不错，但我不仅没有帮忙发表，还劝他不要生气。我告诉他，网上的文章，不知真假，这样设靶子，是不严肃的。即使真有其事，论辩文章，要尽量心平气和，不宜这样剑拔弩张，有失风度。至于季先生和李慎之先生，据我所知，两人颇有交情，在某些问题上观点不一，也是事实，季先生有一篇《关于天人合一思想的再思考》，长达一万五千字，就是同李先生商榷的，但是季先生行文，委婉自然，如话家常，值得我们晚辈借鉴。

评归评，炒归炒，2007年3月，又一顶桂冠飘飘然落在季老的头上："感动中国2006年度人物"，据报载，与老人共享此项殊荣的还有：独臂英雄丁晓兵、"蓝领专家"孔祥瑞、排爆专家王百姓、气象学家叶笃正、好军医华益慰、爱心大姐林秀贞、阳光少年黄舸、青岛爱心群体微尘、慈善家霍英东。网上又是一片喧哗，照例分两派，支持者，如《病榻杂记》的责任编辑陈晓云，在接受记者采访时表示，说季老"感动中国"应是受之无愧，"其他人物可能只是以一时一事感动中国，而季老则是以一生感动中国。"反对者多数认为，这完全是活动主办方拉上文化名人作秀而已，他们不支持这个评选结果，并不是否认季羡林大师的人品与学术地位，而是因为季羡林与所谓"2006年感动中国人物"的主题与评选标准实在不沾边。

热闹吧？热闹！相信只要季羡林活着，这种热闹会永无穷期。

也让我在这儿说几句吧，在一位善良、孤独而勤奋耕耘的老人身上，不要寄托太多理想化的东西。季羡林先生就是季羡林先生，他是爬格子的，他是教书的，他有知识，有学问，有骨气，他长寿，坚韧，睿智，朴实，浑身散发出一股泥土味，同时也辐射出一股无言的思想——这正是他的独特之处，是旁人学不去，仿不来，搬不走，抹不掉的核心魅力——不同的人，可以从他身上得到不同的感悟。行了，有这些就很不错，不要再给他戴这样那样的高帽。季羡林先生在内心深处，是很鄙视某些光环光焰的，他曾跟我说过泰戈尔的名言："鸟翼上系上了黄金，这鸟便永不能再在天上翔翔了。"提醒我要远离名利场。他还跟我说过李白的诗："世人闻此皆掉头，有如东风射马耳。"告诫我对身外之物要尽量视而不见，听而不闻，一心一意做自己喜欢的事。如今我眼看他老人家被置于镁光灯下，为各种欲望各种激情争来夺去，举手投足都形若表演，实在有点于心不忍。

《在病中》

《在病中》，这是一篇随笔的题目，也是《病榻杂记》的核心所在，洋洋洒洒，有两万来字，记叙了季老患天疱疮的由来和在西苑医院、301 医院的就诊经历；前面提到的"三辞"部分，也包含在其中。文章写于出院之后，因为大难不死，转危为安，从悬崖上捡回一条命，所以心情极为轻松，如稍后在《回家》一文中所述："眼睛所到之处，无不令我心旷神怡。思想所到之处，无不令我逸兴遄飞。我真觉得，大自然特别可爱，生命特别可爱，人类特别可爱，一切有生无生之物特别可爱，祖国特别可爱，宇宙万物无有不可爱者。欢喜充满了三千大千世界。"反映在文字上，则举重若轻，大而有当，胜意妙语，迭出不穷。

（之一）我是一个比较保守的人，几十年形成的习惯，走到哪里也改不掉。我每天照例四点多起床，起来立即坐下来写东西。在进院初，当手足上的丑类还飞扬跋扈的时候，我也没有停下。我的手足有问题，脑袋没有问题。只要脑袋没问题，文章就能写。实际上，我从来没有把脑袋投闲置散，我总让它不停地运转。到了医院，转动的频率似乎更强了。无论是吃饭、散步、接受治疗、招待客人，甚至在梦中，我考虑的总是文章的结构、遣词、造句等与写作有关的问题。我自己觉得，我这样做，已经超过了平常所谓打腹稿的阶段，打来打去，打的几乎都是成稿。只要一坐下来，把脑海里缀成的文字移到纸上，写文章的任务就完成了。

七点多吃过早饭以后，时间就不能由我支配，我就不得安闲了。大夫查房，到什么地方去做体检，反正总是闲不住。但是，有时候坐在轮椅上，甚至躺在体检的病床上，脑袋里忽然一转，想的又是与写文章有关的一些问题。这情况让我自己都有点吃惊。难道是自己着魔了吗？

毓方按：我们现在读到的《病榻杂记》，基本就是在这样的情况下写成的，因此，对于其中的粗疏寡淡之处，要给予充分谅解，对于老人的"生命不息，写作不止"，则应奉上由衷的尊敬。

（之二）一般人的印象是，我比较淡泊名利。其实这只是一个假象，我名利之心兼而有之。只因我的环境对我有大裨益，所以才造成了这一个假象。我在四十多岁时，一个中国知识分子当时所能追求的最高荣誉，我已经全部拿到手。在学术上是中国科学院学部委员，即后来的院士。在教育界是一级教授。在政治上是全国政协委员。学术和教育我已经爬到了百尺竿头，再往上就没有什么阶梯了。我难道还想登天做神仙吗？因此，以后几十年的提升提级活动我都无权参加，只是领导而已。假如我当时是一个二级教授——在大学中这已经不低了——我一定会渴望再爬上一级的。不过，我在这里必须补充几句。即使我想再往上爬，我决不会奔走、钻营、吹牛、拍马，只问目的，不择手段。那不是我的作风，我一辈子没有干过。

毓方按：说的是大实话。问题是，季羡林在四十多岁时，并没有什么完整的像样的著述，何以能将"一个中国知识分子当时所能追求的最

2007年病房题字

高荣誉"全部拿到手的呢？即以评选教授而言，季羡林1946年入北大，职称是副教授，一个礼拜后，升为正教授，这是缘于汤用彤的赏识。新中国成立后，教育界重新洗牌，教授分为一到六级，1952年、1956年北大两次评选，季羡林都荣膺一级。当时，一级教授的门槛是很高的，据有关资料，1956年，全国总共评出五十六人，季羡林为其中之一。原有的正教授职称，固然是参考因素；系主任的职务，足以保证他在基层被顺利提名；而到学校一级的层面，就要看业务水平。季羡林申报的学术成果，是他在德国撰写的几篇论文，不多，但分量很重，被时任北大副校长的汤用彤誉为"无比"。无比，就是无与伦比，无出其右，当选一级是理有应当。这种事，恐怕只有汤用彤能拍板。汤用彤之后，北大还有具如此胆识的领导么？存疑。

（之三）大概由于我水平太低，我不大敢同意"毫不利己，专门利人"这种提法，一个"毫不"，再加上一个"专门"，把话说得满到不能再满的程度。试问天下人有几个人能做到。提这个口号的人怎样呢？这种口号只能吓唬人，叫人望而却步，决起不到提高人们道德水平的作用。

毓方按：这番话说得很硬气，想来压抑了多年，终于一吐为快。同样的微讽书里至少还出现过两处，一处见《分析不是研究学问的唯一手段》，他说："'一分为二'这个命题，大概是受到了原子分裂的影响，是专门指物质的东西的，因此同物质是否能够永远分裂这个问题相联系。关于这个问题有两派意见，一肯定，一否定。二者也都是学术问题，可以讨论的。让我大大地吃了一惊的是，'一分为二'的提出者竟然引用了庄子的'一尺之棰，日取其半，万世不竭'的说法，来为自己的命题护航。稍稍思考一下，就能够分辨出，'一分为二'的基础是物理概念，而庄子的说法是一个数学概念，二者泾渭分明，焉能混淆！这一位也许自命为哲学家的人，竟连这一点都没弄明白，真让我感到悲哀！光舞大棒是打不出哲学来的！被请去讨论的几位知名的科学家也都没有提出异议。这更令我吃惊。眼前物质永远可分论已经遇到了夸克封闭这一只拦路虎，将来究竟如何，还没有人敢说。"另一处见《回家》："我感到遗憾的是，以前每天都看到乌鸦从城里飞向远郊，成百，上千，黑压压一片，今天则片影无存了。我又遗憾见不到多少麻雀。上个世纪五十年代被某一个人无端定为四害之一的麻雀，曾被全国人民群起而攻之，酿成了举世闻名的闹剧。˘ 则濒于灭绝。在小山上偶尔见到几只，灰头土脑，然而却惊为奇宝了。"

（之四）在我还有点三心二意的情况下，玉洁和杨锐把我裹挟到了301医院，找我的老学生这里的老院长牟善初大夫，见到了他和他的助手、学生和秘书那位秀外慧中活泼开朗的周大夫。这里要加上一段插曲。去年12月我曾来这里住院，治疗小便便血。在12月31日一年的最后一天，我才离开医院。那一次住的是南八楼，算是准高干病房，设备不错而收费却高。再上一层，才是真正的高干病房，病人须是部队少将以上的首长，文职须是副部级以上的干部。玉洁心有所不平，见人就嚷嚷，以至最后传到了中央几个部的领导耳中。中组部派了一位局长来到我家，说1982年我已经被定为副部级待遇。由于北大方面在某一个环节上出了点问题，在过去二十年中，校领导更换了几度，谁也不知此事。现在真相既已大白，我可以名正言顺地住进真正的高干病房来了。

毓方按：季先生晚年住进301医院，李玉洁和杨锐是有功劳的。至于"副部级待遇"云云，这本是一件极为严肃的事，在季老的身上却以如此方式体现，莫名其妙，匪夷所思，未免令人感到滑稽。

（之五）就在进院以后，专家们都看出了我这一场病的严重性，是一场能致命的不大多见的病。我自己却还糊里糊涂，掉以轻心，溜溜达达，走到阎王爷驾前去报到。大概由于文件上一百多块图章数目不够，或者红包不够丰满，被拒收，我才又走回来，再也不敢三心二意了，一住就是四十五天，捡了一条命。

毓方按：季先生平常很少生病，这一病就病得不轻，他从阎王爷那里捡回一条命，痛定思痛，额手称庆，所以才有此轻松幽默。

同是这篇《在病中》，何祚麻先生却别有解读，他是抨击中医的"整体"

思维的，认为"中医只有10%的精华，而糟粕却要占到90%"！季先生先看中医失败，转而又请西医治疗，终于转危为安的经历，正好给他提供了绝佳案例。何先生指出："中医所谓的'整体'思维，只是用一些含混不清的语言，什么阴、阳、虚、实、水、火、湿、热等大说一通，然后就此开方下药！至于病人所患的疾病何在，并不能真正诊断清楚。"季先生在两家中医院的遭遇，就是如此。最后，还是在301医院，经西医会诊，才弄清患的是天疱疮，并且药到病除，还他一个大自在。何先生因此得出如下的启示：

　　1. 天疱疮大约算不上什么疑难杂症。第一，它有确定的名称；第二，并没有其他并发症；第三，只要用药正确，三至五天就好！关键在于能否得到科学的正确的诊断。

　　2. 中医的最大弱点就在于难以对病症做出准确的诊断！——这就不能不引起对中医名为"整体"思维，实为"笼统"思维的质疑！

　　3. 毕竟天疱疮是"癣疥之疾"，连"癣疥之疾"都不能及时做出正确诊断的中医，又怎能期望它能治疗急病、重病、大病？！

　　4. 必须痛斥"偏方治大病"，这种害人不浅的说法。

　　5. ……

　　6. 糟粕就是糟粕，精华就是精华；不能把精华说成是糟粕，更不能把糟粕说成是精华！因为这要危害社会，危害人民！

　　季先生呢，他是倾向于中医的，否则也不会连投两家中医院，包括使用中医偏方。在他的家里，老祖本人就是中医，当年在济南老家，她挂牌行医，名声相当不错，到北京来后，家人的小病小灾，都是由她来治。据季清回忆，在她很小的时候，老祖就手把手地教她辨认中草药，比如什么野菊花啦毛地黄啦等等，还和她一起收集蝉壳，积到一定数量，就卖给校医院。老祖的为人和医术，对季羡林肯定有很大影响。只不知他后来有没有读到何祚麻的文章，更不知他从此番求医经历中，又究竟琢磨出什么，吸取了什么。

初恋·美人观·爱情观

初恋是令人难以忘怀的，季老亦无例外。2005 年，他在九十五岁的暮年，在 301 医院，写下了随笔《病榻杂记》，杂记也者，一般是指想哪说哪，漫无边际，季老是文章大家，他这里采用的系烘云托月，看似天上地下，古往今来，猛侃一通，末了却笔锋一转，出人意料地抖落出初恋。

文章首先抬出《小姐姐》，小姐姐为谁？乃后院彭家二大娘的二女儿，比季羡林大，所以称之为姐姐，但是大不了几岁，所以称之为小姐姐。季老说，时隔八十多年，他现在一闭眼，犹能看到小姐姐不同凡俗的标致形象。中国旧时代赞扬女性美有许多词句，什么沉鱼落雁，什么闭月羞花，这些陈词滥调，用到小姐姐身上，都不恰当，都有点可笑，倒是宋词里面有一些丽词秀句，可供参考。他接着举了几个例子，全部取自他熟悉的苏词，依次是："腻红匀脸衬檀唇，晚妆新，暗伤春。手捻花枝，谁会两眉颦？""嫩脸羞蛾，因甚化作行云，却返巫阳。""美人如月，乍见掩暮云，更增妍绝。算应无恨，安用阴晴圆缺。""罗带双垂画不成，殢人娇态最轻盈。酥胸斜抱天边月，玉手轻弹水面冰。无限事，许多情。四弦丝竹苦丁宁。饶君拨尽相思调，待听梧桐叶落声。"

季老说："类似的例子还可举出一些来，我不再列举了。我的意思无非是想说，小姐姐秀色天成。用平常的陈词滥调来赞誉，反而适得其反。

彭家四姑娘（左）、季羡林大舅母（中）、季羡林夫人（右）

倘若把宋词描绘美人的一些词句，拿来用到小姐姐身上，将更能突显她的风采。我在这里想补充几句：宋人那一些词句描绘的多半是虚无缥缈的美人。而小姐姐却是活灵活现，真实存在的人物。倘若宋代词人眼前真有一个小姐姐，他们的词句将会更丰满，更灵透，更有感染力。"

如此美人，简直是千古难逢，绝代尤物，想必这就是少年季羡林的心中人了。然而，不，季老接着绕了一个大弯子，从小学、中学、大学、留洋，一路说到返国、出任北大教授兼东语系主任，阔别十三年（笔者注：此处有误，应为十二年），于1948年（应为1947年）才有机会再次会晤小姐姐……正当读者把全副心神都锁定在小姐姐身上，等着看一番动人场面时，他老人家却把包袱一抖，亮出了真正的主角。他说，为了和心中人见面，特意想了个办法，大宴宾客，且请的全部是女性，群雌。第一个，小姐姐必须请，这是不用说的。第二个呢，则是小姐姐的亲妹妹，彭家四姑娘，平常叫她"荷姐"的。季老深情回忆：

> 这个人比漂亮，虽然比不上她姐姐的花容月貌，但也似乎沾了一点美的基因，看上去赏心悦目，伶俐，灵活，颇有一些耐看的地方。我们住在佛山街柴火市前后院的时候，仍然处于丑小鸭阶段；但是四姐和我的关系就非常好。她常到我住的前院北屋同我闲聊，互相开点玩笑。说心里话，她就是我心想望的理想夫人。但是，阻于她母亲的短见，西湖月老祠的那两句话没有能实现在我们俩身上。现在，隔了十几二十年了，我们又会面了。她知道，我有几个博士学位，便嬉皮笑脸地开起了玩笑。左一声"季大博士"，右一声"季大博士"。听多了，我蓦地感到有一点凄凉之感发自她的内心。胡为乎来哉！难道她又想到了二十年前那一段未能成功的姻缘吗？我这个人什么都不迷信，只迷信缘分二字，有缘千里来相会，无缘对面不相识。我们俩之间的关系难道还不是为缘分所左右的吗？奈之何哉！奈之何哉！

谜底揭开，原来季羡林看上的是彭家的四姑娘，但是命运作梗，结果他娶到手的却是彭家的三姑娘，也就是他后来的夫人彭德华。小姐姐（二姑娘）固然天生丽质，可惜岁数大了一些，约莫年长五六岁吧，所以季羡

季羡林夫人（中）与她的姐妹

林的爱慕只及于姐弟情分。四姑娘呢，岁数也大，但只年长一两岁，两小无猜，青梅竹马，本是一桩好姻缘，奈何月下老人系错了红绳，让他娶了老三（比他年长四岁），"多情自古空余恨"。错、错、错！莫、莫、莫！这篇拐弯抹角的《病榻杂记》，令人油然想起陆游悼念表妹唐婉的《沈园》："梦断香消四十年，沈园柳老不吹绵。此身行作稽山土，犹吊遗踪一泫然。"

一个德高望重、道骨仙风的大师，为什么要在垂老之际回忆少年的初恋，并将之公诸于世？这就是人性，也是潜意识的自然驱使。

与这篇谈"小姐姐"相媲美的，还有《我的美人观》，后者的标题被出版社印在封面，作为抢眼的卖点隆重推出。写作日期不详，可以断定是在住院以后。虽经出版者隆重推出，坊间并未见多大反响，这是什么原因呢？无他，季先生的美人观，和他大把的年纪一样，老了，陈旧了，吊不起如今读者，尤其是年轻读者的胃口。

季先生看美人，重点在于细腰。文章中，季先生一如上篇谈"小姐姐"，引用了宋词中有关细腰的描述，多达九处。

分别是：

1. 柳永《乐章集·木兰花》

酥娘一搦腰肢袅，回雪萦尘皆尽妙。几多狎客看无厌，一辈舞童功不（未）到。星眸顾拍（指）精神峭，罗袖迎风身段小。而今长大懒婆娑，只要千金酬一笑。

2. 柳永《乐章集·浪淘沙令》

有（一）个人人，飞燕精神，急锵环佩上华晓。促（拍）尽随红袖举，风柳腰身。

3. 柳永《乐章集·合欢带》

身材儿、早是妖娆，算举（风）措、实难描。一个肌肤浑似玉，更那来、占了千娇。妍歌艳舞，莺惭巧舌，柳妒纤腰。自相逢，便觉韩娥价减，飞燕声消。

4. 柳永《乐章集·少年游》

世间尤物意中人，轻细好腰身。

5. 秦观《淮海集·虞美人影》

妒云恨雨腰肢袅，眉黛不堪重扫。薄幸不来春老，羞带宜男草。

6. 秦观《淮海集·昭君怨》

隔叶乳鸦声软。号（啼）断日斜阴转。杨柳小腰肢，画楼西。

7. 贺方回《万年欢》

吴都佳丽苗而秀，燕样腰身，按舞华茵。

8. 秦观《淮海集·满江红》

越艳风流，占天上、人间第一。须信道，绝尘标致，倾城颜色。翠绾垂螺双髻小。柳柔花媚娇无力。笑从来，到处只闻名，今相识。

9. 辛弃疾《临江仙》

小閤人怜都恶瘦，曲眉天与长颦。沉思欢事惜腰身。枕添离别泪，粉落却深匀。

这些词，季先生当年肯定经常把玩，熟烂于心，否则，临时查找，以他目前的处境，是勉为其难的。

文章结尾，季先生以"我见犹怜"的笔调，写道："我现在的首要任务是解释一下，为什么细腰这个现象会同美联系起来。简捷了当地说一句话，我是想使用德国心理学家 Lipps 的'感情移入'的学说来解决这个问题。比如说，你看一个细腰的美女走在你的眼前，步调轻盈、柔软，好像是曹子建眼中的洛神。你一时失神，产生了感情移入的效应，仿佛与细腰女郎化为一体，得大喜悦，飘飘欲仙了。真诚的喜悦，同美感是互相沟通的。"

季先生在文章中，提出一个有趣的话题："世界文明古国，特别是亚洲文明古国，不止中国一个。为什么只有中国传留下来这么多超级美人，而别的国家则毫无所闻呢？我个人认为，这决不是一个无足轻重的问题。如果研究比较文化史，这个问题绝对躲不过去的。目前，我对于这个问题考虑得还不够深透。我只能说，中国老百姓的中国史观，是丰富多彩的，有滋有味的，不是一堆干巴巴的相斫书。"季先生是东方文化专家，对西方文化也相当熟悉，他提出的这个问题，必然是有根据的。我相信它很重要，也很好玩，读者哪位有兴趣，不妨研究研究看。

季先生还有一处神来之笔，他说："我认为，美人之所以被称为美人，必然有其异于非美人者。但是，她们也只具有五官四肢，造物主并没有给她们多添上一官一肢，也没有挪动官肢的位置，只是在原有的排列上卖弄了一点手法，使这个排列显得更匀称，更和谐，更能赏心悦目。"季先生说的是美人，其实，世间事，大多如此。譬如我们写文章，你使用的文字，和旁人无异，你叙述的内容，别人也经历过，体验过，之所以分出妍媸优劣，关键在于文字和内容的排列组合。

由季先生的美人观，油然又想起他的爱情观。季先生八十六岁那年为某报开辟《人生漫谈》专栏，写了三十多篇，才"犹抱琵琶半遮面"地拈出"太重要，太普遍，但却又太神秘，太玄乎，我因而不敢去碰它"的爱情。季先生的爱情观是什么呢？他说，他正在读法国大散文家蒙田的随笔《论友谊》，里面谈到了爱情。干脆抄上几段，加以引申发挥，借他人的杯，装自己的酒，以了此一段公案。且看下面，季先生转抄的有关蒙田论爱情的语录：

> 我承认，爱情之火更活跃，更激烈，更灼热……但爱情是一种朝三暮四、变化无常的感情，它狂热冲动，时高时低，忽冷忽热，把我们系于一发之上。……再者，爱情不过是一种疯狂的欲望，越是躲避的东西越要追求……爱情一旦进入友谊阶段，也就是说，进入意愿相投的阶段，它就会衰弱和消逝。爱情是以身体的快感为目的，一旦享有了，就不复存在。

季先生认为："在蒙田眼中，爱情比不上友谊，不是什么好东西。我个人觉得，蒙田的话虽然说得太激烈，太偏颇，太极端；然而我们却不能不承认，它有合理的实事求是的一方面。"

季先生又说："根据我个人的观察与思考，我觉得，世人对爱情的态度可以笼统分为两大流派：一派是现实主义，一派是理想主义。蒙田显然属于现实主义，他没有把爱情神秘化、理想化。"而季先生呢，他自附于蒙田，也归入现实主义一派。只是比蒙田稍微灵活，他认为，在爱情的某一个阶段上，可能有纯真之处。

季先生言犹未尽，跟着又写了两篇爱情随笔，第二篇中，他对白居易《长恨歌》塑造的爱情经典，发出质疑，声明"我明人不说暗话，我是颇有点同意蒙田的意见的"。随后又以过来人的身份，给青年发出忠告：

> 如果一个人不想终生独身的话，他必须谈恋爱以至结婚。这是"人间正道"。但是千万别浪费过多的时间，终日卿卿我我，闹得神魂颠倒，处心积虑，不时闹点小别扭，学习不好，工作难成，最终还可能是"竹篮子打水一场空"。这真是何苦来！我并不提倡二人"一见倾心"，立即办理结婚手续。我觉得，两个人必须有一个互相了解的过程。这过程不必过长，短则半年，多则一年。余出来的时间应当用到刀刃上，搞点事业，为了个人，为了家庭，为了国家，为了世界。

2008 年初夏，季先生的博士生高鸿接受笔者采访时，曾说："季先生这里举的例子，是针对我的。我当时正在谈恋爱，搞得紧紧张张，甚至有点神魂颠倒，季先生不以为然，就写了这段文字告诫我。"

有意思。真有意思！

季先生的第三篇爱情随笔，举出了旧社会的婚姻状况："'父母之命，媒妁之言'……男女青年不必伤任何脑筋，就入了洞房。我们可以说，结婚是爱情的开始。但是，不要忘记，也有'绿叶成荫子满枝'而终于不知爱情为何物的例子，而且数目还不算太少。"季先生属于哪一种，相信读者已然一清二楚。季先生又说到今天："到了现代，实行自由恋爱了，有的时候竟成了结婚是爱情的结束。西方和当前的中国，离婚率颇为可观，就是一个具体的例证。据说，有的天主教国家教会禁止离婚。但是，不离婚并不等于爱情能继续，只不过是外表上合而不离，实际上则各寻所欢而已。"季先生对现代人的自由恋爱，是看不顺眼的。那么，依您季先生高见，现代人应当如何处理爱情呢？季先生举出从前西湖月老祠的一副对联："愿天下有情人都成了眷属，是前生注定事莫错过姻缘。"季先生解释说：

> 多么质朴，多么有人情味！只有对某些人来说，"前生"和"姻

缘"显得有点渺茫和神秘。可是，如果每一对夫妇都回想一下你们当初相爱和结婚的过程的话，你能否定月老祠的这一副对联吗？

我自己对这副对联是无法否认的，但又找不到"科学根据"。我倒是想忠告今天的年轻人，不妨相信一下。

这是要青年人相信"前生"和"姻缘"了。季先生并不信佛，应该承认，在广义的生命之"缘"上，这个说法还是有一定道理。不过我们读来读去，总觉得不够精彩，难以引人入胜。归根结底，季先生是学问大家，并非爱情专家，在这方面，他缺少圆满成熟的经验。笔者不才，借此也向青年人提醒几句：你可以向刘翔学跨栏，不一定向他学游泳；你可以向吴冠中学绘画，不一定向他学唱歌。就是说，你可以向季先生请教梵学、佛学、德文、英文、吐火罗文，以及比较文学、教育学、散文、养生等等，但不必把他的爱情观奉为圭臬。

触不到的爱

2006 年元旦，九十五岁的季羡林又一次想起了他的母亲。怀念母亲，是他永恒的主题，翻开季羡林文集，同样的内容不知重复了多少遍。耄耋之年的老翁在心头一遍又一遍呼唤逝世多年的生母，这事情，本身就令人动容。笔者注意到，这种啼血的思念，当其境遇愈孤独，表现则愈强烈。

且看他在《元旦思母》中说：

> 古人诗说："每逢佳节倍思亲。"当前的元旦，是佳节中最佳的节。"天增岁月人增寿，春满乾坤福满门。"还能有比这更有意义的事情吗？还能有比这更佳的佳节吗？我是一个富有感情的人，感情超过需要的人，我焉得而不思亲乎？
>
> 思亲首先就是思母亲。
>
> 母亲逝世已经超过半个多世纪了。我怀念她的次数却是越来越多，灵魂的震荡越来越厉害。我实在忍受不了，真想追母亲于地下了。

晚年，季老享受迟来的"副部级待遇"，端坐 301 医院，被超级看护和荣誉所包围，看似风光，热闹，畅意，但他的心灵深处，存在有大孤独；而这孤独，往往又在思母的字里行间自然流露。季老说："我是一个富有感情的人，感情超过需要的人，我焉得而不思亲乎？思亲首先就是思母亲。"感情超过需要，这从许多散文里可以看得出来，平常接触，也看得出老人家是性情中人。感情需要发泄，人在孤独时自然燃起亲情，亲情之中，又以母子为最，所以他眼前首先浮出亡母模糊的面影。

世人都有这个经验：当你在受到惊吓或痛苦时，常常会情不自禁地喊出"我的妈呀！"（绝望时，则喊老天）这是人的本能，母亲，永远是生命的保护神。"文革"期间，北大东语系缅语专业有位教员，叫王应林，华侨，缅共党员，其人最大的特色，就是好喝酒——这在那个时代，是和资产阶级、享乐主义挂钩，还养了一只羊，供他挤奶喝——对应的罪名是"活命哲学"，为此，被造反派视为堕落分子，常常挨批斗。据说，王应林夜梦中常常用缅语发出恐怖的尖叫，"革命小将"以为里面有敌情，找了个懂缅语的偷听，密码破译，原来他梦中用缅语喊的是："妈妈呀，妈妈！"

季先生晚年的感情发泄，既有首先，必有其后，那么，其后是什么呢？母亲之外他还思念谁？翻捡季老晚近的著作，他提到过父亲，但着墨不多，笔端也无深情凝结。比如这篇《忆念宁朝秀大叔》一文，他重复的只是父亲的败家经历，然后又说：

> 父亲认字，能读书，年幼的时候，他那中了举的大伯大概教他和九叔念书认字。他在农村算是什么成分，我说不清。他反正从来也没有务过农，没有干过庄稼活。我到了济南以后，有很多年，他在农村把钱挥霍光了，就进城找叔父要钱。直到有一年，他又进城来要钱。他坐在北屋里，婶母在西屋里使用了中国旧式妇女传统的办法，扬声大喊，指桑骂槐，把父亲数落了一阵。父亲没有办法，只有走人，婶母还当面挽留。从此父亲就几乎不到济南来了。他在农村怎样过日子，我不知道。我自己寄人篱下，想什么都没有用了。

《病榻杂记》提到叔父与继婶母，一派感恩戴德，敬重有加，但也仅此

季羡林与夫人、婶婶、孙女

而已，绝对谈不上"灵魂的震荡"；其余呢，还提到前文述及的小姐姐和四姑娘；再其余，就没有了，一个也没有，这真是"白茫茫一片大地真干净"。

纵观季先生的一生，他在家庭问题的处理上，是失败的。根子在于离开老家到济南，既是机遇，也是痛苦的开端。症结在于婚姻，明知无爱（差距太大，没有共同语言），但又缺乏决裂的勇气。他对叔父既敬且畏，对于叔父送他的这份礼品——包办婚姻——半是痛苦，半是苟且。"婚姻问题，我以前觉得不可以马虎，现在又觉得可以马虎下去了。"这是他在《清华园日记》中暴露的活思想。季先生一辈子就在这种矛盾状态中摇摆。季先生曾说："在品行的好坏方面，我有自己的看法。什么叫好？什么又叫坏？我不通伦理学，没有深邃的理论，我只能讲几句大白话。我认为，只替自己着想，只考虑个人利益，就是坏。反之能替别人着想，考虑别人的利益，就是好。为自己着想和为别人着想，后者能超过一半，他就是好人。低于一半，则是不好的人；低得过多，则是坏人。拿这个尺度来衡量一下自己，我只能承认自己是一个好人。我尽管有不少的私心杂念，但是总起来看，我考虑别人的利益还是多于一半的。"（《我写我》）我们有充分理由认为，季羡林是为家庭着想的。在道德上，他是高尚的。不然，他在德国就会和少女伊姆加德走到一起，即便归国，也不妨碍和发妻一刀两断，这种事，无论当日还是今天，都是司空见惯，频繁而又平常的。就拿季羡林的留德前辈来说，据赵元任的夫人杨步伟回忆："那时（笔者按：1924年前后）还有一个风行的事，就是大家鼓励离婚，几个人无事干，帮这个离婚，帮那个离婚，首当其冲的是陈翰笙和他太太顾淑型及徐志摩和他太太张幼仪，张其时还正有孕呢。"可见这批新派留学生，是把离婚当作新潮游戏的。再说傅斯年，他和陈寅恪因为不掺和帮人离婚，被留德同学调侃为"宁国府大门口的一对石狮子，是最干净的"。陈寅恪当时已经三十四岁，他专心治学，还是钻石王老五，等他和晚清台湾巡抚唐景崧之孙女唐筼结为伉俪，还要待四年之后。傅斯年早在十六岁，尚在天津读中学时，就已经由祖父和母亲做主（傅父早逝），与聊城县绅士丁理臣之女丁蘸萃完婚，婚后，两人性格相左，志趣不投，傅斯年为此非常苦恼，他不掺和别人的离婚，是因为自家的事早让他焦头烂额，他说：

> 　　胡适之先生曾有一句很妙的形容语，说"我不是我，我是我爹的儿子"。我前年也对一位朋友说过一句发笑的话："中国做父母的给儿子娶亲，并不是为子娶妇，是为自己娶儿媳妇儿。"这虽然近于滑稽，却是中国家庭实在情形。咳！这样的奴隶生活，还有什么埋没不了的。（见《傅斯年——大气磅礴的一代学人》岳玉玺等著）

十年后的 1934 年，傅斯年的"奴隶生活"走到尽头，他毅然和丁氏媳妇协议离婚。然后，又与留德同学俞大维的胞妹，小他十岁的俞大綵步入婚姻殿堂。

写到这儿，想起一件往事，"文革"期间，造反派贴季羡林的大字报，说季羡林和俞大维的另外一个妹妹、俞大綵的姐姐、西语系教授俞大絪关系暧昧。其证据是，抄家时，从季羡林的家中搜出一封信，是俞大絪写给季羡林的，内容就一个字"想"。这是当时轰传校园的"一字情书"。

俞大絪是西语系英文教授，1905 年生人。青年时代，曾先后就读于牛津大学（与钱锺书同过学）、巴黎大学、哈佛大学，回国后，辗转在重庆大学、中央大学、中山大学、香港、燕京大学任教，1952 年院系调整，改任北京大学西语系教授。她深谙英国语言文学，开设过英语选读、英国小说等课程，晚年致力于编写教材，培养青年教师。笔者求学期间，记得全国统编教材《英语》第五册、第六册，就出自她的手。

说到俞大絪，不能不提到曾国藩，曾国藩何许人也？现在的年轻人恐怕很少知晓，在晚清，他可是大名鼎鼎，如日中天。曾国藩是一位杰出的军事家、政治家、理学家、书法家、文学家，一个多世纪以来，他的思想、观念影响了无数后人，其中就包括毛泽东和蒋介石。那么，俞大絪跟曾国藩又是什么关系呢？原来，俞大絪的母亲曾广珊，乃曾国藩第三个儿子曾纪鸿的女儿，就是说，论亲戚关系，俞大絪是曾国藩的外曾孙女。

而俞大絪的丈夫曾昭抡，乃曾国藩二弟曾国潢的曾孙，以亲缘论，俞大絪和曾昭抡是表兄妹，未出五服。曾昭抡生于 1899 年，最高学历为美国麻省理工学院，获化学博士，归国后，历任中央大学化学系教授、化学工程系主任、北京大学化学系教授兼主任、西南联合大学化学系教授等职，1948 年当选为中央研究院院士。1949 年起，又历任北京大学教务长兼化学系主任，教育部、高等教育部副部长等职。1957 年，曾昭抡沦为"右派"，被削职为民，贬去武汉大学教书。1961 年，曾昭抡查出患了癌症，余生就是在与癌症的斗争中艰难度过。

俞大絪在大学期间嫁给表兄曾昭抡，后来她留学欧美，接受了科学道理，懂得近亲结婚，祸及子孙，危害无穷，实乃无效婚姻，所以她一直不敢要孩子。既为无效婚姻（不排除还有其他因素，感情的事，岂是局外人所能说得清的呢），就存在第二次选择，据季羡林的首任秘书李铮夫人徐淑燕回忆，五六十年代，俞大絪与季羡林走得很近，经常看到她到季羡林的办公室聊天（仅此而已）。因此，如果双方确有情愫（猜测而已，造反派的话是不能当真的），这应该是季羡林婚姻的一大转机。

但是，和当初与德国少女伊姆加德的恋情一样，季羡林和俞大絪的交往，最终没有结果。

俞大絪，因为她复杂的家世（譬如，其兄俞大维去了台湾，先后任台"国防部"部长、"行政院"政务委员、"总统府国策顾问"等职），"文革"岁月首当其冲，1966 年 8 月 24 日，红卫兵抄了她的家，并对她人身百般侮辱。俞大絪万般悲愤，以死抗争，次日在家中服毒自尽。

俞大絪辞世时，曾昭抡远在武汉，身边没有一个亲人。

记忆中，俞大絪是"文革"年代，北大第一个屈死的冤魂。

俞大絪死后一年多的 1967 年 12 月 8 日，精神和肉体饱受摧残的曾昭抡在武汉默默走完了人生。

……

季羡林这边，对不顺心的婚姻，仍然是一忍再忍，把一切痛苦都深埋在心底。无奈事情的发展，总不免憋憋屈屈，磕磕绊绊，生出无限哀怨。悲剧铸于晚年，"心里总想成为一个悲剧性人物"，终至求仁得仁，如愿以偿。结果呢，在望百之年，当"感情超过需要"，希图发泄之际，无论首先还是其次，都只能把满腔亲情洒向过世七十多年的亡母——唉唉，超脱了什么？疏解了什么？"净化"了什么？这本身就是人伦之大悲，命运之大不幸！

季先生曾跟笔者说过李叔同，赞赏他多才多艺，一旦悟道，便毅然斩却三千烦恼丝。奈何季先生尘缘未尽，他极力悟道，但并未得道，退一步讲，即便是李叔同，成了弘一大师，也没能完全跳出"情"，一边诵"华枝春满，天心月圆"，一边仍免不了"悲欣交集"！

季先生在《清华园日记》中曾说："我最近感到很孤独。我需要人的爱，但是谁能爱我呢？我需要人的了解，但是谁能了解我呢？我仿佛站在辽阔的沙漠里，听不到一点人声。"（1933 年 8 月 19 日）那时他把孤独化为力量，一心在学业和文学上求长进。晚年不同了，如今的季羡林大名鼎鼎，誉满神州，真个是"谈笑有显贵，往来无白丁"。但这一切，驱不散内心的孤寂，一有机会，就要恼人地表现出来。

内心深处，季先生毕竟还是留恋家庭的。不信请看，1999 年 10 月 23 日，在一片世纪末的氛围里，季先生作《梦游二十一世纪》，他写道："我梦到，在每一个家庭里，父慈子孝，兄友弟恭，夫妻相敬相爱，相忍相让。……在任何时代，人生都是一场搏斗，搏斗就难免惊涛骇浪。在这样的浪涛中，有胜利者，当然也有失败者。在整个社会中，家庭对这样的浪涛来说，就是一个安全的避风港。胜利者回到这避风港中，在温馨的气氛中，细细品味这胜利的甜蜜；失败者回到这个避风港中，追忆和分析失败的教训，家庭的温馨会增强他的斗志。回忆之余，奋然而起，他又有了足够的勇气和力量，再回到社会中，继续拼搏，勇往直前，必须胜利在握而后止。家庭的作用大矣哉！"而仅十天之后，即 1999 年 11 月 3 日，季先生又作《希

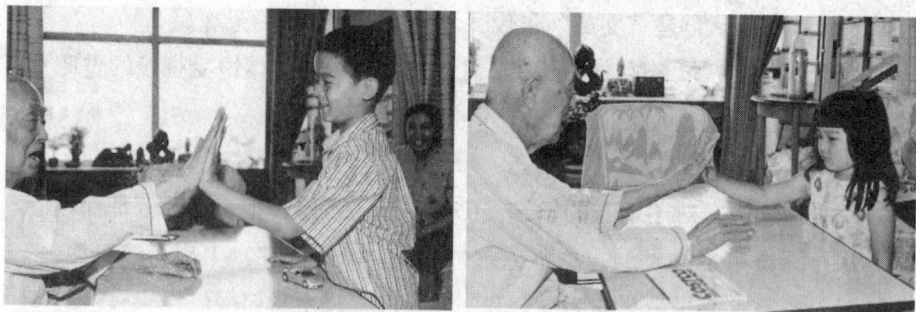

与重孙、重孙女比掌

望二十一世纪家庭更美好》，文章说："家庭是组成社会的细胞，集无数细胞而成社会。家庭安则社会安；家庭不安，则社会必然动荡。"又说："一个人不可能没有一点缺点，也不可能不犯一点错误。只要到不了触犯刑律的程度……就应该互相理解，互相原谅。"等等。

中医说："缺什么，补什么。"

哲学家说："失去的，才最珍贵。"

信夫！

梁园虽好，不是久恋之家。秘书、护士、病室，绝对不能代替家庭。细想这几年，笔者每次前往 301 医院探望，看到季老欣欣地坐在那里，等待客人到来，及至告别，走到门口，回望老人光芒渐淡的双眸，心头都会涌上一股难言的凄清。

毓方按：画面的定格，源于第六感，第七感，今生今世，我永远忘不了老人那茫然若失、孤单无依的眼神。

《元旦思母》的结尾部分，也很耐人寻味：

> 不知是出于什么原因，最近几年以来，我每次想到母亲，眼前总浮现出一张山水画：低低的一片山丘，上面修建了一座亭子，周围植绿竹十余竿，幼树十几株，地上有青草。按道理，这样一幅画的底色应该是微绿加微黄，宛然一幅元人倪云林的小画。然而我眼前的这幅画整幅显出了淡红色，这样一个地方，在宇宙间是找不到的。可是，我每次一想母亲，这幅画便飘然出现，到现在已经出现过许多许多次，从来没有一点改变。胡为而来哉！恐怕永远也不会找到答案的。

季先生每次想到母亲，眼前总浮现出一幅同样的山水画，这幅画的构图，应该是他熟悉的，更大的可能是从前某个时期看惯的，已经植入他的潜意识，一触即现，至于为什么底色不是应有的微绿加微黄，而是淡红？我想这与他的心境有关，晚年，即进入新世纪之后，季先生被温暖的阳光包围，坐享安乐，连梦境也是红彤彤的，所以他想起亡母，再不是萧萧白杨下的萋萋孤坟，而代之以浅绛山水的一方幽境；"境由心现，心逐念成。"老爷子的一只脚，已经踩着了天堂的门槛。——这样解释，不知道能不能说得通？

《天上人间》与《论"据理力争"》

是 2007 年 6 月 5 日的事，上午，故乡一位老友打电话来，谈他不久前陪老伴去上海治病，其间遭遇的种种折腾，种种繁难，临了，顺便说到季老的《病榻杂记》，并讲读了《天上人间》，很有些感慨，什么感慨？他没露，只说你看一下就明白。

于是我就找出这篇随笔读了一遍，通篇讲的都是治病，作者开宗明义，说："大家一看就知道，这个题目来自南唐李后主的词：'流水落花春去也，天上人间。'这是表示他生活中巨大的落差的：从一个偏安的小君主一落而为宋朝的阶下囚，这落差真可谓大矣。我们平头老百姓是没有这些福气的。

"但是，比这个较小的生活落差，我们还会有的。我现在已住在医院中，是赫赫有名的 301 医院。这一所医院规模大、设备全、护士大夫水平高、敬业心强。

"在这里治病，当然属于天上。

"现在就让我在北京找一个人间的例子，我还真找不出来，因为我没有到过几家医院。

"在这里，我只有乞灵于回忆了。……"

季老回忆的是他初中时期，父亲病重，他从济南回到老家，如何从二大爷那里要了一辆牛车，隔几天上午就从官庄乘牛车，嘎悠嘎悠走十多里路去请大夫，途中，总要在某小村买一木盒点心，而下午送大夫返家，又总要到某小村去抓一副草药。他说：

"当时正是夏天，青纱帐茁起，正是绿林大王活动的好时候，青纱帐深处好像有许多只不怀好意的眼睛在瞅着我们，并不立即有什么行动，但是威胁是存在的。我并不为我自己担心，我贫无立锥之地，不管山大王或山小王，都不会对我感什么兴趣；但是坐在车里面的却有大地主身。平常时候，青纱帐一起，他就蛰伏在大庄园内，决不出门。现在为了给我这个大学生（笔者按：应为中学生，或将大学生打上引号）一个面子，冒险出来，给我父亲治病。

"但是，结果怎样呢？结果是：暑假完了，父亲死了，牛车不再嘎悠了，点心匣子不再提了，秋收完毕，青纱帐消失了，地主可以安居大庄园里了。总之，父亲生病和去世这个过程，正好提供了一个与今天 301 医院相反的例子。现在是天上，那时是人间。如此而已。"

季老八十岁前很少生病，查阅他的自述，除住过一次校医院，以及去过几次中医研究院外，别无记录。晚年，也只跟同仁医院、西苑医院打过交道，此外就是 301 了。他不了解普通的医院，对老百姓的就医难，更是无从体会。他有他的实际情况，这一点，不能苛求。我的老友说对这篇文章有些想法，应是什么呢？我玩味了许久，只悟出一点：老人的特殊身份及特殊待遇，造成一定程度上的与世隔绝，所以，有好多真实而复杂的世情，他是不了解的。因此，他在概括时势，月旦人物之际，难免有时会以己度人，以偏概全。

不知我的感悟是否与老友合拍？既然他没说，我也只能随便想想。

隔天下午，有长沙的一位杨画师登门，见我在写《病榻杂记》读后感，遂提出其中的一篇《论"据理力争"》，征求我的意见。

季老的《论"据理力争"》，缘于徐怀谦先生的一篇杂文。徐怀谦是北大中文系的高才生，也是我多年的同事，他出了一本杂文集《拍案不再惊奇》，本着求教的心情，寄给季老一本。季老读后，很高兴，说其杂文"有事实，有根据，有分析，有理论，有观点，有文采。的确是一部非常优秀的杂文集"。但是，关于其中的《论狂狷》一文，季老则有不同的看法。季老举例，文中写道："在'文革'中，当疯狂的红卫兵闯进钱（锺书）府抄家时，一介书生钱锺书居然据理力争，最后与红卫兵以拳相向，大打出手。"季老觉得："这件事如果不是传闻失实，就是中国社会科学院的红卫兵是另一种材料造成的，与一般的红卫兵迥乎不同。后者的可能性是几乎没有的。常言道：'天下老鸹一般黑。'我不信社科院竟出了白老鸹。那么，现在摆在我们眼前的就只有一个可能：传闻失实。"

季老强调，这里的关键是一个"理"字。综观中国几千年的历史，以"理"字为准绳，可以分为三个时代：绝对讲理的时代，讲一点理的时代，绝对不讲理的时代。第一个时代是从来没有过的；第二个时代是有一些的；第三个时代是有过的。而"文革"，即"十年浩劫"，绝对属于第三个时代，那时候是老和尚打伞——无法（发）无天。理还是有的，但却只存在于报章杂志的黑体字中，存在于"最高指示"中。因此，季老反问：钱锺书先生"据理力争"据的是什么"理"？唯一的用黑体字印出来的是"革命无罪，造反有理"的理。钱先生能用这种"理"吗？红卫兵"造反"，就是至高无上的"理"。博学的钱先生如果用写《管锥编》和《谈艺录》的办法，引用拉丁文的《罗马法》来向红卫兵讲理，这不等于对牛弹琴吗？

季老并举出自己被抄家的经历，证明"据理力争"只能是传闻，而且是失实的传闻。在那样的时代，哪里有狂狷存在的余地呢？

笔者沉思有顷，认为季老说得有理。正如季老所说，关键是个什么"理"，在钱锺书和红卫兵之间，肯定没有共同的准则。杨画师不然，他指出季老此文有点以一当十，以偏概全。毕竟季不是钱锺书。坊间流传的关于钱锺书狂而且狷的传闻，成筐成篓（不举读者也会知道），其中只要有一件落实，就足以证明钱锺书还是异于常人的。

杨画师还举例说，在通过开除刘少奇党籍的中央全会上，不是也有一人未举手吗！

讨论至此，不了了之。笔者本想置之不理，但是当日翻阅采访笔记，看到季老在 2005 年 12 月说过的一段话——背景是社会上有人批评季老，传到医院，医生、护士愤愤不平，季老听了转告，笑说，这很好，使得人不能狂妄，知道不足，可以鞭策自己，这是恩人，比一味说好的要强得多，功劳更大——于是本着求同存异的精神，把杨画师的迟疑和故乡那位老友的感慨，一并录在这里。笔者无意从中"升华"出结论，结论应该由时间和读者自己给出。

何况，上述两人的迟疑也好，感慨也好，都仅仅是"有些想法"，还远远谈不上批评。

智者的糊涂

《病榻杂记》问世后，反响不一，叫好的当然属多数，少数有微词的，传入笔者的耳朵，也仅限于"宝刀已老，不复当年"。这也正常，九十多岁的人了，能动笔就不容易，何况还写了这么多。有些玩意，你活不到那个岁数，你就很难掂出那个分量。

依笔者看，有些篇什，还是颇有水准的，就单篇说，《在病中》、《病榻杂记》，以及怀人的几则，如怀念张天麟、陈寅恪、哈隆等，是上乘之作，即使搁到以前的文章中，也毫不逊色。就片段讲，亦有精彩纷呈，妙语迭出，譬如他写陀思妥耶夫斯基的长篇："一谈起来，读者就像钻进了原始大森林，枝柯蔽天，蔓藤周匝；没有一点人工痕迹，却令人感到有一种巨大的原始活力腾涌其中，令人气短，又令人鼓舞。"再为《中国少林寺》一书作序，说道："历史上许多哲学家的学说，比如什么天人合一、民胞物与等等，体现的都是和为贵的精神。连人工修建的长城，体现的也是这种精神。一个侵略者决不会修筑长城的。这是我对修筑长城意义的新解，自谓已得其神髓，决无可疑。"诸如此类，不胜枚举，足以显出老人思维活跃，老当益壮。

说到单篇佳作，若要我推荐，我则推荐《难得糊涂》。网上有这篇随笔，不长，干脆全部下载：

清代郑板桥提出来亦写出来的"难得糊涂"四个大字，在中国，真可以说是家喻户晓，尽人皆知。一直到今天，二百多年过去了，但是人们的文章里，讲话里，以及嘴中常用的口语，这四个字还经常出现，人们都耳熟能详。

我也是难得糊涂党的党员。

不过，在最近几个月中，在经过了一场大病之后，我的脑筋有点开了窍。逐渐发现，糊涂有真假之分，要区别对待，不能眉毛胡子一把抓。

什么叫真糊涂，而什么又叫假糊涂呢？

用不着作理论上的论证，只举几个小事例就足以说明了。例子就从郑板桥举起。

郑板桥生在清代乾隆年间，所谓康乾盛世的下一半。所谓盛世历代都有，实际上是一块其大无垠的遮羞布。在这块布下面，一切都照常进行。只是外寇来的少，人民作乱者寡，大部分人能勉强吃饱了肚子，"不识不知，顺帝之则"了。最高统治者的官廷斗争，仍然是血腥淋漓，外面小民是不会知道的。历代的统治者都喜欢没有头脑没有思想的人，有这两个条件的只是士这个阶层。所以士一直是历代统治者的眼中钉。可离开他们又不行。于是胡萝卜与大棒并举。少部分争取到皇帝帮闲或帮忙的人，大致已成定局。等而下之，一大批士都只有一条向上爬的路——科举制度。

成功与否,完全看自己的运气。翻一翻《儒林外史》,就能洞悉一切。但同时皇帝也多以莫须有的罪名大兴文字狱,杀鸡给猴看。统治者就这样以软硬兼施的手法,统治天下。看来大家比较满意。但是我认为,这是真糊涂,如影随形,就在自己身上,并不"难得"。

我的结论是:真糊涂不难得,真糊涂是愉快的,是幸福的。

此事古已有之,历代如此。楚辞所谓"举世皆浊我独清,众人皆醉我独醒。"所谓"醉",就是我说的糊涂。

可世界上还偏有郑板桥这样的人,虽然人数极少极少,但毕竟是有的。他们为天地留了点正气。他已经考中了进士。据清代的一本笔记上说,由于他的书法不是台阁体,没能点上翰林,只能外放当一名知县,"七品官耳"。他在山东潍县做了一任县太爷,又偏有同情心,同情小民疾苦,有在潍县衙斋里所作的诗为证。结果是上官逼,同僚挤,他忍受不了,只好丢掉乌纱帽,到扬州当八怪去了。他倒霉就倒在世人皆醉而他独醒,也就是世人皆真糊涂而他独必须装糊涂,假糊涂。

我的结论是:假糊涂才真难得,假糊涂是痛苦,是灾难。

下载完毕,和原文对照,发现少了一段尾巴,内容是联系自己,对号入座的。少就少了吧,反正,读完前面的一段话,作者意思已明,绝不妨碍我们理解。

若问:这篇随笔究竟好在什么地方?让我套用季老的句式:"我不说。为什么不说,我也不说。"(见《病榻杂记》p67)请读者自己去玩味。

在此,我还想到季先生的《九三述怀》,不是全篇,是其中的一节。该篇写于2003年8月18日,标题中的"九三",是指虚岁,文章中,季先生在叙说了一通入院治疗经过,以及自己对生与死的看法后,笔锋一转,突然写道:"写到这里,我想写一个看来与我的主题无关而实极有关的问题:中西高级知识分子比较研究。所谓高级知识分子,无非是教授、研究员、著名的艺术家——画家、音乐家、歌唱家、演员等等。这个题目,在过去似乎还没有人研究过。我个人经过比较长期的思考,觉得其间当然有共性,都是知识分子嘛;但是区别也极大。简短截说,西方高级知识分子大多数是自了汉,就是只管自己那一亩三分地里的事情,有点像过去中国老农那一种'老婆、孩子、热炕头，外加二亩地、一头牛'的样子。只要不发生战争，他们的工资没有问题，可以安心治学，因此成果显著地比我们多。他们也不像我们几乎天天开会，天天在运动中。我们的高知继承了中国自古以来知识分子（士）的传统，家事、国事、天下事，事事关心。中国古代的皇帝们最恨知识分子这种毛病。他们希望士们都能夹起尾巴做人。知识分子偏不听话，于是在中国历史上，所谓'文字狱'这种玩意儿就特别多。很多皇帝都搞文字狱。到了清朝，又加上了个民族问题。于是文字狱更特别多。"这番话，令人想起季先生八十四岁那年创作的《一个老知识分子的心声》，如果继续往下发挥，境界只怕比那篇还要高。季先生没有写下去，想必是笔力不够，或者还有其他原因。我们说，这就够了，对一个虚岁九十三的老人，你还能做什么苛求！

若挑剔，也可说几句：书的末尾，有的篇什类似喊口号，而且一喊再喊，恕我不再举例，人总是要老的，我在前言已经说过，季先生至此，已经丧失了蓬勃的创造力。他是可以封笔的了（封笔不等于不再动笔），但是季先生不愿意，他还要继续写下去，我理解那仅仅是写下去，是一种本能的惯性，思维的体操。人至老境往往特别喜欢讲话，这是老人的特权，写得好，大家热烈鼓掌，写得差一点，甚至思维出现错乱，不妨报以善意的理解的微笑。

关于笔误和一些显而易见的差错，也想说几句。虽然，此书在季老的单行本中，从编辑的角度看，错误还是很少很少的，这里无非是求全责备，吹毛求疵。比如，把"蓦地"错成"摩地"（p117）；把"不为无益之事，何以遣有涯之生"，错成"何以遣无涯之生"（p185）；把"寓于"错成"富于"（p199）；把国歌"中华民族到了最危险的时候"，错成"最危急的时候"（p132）等等。有些则是要前后统稿，以求一致的。如，把前人的成句"风乍起，吹皱一池春水"，易成"吹皱一池夏水"（p185），按上文提法"现在正是初夏"，是理有固然，按紧接着的"不久前还是冰封的湖水……"，以及篇末落款"2002年3月31日"，则又属于前后矛盾。一些年代、记事，也缺乏核实，经不起推敲。比如把阔别十二年后，于1947年回到老家济南，写作阔别十三年后，于1948年回到老家济南（p116）。此处从前后文看，又不像笔误，而是说得相当肯定："1946年和1947年两年，仍然教书。此时战争未停，铁路不通。航空又没有定期航班，只能碰巧搭乘别人定好的包机。这种机会是不容易找的。我一直等到 1948 年，才碰到了这样的好机会。……那一年，我三十七岁。"三十七岁就是 1948 年。而究竟是以前叙说的 1947，还是这儿写的 1948，必须查对清楚。又比如，把高中一年级下学期的考试平均分，错成初中毕业考试的平均分（p115），这一错，有关王状元奖励墨宝的具体时间就要大大提前。尤其是《泰山颂》一诗，把"齐青未了、鲁青未了"，错成"齐王未了、鲁王未了"，十分离谱。季老写作这本书，已是九十开外，加之久住医院，一切仅凭记忆。记忆这东西，有时是不可靠的，出些差错，在所难免，谁也不会因此跟一个望百的老人过不去。只是，鉴于季老的威望和读者对他老人家的信任、期待，我们还是尽量把书出得漂亮一点为好。

另外，本书的版式十分奇特，文章在每自然节之后，必空一行，哪怕该节只有一句话，后边也照空不误，有时还空上两行，起先，我以为季老思绪跳跃，节奏如散文诗，行文不得不如此排列，读到后来，篇篇都是这样，才明白这是出版者刻意为之。其意义何在呢？除了增加页码，提高定价，我一时想不出什么别的。

刘波风波

《病榻杂记》中，有两处提到刘波，试看下列文字：

我的学生刘波，本来准备一次盛大宴会，庆祝我的九二华诞。可偏在此时，我进了医院。他就改变主意，把祝寿与祝进院结合起来举行，被邀请者都是 1960 年我开办梵文班以来四十余年的梵文弟子和再传弟子，济济一堂，时间是我入院的第三天，8 月 18 日。事情也真凑巧，远在万里之外大洋彼岸的任远正在国内省亲，她也赶来参加了，凭空增添了几分喜庆。我个人因为满手满脚的丑类尚未能消灭，只能待在病房里，不能参加。但是，看到四十多年来我的弟子们在许多方面都卓有建树，印度学的中国学派终于形成了，在国际上我们中国的印度学者有了发言权了，湔雪了几百年的耻辱，快何如之！（《301 英雄小聚义》）

这番话写于 2002 年 10 月，说的是同年 8 月的事，再看下一节：

话必须从 2002 年 11 月 23 日说起。在那一天之前，我一切正常。晚饭时吃了一大碗凉拌大白菜心。当时就觉得吃得过了量；但因为嘴馋，还是吃了下去。吃完看电视新闻时，突然感到浑身发冷，仿佛掉进了冰窟窿里一样，身体抖个不停，上下牙关互相撞击，铿锵有声。身边的人赶快把我抱到床上。在迷迷糊糊中，我听到校医院的保健大夫来了，另外还来了几位大夫，我就说不清楚究竟是谁了。

第二天，也就是 11 月 24 日，一整天躺在床上，水米不曾粘牙。25 日，有好转，但仍然不能吃东西。26 日，大有好转。……27 日，我的学生刘波特别从西藏请来了一位活佛，为我念咒祈福。对此，我除了感谢刘波的真挚的师生情谊之外，不敢赞一辞。刘波坐在我身边，再三说："你的身体没有问题！"他的话后来兑了现，否则我连这篇《三进官》也写不成了。当天我的情况很好。但是，到了 28 日，情况突变。于是玉洁和杨锐，又同二进官一样，硬是把我裹胁到了 301 医院。有了两次进官的经历，我在这里已经成了熟人。一进门，二话没说，就进行抢救。我此时高烧三十九度四，对一个九十多岁的老人来说，这是相当高的高烧。我迷迷糊糊，只看到屋子里人很多，有人拿来冰枕，还有人拿来什么，我就感觉不到了。后来听说，是注射了一针值一千多元的药水，这大概起了作用，在短短的四五个小时之内，温度就到了三十六度多，基本上正常了。抢救于是胜利结束。(《三进官》)

这番话写于 2003 年 2 月。两篇文字都完成于出院之后，从上面引述的内容看，季先生的病情是比较严重的，而他的学生刘波的形象，也是具体而感人的。

刘波是谁？如今鲜见有人提起，查大众网 2003 年 10 月 8 日《传媒大亨刘波失踪内幕》一文，有如下介绍：

刘波是谁？湖南株洲人，1964 年出生，今年三十九岁。他自己提供的简历说：十四岁他就考入武汉大学中文系（因而在圈内有神童之称）；后获湖南中医研究院硕士学位，1996年又进入北大哲学系攻读博士，师从著名的国学大师季羡林先生。

据刘波的商业合作伙伴姜汤说，刘波第一份职业是湖南株洲市团委一工作人员，此后他做过报纸编辑，后下海经商。

令刘波成为公众人物的是——1992年他邀请国内三千多位名家，历时近五年编纂了大型古籍丛书《传世藏书》，并邀得季羡林挂名主编。这部书的出版成为当时文化界一大盛事，并有传言刘波因此赚到二亿多元。

此后，刘波即在各种场合畅谈他的"媒体帝国"和"中国文化第一品牌"的构想。1998年8月，刘波的海南诚成集团收购了上市公司武汉长印20.91%的法人股，成为公司第一大股东，随后武汉长印更名为诚成文化。

在诚成文化的鼎盛时期，刘波曾收购了四十多本期刊的经营权。除此之外，刘波还投资证券公司、拍电影、开夜总会、做房地产、办药厂。

刘波是一个相当低调的人，他很少接受媒体采访，市民层面知道他的名字，其实是通过他的私生活——他是影视明星许晴的前夫。

许晴曾这样描述刘波，"我的先生是北京大学的博士生。爱穿中式对襟大褂、老头鞋的他，是国学大师季羡林的关门弟子，他与导师编纂了《传世藏书》系列，现在主要做文化出版工作……"但现在，少年得志的刘波已不知去向，仿佛人间蒸发。朋友眼中的刘波评价不一充满矛盾。

大众对于刘波的评价充满了矛盾。他的不少合作者都称其才华横溢、极有涵养；而另有相当多的人对他充满了怀疑，"刘波很会包装自己，面相和善、温文尔雅，但从本质上是个极端自私的人。"

他最好的一位朋友这样说："到最后刘波已经穷途末路的时候，只有我们两个人在一起，他仍旧在说假话。"

他的一位生意伙伴说："刘波从一开始就是一个年轻的投机家，如果有条件和土壤他会成为索罗斯。他那个时代起步的人都有这个特点，一方面充满了梦想，有一种纵横天下舍我其谁的气概。另一方面实现目标的手段，又多是投机性的。"公司去向扑朔迷离十六家分公司电话已成空号。

……

此文说及，刘波是北大哲学系的博士生，师从季羡林先生，此处有误，刘波入学时，实为东语系的博士生，1999 年 6 月，北大东语、西语、俄语、英语四个系合并成立外国语学院，刘波又自然成为北大外国语学院的博士生。至于"关门弟子"一说，若按时间的顺序，则是准确的。据季老的弟子之一葛维钧先生提供的材料，"中国系统培养梵文巴利文人才的单位，只有北京大学。北京大学曾招收本科学生三批，即：1960 年班，由季羡林、金克木任教；1984 年班，由蒋忠新、郭良鋆任教；2006 年班，由段晴、王邦维、高鸿、萨尔吉任教。季羡林先生本人招收的研究生，是必须修习梵文的。他招收的研究生计有：1978 年的任远、段晴，1979 年的王邦维、葛维钧，四人同于 1982 年毕业，获硕士学位。后王邦维复于 1987 年在季先生的指导下获博士学位。那以后招收的研究生共有五人，即：钱文忠、辛岛静志（日籍），于 1991 年毕业；李南，于 1996 年毕业；高鸿，于 1998 年毕业；刘波，于 2000 年毕业。"（引自 2008 年 4 月《南风窗》）这里记载的很清楚，刘波是最后一个跟随季老的博士生。

笔者查到有关刘波的博士论文信息——

题目：《性命论》，培养单位：外国语学院，专业：印度语言文学，答辩日期：1999 年 6 月 1 日，关键词：性命，道，亲证，审美。

摘要：人类汲汲物质文明近于疯狂的今天，心灵愈加颓丧。久困精神的贫病意境，本性丧失的痛苦，我们有必要停一停，平实地回到起点，重新发现先贤先智为人类寻找可行及努力的道路……每种文化对"性命"都有基本的理解，都有对"性命"的保养、修炼及处置方式。儒家的存心养性、道家的修心炼性，佛家的明心见性，西方人文宗教的求真求善精神，殊途同归到"性命"本身，绝非偶然，温故知新，穷性命之妙，复古而之今，是《性命论》试图作的一次尝试……

第一导师：季羡林，第一导师单位：北京大学外国语学院；记录语种：汉语；论文总页码：218；参考文献总数：0；学位名称：文学博士。

　　前引大众网的消息透露，刘波的读博，以及编纂、推销《传世藏书》，都是看中并借用了季羡林先生的牌子。刘波无疑是有才华的，也是善于来事的，他成功地博得了老人家的欢心。然而江湖险恶，风云易变，在季老写出《英雄小聚义》一年之后，写出《三进宫》半年之后，他的这位博士弟子就因经商失败、巨额负债而潜逃。（据吴晓波在2008年元月推出的《激荡三十年》一书披露，2003年9月，因实业巨亏和涉嫌金融诈骗，刘波逃往日本，身后留下四十亿元的贷款包袱和漫天的谩骂追讨声。）刘波出事，季老当然会在第一时间知情，但不可能了解全部；我相信，季老先生的学问再高，也永远吃不透商场中的闪躲腾挪、波诡云谲。对于刘波的出走，季老本人的态度怎样？坊间有种种传闻，未经核实，靠不得谱。但从《病榻杂记》出版于2007年1月，而涉及刘波的文字未作删除来看——这大概是那几年国内出版物中唯一正面提到刘波的文字——老人家对他这位马失前蹄的弟子，还是本着他对年轻人一贯的态度：大度，宽容。

第六章

亲属眼中的季羡林

弥足珍贵的季氏族谱

　　季先生之为人，一贯低调，虽说晚年如日中天，享誉四方，但那不是他的本愿，是社会的集体炒作，老人家如有可能，是一定要把温降下来的。

　　先生的亲属，也大体秉承了先生的性格，各守其位，不事张扬。

　　笔者考虑到研究的责任和读者的需要，从 2006 年 7 月起，集中对先生的部分亲属作了采访。

　　首先谈谈季孟祥。孟祥也者，先生的堂重孙，2006 年 7 月 3 日，在先生的老家山东临清市，我和他见了面。对于孟祥，先生周围的人都认识，因为先生住院前若干年，每逢春节，他都到北京来，同老人家一起欢聚。当天，本来很想和他谈谈，谈谈他心目中的老爷爷，以及他所了解的人和事，可惜，当时身边围了一帮人，加之时间仓促，几乎谈不上采访。回京后，通过电话联系，孟祥给我寄来了季老官庄故居的照片，以及他自己修撰的族谱。

　　这是很宝贵的史料，以下摘录其有关部分：

　　始祖一代

　　无考

　　二　　代

　　汝吉　妻孙氏　生二子　嗣贞　嗣都

　　秀　　妻×氏　生二子　嗣廉　嗣诚

　　三　　代

　　嗣贞　汝翁之长子　妻张氏　穆氏　　生子保林　富林

　　嗣都　汝翁之次子　妻聂氏　王氏　　无子过侄富林

嗣廉　秀翁之长子　妻赵氏　生子羡林

嗣诚　秀翁之次子　妻马巧卿　陈绍泽　无子

四　代

保林　贞翁之长子　妻董氏　王氏　生子希谦

富林　贞翁之次子（过继给都翁）妻王永贵　子希来

羡林　廉翁之子　妻彭德华　生子希琰

五　代

希谦　保翁之子　妻赵氏　李氏　生子义德

希来　富翁之子　妻　氏　生子英德

希琰　（延宗、承）羡翁之子　妻张孝廉　生子宏德（泓）

六　代

义德　谦翁之子　妻林思凤　生子孟祥　孟山　孟海

英德　希翁之子

宏德　琰翁之子　又名泓　妻杨朝晖　生子孟念

七　代

孟祥　义翁之长子　妻李玲华　生子金曦（又名晓曦）

孟山　义翁之次子　妻靳宗菊　生子金旸

孟海　义翁之三子　妻庞保菊　生子金曈

孟念　宏翁之子

八　代

金曦　祥翁之子

金旸　山翁之子

金曈　海翁之子

在这份族谱中，我们看到：一、季先生的祖父叫季秀，笔者过去写作"老苔"，应该是俗名；二、季先生位于第四代，他下面，又有了四代，即玄孙辈；三、季先生的儿子名希琰，又名延宗、承，笔者以前只知道他幼时叫季延宗，晚近叫季承，希琰这名儿，还是第一次听说；四、季先生的孙子名宏德，又名泓，曾孙名孟念；五、孟祥的高祖，即季先生的堂兄，为保林，而在季先生的口中，为宝庆，"保"与"宝"同音，保林去世早，季先生小时候对他完全没有印象，名字出点这样那样的讹谬，是可以理解的。

全家合影

　　另从孟祥口中得知，季先生的儿子季承现在北京，孙子季泓、孙女季清在美国，外孙何巍在加拿大。笔者 2005 年夏作欧洲之游，曾听说季老有位外孙在慕尼黑，回来后被告知，那是冒充的。

　　这是个假货泛滥的时代，连季老的外孙都有人冒充！

　　将来会不会有假冒的季老弟子、诗文以及墨宝、手迹之类呢？还真保不准。

　　孟祥供职于临清市委宣传部，初次见面，给我的印象是端庄帅气，一表人才。隔年读《病榻杂记》，季老在一篇文章中说："我家有个亲戚，四代包括外孙都长得很漂亮……"寻思这是哪一家呢？问来问去，对不上号。忽然想到孟祥，我问他的父亲长得怎么样，答说很像高祖，挺精神的。从高祖到孟祥，四代人长得都很精神，这很可能就是季老的心中所指了。我把这意思向孟祥说了，他却答："说不定还是指季老一家呢，我觉得季老、季承以及季泓，还有何巍，长得都很出众。"季老一家长得出众也是事实，但季老这里不可能是"老王卖瓜，自卖自夸"吧，这不符合他的风格。

　　姑且存疑。

　　——2007 年 7 月 13 日下午，笔者当面问季老，老人解谜，那是倪萍（中央电视台著名节目主持人）的话。原来，2001 年 8 月，山东聊城市和临清市的党政领导邀请季老还乡，并为他庆祝九十岁生日，倪萍随行，在老家，她见到季老一家的主要成员，以及部分亲属，故有此语。文章中，季先生为避嫌，有意把自己的一家改说成亲戚。

　　补录于此，权供读者诸君一粲。

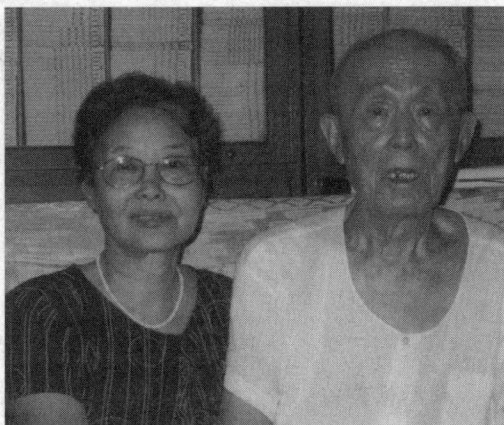
外甥女弭金冬

弭金冬：舅舅留给我的印象

2006 年 9 月，在济南市舜耕山庄，承欧阳中石先生夫妇帮忙，我见到了季先生的外甥女弭金冬。

这名字说得清楚，她应该是冬天出生的，而金冬的母亲，也就是季先生的堂妹秋妹，无疑是秋天出生的。

金冬的父亲弭菊田，本书前面已有所提及，他生于 1914 年，小季先生三岁，从小学画，高中毕业，进北平美术专科学校深造，据《清华园日记》，是季先生去前门接的站。弭菊田长期生活在济南，以绘画、教书为业，上世纪八十年代初，受命组建并出任济南画院院长，在齐鲁书画界，享有盛名。

1998 年，季老曾为弭菊田的画集作序，他说：

> 对于国画，我似乎还有一点欣赏能力，是好是坏，是美是丑，是精是粗，是高是低，我似乎尚能辨识。但是，实际上，我却是一个门外汉。我是一张画都没有画过——当然，中小学班上作业除外。以这样一个水平而来侈谈国画，岂非班门弄斧、野狐谈禅吗？这一点自知之明，我还是有的。因此，我对菊田的画，除了说一声"画得很好"之外，我不敢赞一辞。
>
> 但是，在另一方面，关于菊田我并不是无话可说，而是有很多话要说。菊田是自学成家的一个典型，一个很好的典型，在新中国成立后几十年中，"个人奋斗"被批得体无完肤，后来被上纲

上到"修正主义"的高度。十年浩劫中达到了登峰造极的程度，这是尽人皆知的事实。仅仅为了个人名利而奋斗，我们当然不加提倡。如果为的不是个人，或者不仅仅为个人而努力奋斗，难道不是应该的吗？我们常常说，人是应该有一点精神的，这一点精神表现的一个方面就是为了国家、为了民族而努力奋斗，用一句现在流行的话就是：拼搏精神。

在菊田身上，我们看到的正是这一种奋斗拼搏精神，按照他的家庭环境，在旧社会，他本来应该成为一个商店的老板，或者政府机关的一个小公务员，如果再往下滑一步，他可能成为一个靠吃祖宗遗产过活的浪荡公子。这类的人物，我们亲眼看到的难道还不够多吗！

然而菊田却走了一条截然相反的道路。他依靠自己的努力，学了书法，学了国画，学了治印，学了刻竹，出乎许多人的意料，他成了有成就的艺术家。在旧社会不必说他了，到了新社会，他就靠这艺术上的成就，为人民服务，为祖国争光。

今天，我们全国人民正在意气风发地进行现代化的建设，全国形势一片大好。但也还有困难，而且有极大的困难。克服这些困难，要有多方面的因素，其中最主要的，我认为，就是在全民中提倡艰苦奋斗的精神，特别是靠自己的力量努力成材、努力成家的精神。从这方面来看，我们要向菊田学习的不仅仅是他的国画艺术，而更重要的是他那锲而不舍、努力奋斗的精神。

给一部画册写序，本来是应该谈画的。因为我不太懂画，只好说些别的话。但我并不认为我这是离题万里。我把艺术同努力奋斗结合起来，顺理成章。我还可以说，一切文学、艺术、科学、技术无一不应该同努力奋斗结合起来。这一点精神，是绝对不可缺少的。再把话缩回来，缩到菊田的画集上，我只能说两句话：我们要学习菊田的画，但我们更要学习他的自学成材、努力奋斗的精神。

金冬女士子承父业，她现为山东省女书画家协会副主席，高级画师。与弴金冬的交谈，话题当然离不开季老，金冬说，她是 1937 年出生的，那时候，舅舅已去德国留学。她清楚记得：1947 年夏，十岁的她和十二岁的表哥延宗，以及更小的弟弟，正在院子里玩耍，这时，从门外进来一个穿着风衣的陌生人，又高，又瘦，手里提着一只皮箱。表哥上前问："先生，您找谁？"那人不回答，面露微笑，伸手摸了摸表哥的脸颊，就进北屋了。紧跟着，北屋传出一片哭声。正奇怪是怎么回事，妈妈从屋里出来，拉过表哥，说："你爸爸回来了，快叫！"又拉过她，说："进去，叫舅舅！"这是金冬第一次跟舅舅见面。舅舅是头年从欧洲回来，在北京大学任教，因为战火绵延，交通阻隔，直到这会儿放暑假，才回来探亲。在金冬的眼里，舅舅回家后，总是一个人伏在书桌上写东西，不大和别人说话。那时济南城没有自来水，吃水要自己到泉边打，没有劳力的，像她们家，就买水吃，那些日，每当送水的拉着个大木桶上门，舅舅不管多忙，总要离开书桌，向人家连声道谢，末了，再一直将之送到大门外。

1954 年，金冬十七岁，到北京报考中央美院附中，住在舅舅家。舅舅有三间房，不算小，每间房摆一张书桌，再加上到处是书，很多很多的书，随便堆着，码着，显得特别凌乱。金冬想帮他收拾，舅舅说："不要动！每本书我都有数，你一动我就找不着。"舅舅似乎很少睡觉，金冬晚上休息，他桌上灯还亮着，早晨醒来，桌上的灯仍然亮着。金冬问："舅舅，你一天睡几小时？难道不困吗？"舅舅摸摸她的头，笑道："谁和你一样,这么能睡！"

舅母留在济南，舅舅一个人，吃食堂。早晨为了写作，食堂也不去，头天备下个大黑面包，就着煮鸡蛋蘸盐吃。舅舅衣着极为随意，穿得像个大农民，表姐婉如给他买了一套的卡中山装，他一穿就是二十多年，直到破旧走形，也不脱下。八十年代，金冬去北京，姥姥派给她一个任务，买块蓝色的卡，再为舅舅做套新衣。都什么年代了，金冬跑遍北京各大商场，也没寻到的卡布，后来回到济南，把她爸爸的一套的卡中山装，转送给舅舅，才使他保持了一贯不变的老形象。

无独有偶，新中国成立后，曾是季羡林清华师长，而后又成为北大同事的陈岱孙老先生也爱上了的卡装，陈岱老是研究经济学的，他比季先生更熟悉行情，晚年，陈岱老让亲戚帮他买蓝的卡，亲戚说："现在上哪儿去买这东西？"他说："上前门外瑞蚨祥。"到那儿一看，果然有得卖。

金冬早年在博物馆工作，与美术沾边，但不专业，晚年，她全副身心投入绘画，事业卓然有成。舅舅对她十分关心，比如，1997 年 10 月，舅舅曾给当时的山东省委宣传部负责人去信，专门介绍了她们的女书画家协会，信上说：

董部长：

在京时蒙盛宴款待，来山东后，又蒙打电话给聊城地委等处，使我的故乡之行得以胜利完成，十分感谢。

济南女画家弭金冬系我的外甥女，绘画颇有造诣。一些山东女书画家共同组成山东女书画家协会，曾出版画册，腾誉画坛，为山东扬名，也就是间接为中国扬名。在你的有力的领导下，山东文艺界书画家成绩卓著，外地游子如羡林者与有荣焉。万望对山东女画家们予以指导与协助，以期达到更高的目标。

谨致
敬礼

季羡林
1977 年 10 月 28 日

真正要感谢金冬女士，初次见面，她便给笔者提供了很多宝贵的资料，包括季老的全家照和在不同历史阶段的留影。

稍后，金冬女士来京，又赠我一本《父女薪传》，是写她和父亲两代人的丹青生涯的，内中关于她姥爷一家，以及舅舅、舅母、表姐、表哥，都有颇为详细的记叙。

金冬也去了 301 医院，在传达室，"里边的人"通知她"东西留下来，人回去"，她没能见到舅舅。

2008 年 3 月 2 日，笔者路过济南，又与金冬女士见面，其时，我正为筹办季羡林国际文化研究院奔波，金冬女士表态，为她舅舅的事，一切的一切，她都无条件帮忙。

常永德：舅舅的家庭观

孟祥修的家谱，循旧例，没有收录女性后裔。譬如季羡林的两个亲妹，家谱中就不著一字。家谱阙如，不等于不存在，季羡林的大妹，他文章中从未提及，笔者只知道她嫁在当地，夫家姓董，如今，大妹夫、大妹妹俱已过世，他们的后人，听说也是在临清，笔者前次到了那儿，限于时间，连孟祥都没能说上几句，就更没有可能联系他大妹的后裔了。

季羡林的二妹，嫁在济南，夫家姓常。季先生在《清华园日记》中提到过她出嫁的事，后来，2001年，九十岁的季老作还乡之行，在济南南郊宾馆，与二妹全家欢聚，笔者在金冬女士处看到当日的合影，画面上除了三位老人——季老、二妹以及二妹夫——另有两男两女，那是下一辈了，镜头留下了一个永恒的欢乐的瞬间。二妹是1919年生人，小季羡林八岁，去年刚刚病逝，二妹夫健在。当天晚上，在金冬女士的联络下，笔者得以在下榻的旅舍，采访了季老二妹的儿子，也就是他的外甥常永德。

关于季老，永德自有其特殊的视觉。他说："我的父母，原来和姥爷、姥姥（季羡林的叔父、婶母）住在一起，后来因为家务纠纷，搬到别处。父母搬走了，我没走，一直留在姥爷家，我是姥姥带大的。姥姥1962年与舅母去北京，舅舅就给我出证明，说这孩子是姥姥带大的，应该享受去北京的探亲假，所以六七十年代，我每年都分两次去北京探望舅舅一家。每次去，总要带点济南土特产，舅舅留下一点，剩余的都送人，事先用纸包了，附上一张条子，注明'小米'若干，'红枣'若干……送也是我去送，记得有臧克家，他家住东城，老远，我来回得花大半天。"

"我老娘讲，姥爷脾气很坏，大男子主义，封建，吃饭时，女的不能上桌，饭桌上，谁要是筷子连着搛三次菜，他伸手就把你筷子打下去。舅舅在家时很怕姥爷，他留学回来，当上了北大的教授，寒暑假回济南，每天晚上姥爷上床休息，他都要站在旁边侍候，垂着双手，毕恭毕敬，姥爷不睡，他不走。因此，到舅舅有了孙子，他对孙儿特别宽松，季泓穿着鞋子在床上玩，我看见了，告诉舅舅，舅舅说：'不管他，让他玩，我可不想让小孩子再受你姥爷式的管教。'这是一面，另一面，舅舅对子女又十分严，老娘讲，我表哥表姐同时大学毕业，还没到单位报到，舅舅就停止生活费，让他们自力更生。季泓去美国留学，舅舅也只给了单程机票钱，让他设法去勤工俭学。"

永德在锁厂干活，属于劳动阶级，话也和他的身份一样朴实。临别前，他对笔者说："舅舅一家，在我的印象中，是一个模范家庭，大家都知书达理，客客气气，现在，为了一丁点家务事，就搞的这么隔绝！我表兄看不到他父亲，我们所有亲戚都很难看到我舅舅。这是不正常的。北大不是最高学府吗！不是有党委吗！党委不就是做人的工作的吗！怎么我舅舅家发生一点矛盾，没见有人做工作，让他们和解，反见矛盾不断被扩大，火上浇油，让父子永远不见面。假如我舅舅是一个普通人，假如我舅舅没有巨额财产，他们会这么热心吗？这事，我想不通，永远想不通。你是记者，希望你了解情况，说几句公道话，或者向中央呼吁呼吁。"

我想，北大党委掌握的情况，一定比我们多，他们是如何考虑的，局外人不好妄猜。凭我的判断，就家庭纠纷这事，季先生晚年一直在懊悔。不信，有季先生的文章为证。

其一：《温馨，家庭不可或缺的气氛》，该文写于 1998 年 10 月 23 日，在他抛出《求仁得仁，又何怨！》三年之后，文章说：

> 大千世界，芸芸众生，除了看破红尘出家当和尚的以外，每一个人都会有一个家。一提到家，人们会不由自主地漾起一点温暖之意，一丝幸福之感。……
>
> 但是，是不是每一个家庭都是温馨天成、唾手可得呢？不，不，绝不是的。家庭中虽有夫妻关系、亲子关系、血缘关系，但是，所有这一些关系，都不能保证温馨气氛必然出现。俗话说，锅碗瓢盆都会相撞。每个人的脾气不一样，爱好不一样，习惯不一样，信念不一样，而且人是活人，喜怒哀乐，时有突变的情况，情绪也有不稳定的时候，特别是在自己的亲人面前，更容易表露出来。有时候为一点芝麻绿豆大的小事，也会意见相左，处理不得法，也能产生龃龉。天天耳鬓厮磨，谁也不敢保证这种情况不会发生。
>
> 那么，我们应当怎么办呢？就我个人来看，处理这样清官难断的家务事，说难极难，说不难也颇易。只要能做到"真""忍"二字，虽不中，不远矣。"真"者，真情也。"忍"者，容忍也。我归纳成了几句顺口溜：相互恩爱，相互诚恳，相互理解，相互容忍，出以真情，不杂私心，家庭和睦，其乐无垠。
>
> 有人可能不理解，我为什么把容忍强调到这样的高度。要知道，容忍是中华美德之一。我们的往圣先贤，大都教导我们要容忍。

民间谚语中，也有不少容忍的内容，教人忍让。有的说法，看似消极，实有积极意义，比如"忍辱负重"，韩信就是一个有名的例子。《唐书》记载，张公艺九世同居，唐高宗问他睦族之道。公艺提笔写了一百多个"忍"字递给皇帝。从那以后，姓张的多自命为"百忍家声"。佛家也十分强调忍辱之要义，经中有很多忍辱仙人的故事。常言道："小不忍则乱大谋。"在家庭中则是"小不忍则乱家庭"。夫妻、父母、子女之间，有时难免有不同的意见，如果一方发点小脾气，你让他（她）一下，风暴便可平息。等到他（她）心态平衡以后，自己会认错的。此时，如果你也不冷静，火冒三丈，轻则动嘴，重则动手，最终可能告到法庭，宣判离婚，岂不大可哀哉！父母兄弟姊妹之间，也有同样的情况。结果，一个好端端的家庭，会弄得分崩离析。这轻则会影响你暂时的情绪，重则影响你的生命前途。难道我这是危言耸听吗？

总之，温馨是家庭不可或缺的气氛，而温馨则是需要培养的。培养之道，不出两端，一真一忍而已。

其二：《做人与处世》，文末注明"1998年11月17日"，距前文写作不到一月。季先生写道：

一个人活在世上，必须处理好三个关系：第一，人与大自然的关系；第二，人与人的关系，包括家庭关系在内；第三，个人心中思想与感情矛盾与平衡的关系。这三个关系，如果处理得很好，生活就能愉快；否则，生活就有苦恼。

……

至于人与人的关系，我的想法是：对待一切善良的人，不管是家属，还是朋友，都应该有一个两字箴言：一曰真，二曰忍。真者，以真情实意相待，不允许弄虚作假。对待坏人，则另当别论。忍者，相互容忍也。日子久了，难免有点磕磕碰碰。在这时候，头脑清醒的一方应该能够容忍。如果双方都不冷静，必致因小失大，后果不堪设想。唐朝张公艺的"百忍"是历史上有名的例子。

至于个人心中思想感情的矛盾，则多半起于私心杂念。解之方，唯有消灭私心，学习诸葛亮的"淡泊以明志，宁静以致远"，庶几近之。

　　说得有多好！笔者断定，季先生的家庭观，1998 年较之 1995 年有了很大的改变，此前是"幻想成为一个悲剧性的人物"，"在人生的道路上，每一个人都是孤独的旅客。与其舒舒服服、懵懵懂懂活一辈子，倒不如品尝一点不平常的滋味，似苦而实甜。"（笔者注：这是在气头上写的，时过境迁，这些话早已作废）而在这两篇文章中，季先生反复强调了"忍"。是的，季先生曾经"忍"了几十年，最终还是没有"忍"住，"小不忍则乱家庭"。一般人说到这事，肯定要去追究当事双方的责任。笔者不这样看，因为这是家务，清官难断。在这个问题上，谁是谁非，似乎并不头等重要，此事无非数种可能：一、儿子忤逆不孝，老子忍无可忍；二、老子一时冲动，儿子骑虎难下；三、老子负气，儿子也负气；四、老子事出有因，儿子情有可原；等等。不管哪一种可能，结局都是悲剧，在这件事上，没有赢家。

　　其实，早在 1996 年 12 月，季先生就写了一篇《容忍》，观点大同小异，他一定是郁积于怀，两年后又放笔重新阐述。听话听音，老人生性很倔，早年积压的自卑，中年而后攒下的孤独，妨碍他和家人坐下来作近距离的、推心置腹的沟通。闲言少叙，即使是为了给这个世界增添一丝和谐，即使是为了世人常常用来形容老人的那个词：光风霁月，无沾无碍，即使是为了让老人在垂睫大归之际不留一点遗恨，我们也应当倾心倾意地帮他疏通、调解。事实上，季老在写这两篇文章的时候，身边正不缺少拥趸者，可惜没有一人识透老人的心思，或者明知而装聋作哑——说来说去，我们没有看到任何人出面做工作。

　　尼采有言："一个人洞察自己和时代的深度，与自身所受痛苦的强度恰成正比。"

　　佛说："每一种创伤，都是一种成熟。"

　　季先生晚年力倡和谐，视和谐为幸福人生的极致，为中国文化的精髓，焉知这里不正包含他切身的辛酸！

　　世人唯知争相给大师致敬，送上种种不虞之誉，又有谁认真想过大师为此付出的惨痛代价！

彭松：儿时的家庭生活

回京，按照金冬女士提供的线索，找到了季老的内弟彭松先生。在此之前，笔者只知道季老的夫人叫彭德华，她的家庭背景，一无所知。据彭松先生介绍："我家是一个大家族，我的父亲（也就是季羡林的岳父），名如山，号希川，和季羡林的叔父季化斋要好，父亲进入黄河河务局，就是季化斋先生介绍的，季化斋当时任科长，是个不小的官。两家住的也是前后院。"

我问前后院是个什么概念？

彭松先生给我画了一张图，详细说明两院布局及各种房屋位置。原来，所谓前后院，就是两家共一个大门，前院住季家，后院住彭家。换句话说，彭家的人每日出入，都要经过季家的院子，彭家的小孩，包括季羡林内心仰慕的小姐姐、荷姐，从小就玩在一块，堪称青梅竹马。

彭松生于1916年，小季羡林五岁，他说："在现在活着的人中，我是见季羡林最早的，大概是四五岁。我六岁上学，常到他的屋里玩，那时季羡林住北屋东头，靠窗搁一书桌，挨里放一床，他给我讲故事，讲《鲁滨孙漂流记》，是本英文书，有插图，他一段一段讲。北屋西头放粮食，他就在那儿练铁砂掌。院里有棵槐树，季羡林在那里练武，脚倒钩在树枝上，头朝下。季羡林跟我的四哥（顺鸿）要好，常带我出去玩，嫌我人小走得慢，就一边一个架住我，双脚悬空，拖着往前跑。"

彭松说："季羡林小时候，喜欢逛山水沟。所谓山水沟，就是从千佛山上流下的水，在山脚冲出一条深沟，不下雨的日子，小商小贩就聚集在那里，形成一个破烂市。小孩子逛市场，图热闹，顶多买个小图章、小零碎什么的。我八岁丧母，因此跟四哥和季羡林的感情，贴得很紧。"

季羡林晚年著文，对此有所回忆。其一，关于山水沟，季羡林说："济南地势，南高北低。到了夏天下大雨的时候，城南群山的雨水汇流成河，顺着一条大沙沟，奔腾而北，进了圩子墙，穿过朝山街、正觉寺街等马路东边房子后面的水沟，再向前流去，济南人把这一条沙沟叫'山水沟'。山水每年夏季才有，平常日子这条沟是干的。附近的居民就把垃圾，以及死狗死猫丢在沟里，根本没有人走这里。可我就选了朝山街的山水沟作回家去的路，里面沙石满地，臭不可闻，根本没有走人的路。我同几个小伙伴就从这里走回家。虽然不是每天如此，次数也不会太少。八九十来岁的男孩子的行动是不可以理喻的。"其二，关于彭松，季羡林说："将近八十年前，我同彭松是青梅竹马，住前后院。我长他五岁，现在看起来是个小数，在孩提时期，却无疑是个大数。惺惺惜惺惺，我有时会下意识地钟爱他。至今回想起来，依然暖在心头。"

季羡林与彭松的三姐德华结婚，是彭松压的轿。彭松回忆："记得脚下放了一块黄年糕，取'步步高升'的吉祥。季羡林的叔父后来搬了地方，是一个独门小院，前面一个长条，五间房，后面是一个方院，很宽敞，中间长了两棵海棠。他叔父留着短髭，很神气，有专门的黄包车，四个灯，两个铃铛，雇了两个工人，车夫老尹，门房兼烧饭的老韩。季羡林1930年去北平上大学，1934年毕业后回济南，我们又常常在一起玩，1935年，季羡林出国，姐姐给他的信，都由我代笔。我1937年离开济南，去南京闯荡，学军事，学音乐，学舞蹈，1948年，在北京翠花胡同，再次见到姐夫季羡林。他那院子很阴森，后院还放了很多棺材。因为同住北京，我们一年总要见几次面，尤其三姐德华搬过来，来往就更多了。"

初次访问彭松先生，是2006年10月9日，在他位于垂杨柳的寓所，事先电话打过多次，以为他老先生退休在家，一定闲得很，一联系就能安排，谁知他老先生忙得很，约定的日子一推再推，待到终于见面，问："最近都忙些什么？"回答让我大吃一惊，彭老说："和出版社签了合同，两年内要完成三本书。"这一点，不由又让我想起季先生晚年的冲刺。

彭松先生是新中国第一代舞蹈家，所写的书，都与舞蹈艺术有关。笔者尔后读到他的一篇论文：《舞蹈审美漫话》，那真是大手笔，拿古人的文艺观点和舞蹈相印证，文采焕发，逸兴遄飞（该文荣获第五届中国文联文艺评论特别奖）。舞蹈也赐予了他健康的体魄，九十老翁，依然腰板挺直，腿脚便捷。老先生家学渊源，也是独具一格的书法家。他有一本书法集，正是季羡老作的序。序中介绍：彭松"在九个堂兄弟姐妹中，禀赋最高。他父亲一生沉浮下僚，却有绘画和书法的天才。他的艺术生理基因遗传给了彭松。彭松一生所走过的道路，曲折坎坷，每一步都出人意料；但是，他能书善画，对我来说，却是既出意料，又在意内。他有此禀赋，不管走多少弯路，最终还总会走到这条道上来，这是完全可以理解的"。

由书画结缘，笔者尔后又拜访过彭老数次。季先生喜欢收藏字画，彭松先生亦如是，也许这对姑舅是互为影响的吧。笔者在彭老处见过他的部分收藏，其中，有张大千、溥心畲、程十发、亚明、潘天寿、黄永玉等国内名家的，也有日本画师的。问他什么时候开始收藏，答曰："新中国成立初。"理由呢，答："就两个字：喜欢。"

彭松的夫人叶宁，是国画大师叶浅予的侄女，著名舞蹈艺术家戴爱莲的高足，舞蹈理论家、教育家。2008年10月4日，我去彭府聊天，叶宁女士在座。她送我一本自著的《舞论集》，序一，也是季羡林的手笔。那是1997年9月的事，季羡林在序的开头说：

> 叶宁裒其多年来所写关于舞蹈的文章，编为一集，名之曰《舞论集》，索序于我。这是对我最大的信任，也是最大的光荣。我义不容辞。但是却碰到了最大的困难：我是舞蹈盲。
>
> 常言道：笨鸟先飞。我确是一只笨鸟，但事实上却先飞不了，只能后飞。因为我拿到稿子后才能飞。而拿到稿子后必须先读，读则需要眼睛，而我的眼睛偏偏出了个不大不小的问题，一只眼睛动了白内障手术，一只没动。于是两只眼睛天天闹矛盾，不合作。我只能戴上高度的老花眼镜，再加上放大镜，才能勉强看书写字。其中情况，实不足为外人道也。在这样是情况下，连爬都困难，哪里还谈到飞？
>
> 我还想努力尽量多读几篇，临时把佛脚抱牢一点。把完全外行改变为半个外行，免得写序时说些倒三不着两的话，贻笑方家。这本来是出于私心的。私心有时也能产生动力。于是我就佩戴上全副武装，艰难困苦地，向前爬着，仔仔细细地，读了起来。

这段开篇说明，季羡林对于为叶宁作序，是极其认真地，认真到"舍命陪君子"的地步，纵观全序，可用八个字概括：热情洋溢，华美大气。然而，自2002年春节之后，彭松和叶宁再也没有见过季羡林。谈话中，叶宁对笔者说："我想去看季羡林，他快一百了，我都九十，再不见，这辈子就没机会了。"彭松说："我们一直申请，要见季羡林，他们总是推托，不让见。我们看报上，季羡林并不是不见人，他可以见这个，见那个，就是不让他见亲戚，这是什么人的居心！我跟季羡林有八十多年的交情，还是至亲，季羡林不会不见我，一定是有人在障碍！"说罢，两位老人拭睛欲泣。

障碍是肯定的，缘由呢，却难以说清。蓦然记起，2006年10月中旬，我去见季老，曾有意把话题引到他的家庭，然而，我刚刚说了"不久前见了您的内弟彭松先生，还有他的夫人叶宁"，季先生身边的某位人士立马打断："哪有这个亲戚！"我一愣，说："不会错，叶宁是大画家叶浅予的侄女。"那位人士口气凌厉，不容置辩："别瞎说，没有这个亲戚！"我彻底懵了。难道季羡林的内弟彭松还是假冒？回头看季老，他老人家低头伏案，一声不吭。

是日，在彭松先生的老照相簿，笔者还发现了他的三位姐姐的合影。哪三位呢？分别是二姐、三姐和四姐。三姐前面说了，即季羡林的夫人彭德华；二姐，就是季羡林认为秀色天成、不同凡俗的"小姐姐"；四姐，则是季羡林初恋的对象"荷姐"（油然想到季先生晚年寄情的荷花）。另有一张，是季羡林与"荷姐"的家人促膝聊天。"小姐姐"与"荷姐"，都是嫁在济南，而且"荷姐"的一家，新中国成立后，住的就是季羡林叔父家的院子。彼此既是亲戚，又兼地利之便，从前，当季羡林每次回济南探亲，见面是经常的。有情人而无缘分，这也是人生大哀。照片为季承所摄，考证时间，应是1973年返乡之行。季夫人的相片，我曾在多种场合见过，"小姐姐"和"荷姐"，这是第一回。据季承说，他的几个姨长得都很俊，四姨又是属于特别能干、泼辣的类型（读者还记得季羡林留德归来，在济南"大宴群雌"，席间，"荷姐"左一声"季大博士"，右一声"季大博士"地与季羡林大开玩笑吗）。俊归俊，不过，我很怀疑"小姐姐"和"荷姐"也都是没有文化的，那个年头，那个家庭，女孩难得有受教育的机会。管他呢，反正是情人眼里出西施，西施的魅力就在迷死人的漂亮，千古以来，又有谁追查过西施的学历、文凭呢！——可惜，照片上的男女主角都已进入垂垂暮年，朱颜不再，绿鬓成灰，正应了那句俗话："自古英雄如美女，不许人间见白头！"行笔至此，禁不住扼腕欷歔。

季承：成长的记忆

2006 年 9 月 15 日，下午两点，在位于中关村的中科院高等科学计算中心，几经联络，笔者终于与季承见了面。

季承生于 1935 年，这年已七十有一。第一面的直觉：他和季先生长得很像；没办法，这是血缘，斩也斩不断的。

笔者找了他多年，终于找到，核心问题，估计也是读者最为关心的，就是他父子间的矛盾。季承倒是爽快，有问必答，把事情的来龙去脉、原原本本，和盘托出。——读者看到这里，自然会急不可耐地发问：究竟是什么矛盾？你可快说呀！对不起，我没有义务重复。因为季承所说，皆家庭私事，而且都不是什么了不起的大事，谁家的碗不碰锅，谁家的瓢不碰勺，这一对老父老子，为具体家务发生争执，在气头上，双方都说了几句狠话。事后只要有人从中调解，就会大事化小，小事化了。如果你不想调解，也千万别掺和，时间自然会化解一切。但是事情没有按规律发展，矛盾反而愈扩愈大，这就造成隐患，首先是对季老不利，一个人，不管名望多高，成就多大，如果没有了家，就失去了避风港，就失去了根，就成了世界上最可怜的人。其次是对家庭不利，季老晚年力倡和谐，自己家里却不和谐，岂不成了极大的反讽！

初见季承，以为他和老父隔绝这么多年，必定有一肚皮牢骚，孰料聊起往事，他犹如置身局外，神情淡定，情绪控制得很好。季承告诉我，因为知道我是东语系出身，和季老有师生之谊，所以愿意跟我讲讲心里话。他承认当初矛盾激化之际，双方态度都不好，但季老是他的父亲，是上人，作为儿子，他首先得检讨自己。又说爸爸在学术领域是大拿，但官场艺术，尤其是生活艺术，实在不敢恭维。说到爸爸住院之后，他未能在侧侍候，尽人子之责，深感遗憾。对于在医院照顾他爸爸的有关人员，一律表示感谢，等等。季承的这番话，通情达理，完善得近乎外交辞令，我想一定是时间在起作用，经过了这么多年岁月的沉淀，火气已消，纵然不是心如古井，也已是波澜不惊。

此外，笔者还向季承询问了他的家族历史，以及济南老家的种种细节，季承都给予了详尽回答；事后，又给我寄来了书面材料。

季承提供的书面材料摘要如下：

清平与济南的老季家

我们季家，是山东清平县（现改为临清市）五里长屯的大家族。远古的事情，我们说不清楚，有记录可考的，是到清朝末年，也就是我祖父那一辈，山东清平季氏家族已经传到第九代。资料说，到了我曾祖父汝吉和秀吉兄弟二人，才从五里长屯迁到大官庄。祖父辈共有亲兄弟三人，在季氏家族十一个堂兄弟中，分别排行七、九和十一。我的祖父排行第七，俗称七爷，名嗣廉；我的叔祖父排行第九，俗称九爷，名嗣诚，字怡陶、化斋；十一爷名号不详，早年因为家贫，送给五里长屯姓刁的人家抚养，后来流落关东，不知所终。我小时候，十一爷曾去济南看望叔祖父，也就是他的哥哥，他头上裹着一块白布巾，肩上挎着个白包裹，进门二话不说，跪地就磕头，使我感到很奇特。更奇特的，是他后来给我讲的故事，比如在东北深山老林怎样打老虎、挖人参等等。

祖父和叔祖父，远在我出生之前，不，远在我父亲出生之前，因为在老家大官庄活不下去，就跑到济南谋生，情形犹如现在的农民工。祖父和叔祖父在济南，听说打过短工，拉过人力车，还当过警察。后来，兄弟二人一起投考"武备学堂"。"武备学堂"，顾名思义，有点军校的意味，对知识的要求，相对于其他学校为低。祖父和叔祖父没有受过正规教育，字还是识得一些的，尤其是叔祖父，他聪明过人，喜欢学习，读过大量古文典籍，能撰文、作诗、填词，还能制印，又写得一笔好字，有这些做底子，考武备学堂自然绰绰有余。结果，叔祖父考上了，而祖父名落孙山。

叔祖父进"武备学堂"念书，祖父仍然在济南打工。几年后，叔祖父毕业，因为他学的是测绘专业，没有进入军队，在黄河河务局谋得一个差事。这样就有了稳定的饭碗。兄弟俩商量，由叔祖父在济南工作挣钱，祖父仍回清平老家务农，维持门户。上个世纪四十年代，我十来岁的时候，一次叔祖父高兴，和我聊起了后来发生的事。叔祖父生性不善奉承，且自恃有点文化和技术，与黄河河务局的上司相处不太融洽。为时不久，他就失掉了工作。之后，便流落到东北一位朋友家，也就是闯关东吧。那时他工作无着，闲住无聊，心情是很郁闷的。一天去街上闲逛，走到该城南门外，见一家杂货店在售彩票，是为赈济湖北水灾而发行的。他摸摸口袋，仅剩四块大洋，一时心血来潮，便用两块大洋买了两张彩票（笔者注：此处钱数与季羡林先生回忆的那个版本略有出入），撞撞大运。过了几天，他又到街上闲逛，看见那家杂货店挂出大字横幅，上写"本店售出头彩"，中奖的号码就写在底下。叔祖父想起几天前买的彩票，急忙回去拿来核对，只见其中一张上的号码，似乎与那头彩相似。他揉揉眼睛，沉下心仔细核对，没错，那张彩票就是中了头彩！头彩是多少？四千大洋！我的天，这简直是做梦！叔祖父兴奋若狂，赶快上前兑奖。店家核对无误，让他留下地址。几天后，就有人推着独轮车，将四千大洋送到叔祖父寄住的朋友家。

消息不胫而走，很快便有若干认识与不认识的朋友前来贺喜，而且络绎不绝，贺喜的人越来越多。贺喜，是有代价的，轻的是讨喜钱，重的是借贷。你发了横财，不能独吞，要与大伙共享。这样一来，钱流出去也越来越多。叔祖父见大势不妙，赶紧酬谢了收留他的朋友，将余下的钱汇往济南，自己也立刻上路。

是时，叔祖父在济南还没有成家。他发了财，回到济南，经过一番打点，得以重回黄河河务局工作。然后便是考虑娶妻，这时他租住着姓马人家的房子，地点在济南南关佛山街中段枣园对面，那家有个姑娘，名巧卿，经人说合，叔祖父就和她成了亲。婚后，叔祖父生了一个女儿，取名素秋，又称秋妹，后改名惠林。叔祖父是很重感情的，他拿出一大笔钱给哥哥，也就是我的祖父，让他在老家置地建房，这就像现在的打工者，在外面发了财，首先便是回家乡砌屋。

关于我祖父在老家的所作所为，父亲在他《灰色的童年》里有比较隐讳的叙述："他用荒唐离奇的价钱，买了砖瓦，盖了房子。又用荒唐离奇的价钱，置了一块带一口水井的田地。……又用荒唐离奇的方式……招待四方朋友。"若问：价钱究竟怎么个"荒唐离奇"法呢？据叔祖父和父亲对我讲，既然有了钱，祖父一定要盖砖瓦房，要知道在鲁西黄泛区的大官庄，遍地黄沙，连一块石头都找不到，沙土没黏性，烧制砖瓦相当困难，成本很高。祖父立意盖一座气派的四合院，东西南北四面各五间房，这就要花大量砖瓦，市面买不到，他就出高价钱，引诱人家拆掉自己的住屋，把砖瓦转卖给他。价钱究竟有多高，无从考察，但是从人家宁愿拆房卖砖卖瓦来看，那诱惑一定是大得惊人。再就是离奇的招待朋友的方式：祖父要显示自己有钱，便常走到集上，在饭馆里宣布："今天在座各位尽情吃喝，饭钱、酒钱，都包在咱季七爷身上啦！"真是一派暴发户加山东好汉的气派。后来祖父又染上赌博的恶习，输钱自不必说。在济南的叔祖父，鞭长莫及，管不了他。就这样，没过多久，房子虽然建起来了，但叔祖父弄回去的钱也让他糟蹋光了。接下去，为了摆阔和赌博，祖父就掉过头来拆自己的房，卖砖，卖瓦，卖地，最后只剩下一座西屋没来得及卖（至今仍矗立在原地），自己又落入了一贫如洗的境地。

就在这大起大落的当口，1911年，我父亲出生了。后来父亲又有了两个妹妹，大妹没有名字，小名叫香儿，二妹叫淑林。

叔祖父的四合院与其课长生涯

叔祖父婚后搬出租住的房子，在佛山街南头买了一处四合院。我父亲和母亲就是在这里结婚的。这所四合院，房子虽是土坯墙，草屋顶，房基却是用大石板砌建，整体十分精致气派。院子坐西朝东，两扇漆黑的大门，上有两块长方形的红漆，是为书写或张贴对联用的。给我印象特别深的是那条很高的"提搭"，就是可摘卸的门槛，日间卸下来，晚间再安上，再就是那条顶门的木杠，是用一棵整树切成的方木，沉甸甸的，用来顶门，稳若泰山。大门两侧砌有两块方青石，我小时候常坐在那里看大街。西屋五间，南北屋各三间，东屋也是五间，后用影壁隔开，成为前院，故俗称两进。西屋五间带前檐，是主房，由叔祖父母居住，南屋由我父亲和母亲居住，北屋暂借给原房主。前院五间，做客厅，另有门房一间。西屋前面，左右各栽一棵海棠树。春日花开，两棵树就像粉红色的塔，花团锦簇，生机盎然。父亲终生爱海棠，恐怕就是从这里开始的。院子的其他地方，还种有石榴、丁香等树木。前院有大水缸一个，里面养着水浮莲和金鱼。缸的两旁是两棵盆栽的大无花果树，夏天，上面结满了紫红色的果子，我常常摘来吃。还有一个很小的后院，是用来放杂物的，长着一棵白丁香树，春季开一树银花，芳香四溢，大有盖过前院海棠之势。

我在这个四合院里出生，在那里度过了幼年、童年直到高中毕业。这所院落给了我温馨的家庭的感觉，赋予了我家庭的观念。我在这里启蒙，成长。我爱这所院落，虽然它是属于我们一家人的，但它更是属于我童梦的一方天地。

1927年，日本侵略军打进济南，制造了惨绝人寰的"五三惨案"，那时我还没有出生，关于此事，父亲在文章里有多处回忆。1937年，日本鬼子企图重新占领济南，在有了"五三惨案"那次惨痛的经历以后，济南的老百姓听到日本人要来，十分惊慌、恐怖。我们家也不例外。在叔祖母的主持下，全家决定躲往乡下避难。我们的目的地，是济南南部泰山山区叫仲宫的地方，接待我们的，是经常进城为我们家送农产品的农家。当时，我们一家大小六口人，坐着独轮车上路。我只有两岁多一点，至今居然仍记得独轮车在山路上颠簸的情景。在山区躲避了一段，听人说，日本鬼子已占领了济南，但战火已熄，局势转为平静。总在山区待着也不是事，我们于是又转回家。急难关头，这件事，从头到尾，都是叔祖母拿主意。我懂事后经常听人提及，说叔祖母拿得起，放得下，是个能人。这是叔祖母在老季家建立的第一项功绩。

叔祖父这个人，前面介绍过，他没有机会接受系统的教育，可聪明过人，肚子里的学问不老少。叔祖父酷爱学习，在正院西屋，他有一间书房，里面有大量藏书、字画。他有一个大书桌，上面摆着文房四宝，还有一个硬木小柜，是专门放置雕刻图章用的刀具的。正院堂屋是典型的旧式陈设：条几、方桌、太师椅；正面挂着中堂、对联；条几上摆着一个大理石的屏风，图像酷似庐山云雨，叔祖父题诗在上："横看成岭侧成峰，远近高低总不同；不识庐山真面目，只缘身在此山中。"他俨然是一位学者。

我记事后，叔祖父一直在黄河河务局工作，曾任清河水文站站长。日本鬼子占领济南，他不知怎么竟混到日伪山东省政府建设厅，还当上了课长。我不知道区区一个课长，一个月能挣多少钱，印象里，家庭生活是没问题的。岂但如此，由于他成了课长，老季家在佛山街名气大增，人们说起来，总是"季课长家"长，"季课长家"短。叔祖父每天上下班，都有黄包车接送。那辆车比起大街上来回跑的，要新得多。特别明显的是，它有两盏照明灯，有脚踏的铃铛（我曾踏过，铃声洪亮，很有警示力），有崭新的帆布车篷。冬天，叔祖父坐上去之后，还拿一件毛毯盖在腿上，前面并有挡风帘子遮风。我记得黄包车夫叫王春发，年轻力壮，憨厚诚实，拉起车来如风驰电掣，很是威风。那时坐上这辆人力车，就好比现在坐上了别克轿车。叔祖父穿的是长袍马褂，春秋戴的是一顶礼帽，冬天是水獭皮帽。后来不知什么时候，他在外面又穿上了西式呢子大衣，里面仍是长袍马褂。我始终没见他穿过皮鞋。对他的穿着，我既觉新鲜，又不太协调。

家庭生活虽然没有问题，但叔祖父背负亡国奴的压力，面对社会动乱、战争频仍——全世界都打起来了——的局面，他精神苦闷，心情极度颓废，整日板着脸，毫无笑容。就在那时候，他吸起大烟（鸦片）来了。在我的印象里，叔祖父在家的时候，不是吸大烟就是打麻将，已经很少见到他读书作诗了。他完全是在苟且偷生。

叔祖母陈绍泽

在我们家里，续弦的叔祖母陈绍泽，是顶梁柱，里里外外，都是一把手。说起她的家世，还颇有点来历。当我稍大一点的时候，叔祖母曾亲自对我讲过她的身世。她讲的就是野史里清朝雍正皇帝换太子的故事。传说，雍正皇帝的王妃钮钴禄氏盼望能生一个儿子，以便继承皇位，但她十月怀胎，生下来的却是一个女孩。而在此前几天，当朝太子太傅、文渊阁大学士、礼部尚书转工部尚书陈元龙陈阁老的夫人分娩，生的却是一个男孩。在权力和阴谋的交织下，钮钴禄氏通过掉包计将自己的女孩换了陈阁老的男孩。这个男孩就是后来即位的乾隆皇帝。这样，陈家实际上就篡夺了皇位，再加上又是汉人篡夺了满人的皇位，实属罪大恶极，一旦东窗事发，陈家难逃灭门九族之灾。陈阁老见机，遂借年事已迈，体弱多病，告老还乡，回浙江海宁老家隐居。现在海宁还有陈阁老的宅第，据说，后来乾隆皇帝多次下江南，名为巡视，实为寻根，数次住在陈阁老家。这事极大地震动了陈家，为了保全性命，全家分散隐居全国各地。叔祖母的父亲是世传中医，他先是带着女儿避居天津，后来又将女儿寄养于济南的亲戚处。也就是在济南，她经人介绍，嫁给了我的叔祖父。他们结婚的时候，叔祖父已经五十多岁，叔祖母才三十出头，年龄相差很大，但是老夫少妻，十分恩爱，家庭和睦，是难得的姻缘。叔祖母家世的故事不见于正史，只在演义小说和民间广为流传，是真是假，姑且不论，但这故事的确是我从叔祖母那里听到的，使我对她多了一分好奇和敬重。叔祖母有没有对其他人讲过？我的印象是没有，对自己的家世，她一直讳莫如深，守口如瓶。也许她对叔祖父讲过吧，我只能说是也许，因为我从未听叔祖父说起过。到叔祖母对我讲这事的时候，已经是中华民国三十多年，清朝早亡了，传说中灭门九族的风险，已经不存在。

　　叔祖母进入老季家之门，并没过上几天好日子，她很快就背起了维持家庭的重负。叔祖父既然有固定工作，收入似乎也不菲，叔祖母为什么还要为生活而奋斗呢？理由很简单，叔祖父虽然有一份不错的收入，但他抽上了大烟，那是一个无底洞，多少钱也不够花，加上一家六口人吃饭，两个孩子上学，另外，佣人、车夫以及房屋维修、社交应酬等等，每一处都要用钱，工资自然就不够了。因此，为了维持这个家，叔祖母拿出她的看家本领——祖传医术，她开始挂牌看病，帮助家里增加收入。

　　叔祖母为人聪慧，虽然没受过正规教育，除了从父亲那里学会了中医医术，还能背诵很多古代诗词，熟悉很多古代文人轶事。她处世精明，操持家务有方，也颇有个性。年轻的时候，她为了给自己的父亲治病，曾果断地从自己的胳膊上剪下一块肉做药引。那伤疤永久存在，她就给我看过。嫁到季家来后，丈夫不理家事，侄儿又在国外，我母亲又柔弱，家庭运转的担子只能由她来挑。她初当中医郎中，经验不足，但她胆大心细，颇能掌握中医辨证医术的精髓，加之收费合理，能体贴患者的难处，对穷困患者更是宽大为怀，不久便在妇科、小儿科方面博得了声誉，上门求医者络绎不绝。她有几项绝招，一是治疗妇女不孕症，方法简单，花费极少，见效极快；一是治疗白喉症，自配药粉，一喷就灵；再是治疗霍乱，上吐下泻，小小药袋，在肚脐上热敷，即刻见效。这几种病在当时是常见病，后两种在日本鬼子统治时期更是常发病，传染性极强，一旦染上便会要人性命，很难治疗。我长大后，经我相求，叔祖母把治疗这些疾病的药方都写给了我，至今仍然保存。我不行医，为了发挥传统医术的作用，曾向国家医药主管部门写信，表示要无偿捐献这些药方，但如泥牛入海，毫无下文，家里人开玩笑，说对方一定以为我是个骗子，不予理睬。这已是后话了，打住。且说叔祖母为人医病，尽心尽责。日本统治时期瘟疫流行，来势凶猛，常有人夜半敲门求医，她一概开门接纳，有求必应，随来随医。如果对方太穷，她不仅不收诊费，还另外奉送药物。这样，她的名气一天天上涨，我记得有人送来了匾，上书"华佗再世"、"群儿救星"之类，高悬在大门一侧，上面挂着红绸带，十分引人注目。我们全家都引以为荣。

叔祖母用她的医术，既救人于危难，又支撑了家庭的生计。现在想起来，如果没有她的努力，我们家的日子是很难过下去的。譬如说，日本统治时期，济南粮食供给十分紧张，市面上有时很难买到面粉，必须到面粉厂门口去抢购。逢到那时，叔祖母和母亲半夜就去排队，开始卖的时候，往往秩序大乱，日本宪兵就放狼狗咬，用警棍打，以图控制局面。在这样险恶的情况下，她俩只有奋不顾身，才能买回些许面粉。我见她俩扛着面粉回来，面色苍白，头发紊乱，惊魂未定，好像是从战场下来的一般，幼小的心灵受到极大的震动。我恨我太小，不能帮大人的忙，但我立意，将来长大了，一定要好好报答叔祖父母和母亲。

母亲彭德华

和叔祖母一起撑持家庭的，是我的母亲。她负责全家的劳务。母亲就像一头典型的黄牛，晨夕劳作，耕耘不休。早先，家里还有一位姓刘的女佣帮忙，她的门牙长得大，我们就叫她刘大

季羡林先生与夫人彭德华合影

牙。后来雇不起人了，所有杂务，比如做饭、制衣、做鞋、洗衣等等，都落到母亲一人头上。除此而外，还得伺候公婆，抚养儿女，可以想象，她是多么辛苦。母亲天资有限，文化水平不高，但为人憨厚，身强体壮，干起活来仿佛有使不完的力气。母亲也懂得教育子女，她的方法，不是让我们读四书五经，而是给我们讲一些故事和做人的道理。其中，关于孝敬父母的老故事，不外什么二十四孝等等，对我一生的影响最大。我非常同情那些需要孝敬的老人，也非常赞赏那些能孝敬老人的人，记得小时候，我每晚睡觉前一边听母亲讲故事，一边流着眼泪，童稚的心里便种下了努力尽孝的种子。母亲读过几天书，识得一些字，那都是很简单的，她不能辅导我们的功课，所以我和姐姐的学习，基本上靠自律。那时姐姐跟二姑（即季淑林，我们叫她二爹）一起住，我则和母亲睡在一起。因为我下面没有弟弟妹妹，所以我很晚才离开母亲独立，这就造成我的恋母情结。我上学早，四岁就读书，每天下学回来，总要扑在母亲的怀里吃几口"咂咂"才去玩。

孤儿寡母遭人欺。父亲远行德国，母亲空房独守，自然会招来麻烦，我的一位旁系舅舅就对母亲起过邪念，他经常跑到我家来，用言语调戏。我母亲正颜厉色，叔祖母也侧面防护，使他无法得逞。1994年，母亲去世后，父亲作文说："……对丈夫，她绝对忠诚，绝对服从，绝对爱护。她是一个极为难得的孝顺媳妇，贤妻良母。"这三个"绝对"，恰如其分，毫无夸大。

父亲在欧洲的十一个年头里，母亲遭受的最大痛苦，不是繁重的家务，而是精神和舆论的压力。想想看，在那个年代，一个女人的丈夫年复一年地居外不归，空穴来风，各种议论就会蜂拥而至。其中，最有杀伤力的，莫过于说父亲在国外另有了女人，他将来一定会带回一个洋婆子。二次世界大战爆发后，全家与父亲的通讯中断了八年之久，八年内，舆论日益升级，甚至有说父亲死在国外，永远不会回来的。母亲长期处于恍恍惚惚的状态，她满腹苦闷，无人可诉，孩子小，不懂事，亲戚中也没人能替她排烦解忧。她只有埋头伺候公婆，照顾儿女，料理家务，以此来冲淡自己的思念和担忧。

有一年，母亲患了妇科病，据说是子宫癌，每到经期就大出血，剧烈疼痛。她在床上翻滚不停，要我用手甚至用脚压迫她的肚子，可是这样做并无效果，她只得强忍着。我十分心疼，可也一筹莫展，只能流着泪，站在床前看她在痛苦中挣扎。那时人们对于癌症的了解很少，家里也没有条件让她进西医院，为母亲治病的重担，只能由叔祖母挑。这样的大病，不是叔祖母一个郎中的能力所及的，治不好，她的招牌就要砸了，她在家里也会失去号召力。叔祖母救人心切，她精心选用各种中草药，反复尝试，时刻观察，叔祖母的医术，加上她的爱心，再加上母亲的坚韧，后来，病居然被治好了，这真是妙手回春。从此，叔祖母在家里家外威信大增。

姐姐和我的童年

父亲是1935年8月去德国留学的。那时，姐姐两岁，我三个月。我们两个完全是在没有父爱的环境里长大。我们不知道什么叫父亲，也不知道谁是我们的父亲，更受不到父亲的关爱。亲友中有好事的常问我们："你有爸吗？""你爸哪里去了？""你爸是什么模样？"我们茫然不知如何回答。时间长了，我们意识到，这是挑衅，就再也不予以理睬。可是心里在痛：为什么人家都有父亲，而我们没有？我们的父亲是什么样子的，他在哪里？问母亲，母亲说，你爸去德国念书去了，很远很远。可是，为什么念书要去德国，德国到底又在哪里，很远是多远？小脑瓜里都无法理解。后来父亲寄来了照片，我才看到了他的模样。多么陌生的一个人呀！他身穿西服，脚蹬皮鞋，打着领带，留着洋头。那时，在尚未十分开化的济南，这些都是很新奇的。我骄傲吗？我自豪吗？说不上，我只是感到距离，遥不可及的距离。记得有一次，母亲悄悄对我说："你爸出过水痘，脸上有几个痘瘢，人家开玩笑，叫他季大麻子。"这也是母亲一生对父亲的唯一贬词。现在想起来，是母亲觉得她比父亲长得漂亮——她也就只有这一点可以在心底里暗暗地与父亲比较。其实，父亲回来后我才知道，父亲应该说是很英俊的，痘瘢并不显形，怎么看也是一表人才。

　　二次世界大战爆发后，很久没有父亲的消息，母亲非常不安。一天，母亲背着叔祖母从街上请了一位算命先生，要他算一算父亲是活着还是没了，如果活着，又什么时候能够回来。那个算命先生，装神弄鬼，大变其戏法。他把一张纸塞到信封里，三变两变，就变出一个纸人来。他说这就是季羡林，说明他还活着，没有死。至于他在干什么，要用千里眼法才能知道。他的这种千里眼法要由小孩来看，因为只有小孩心诚，心诚则灵嘛。于是他把手捂在我的眼睛上，念念有词，不断地问我看到了什么，看到爸爸了没有。起初，我眼前一片漆黑，没过多久，眼前似乎有了父亲的影子。于是我便回答说："我看到爸爸了。"算命先生又问："他在干什么？"我说："他坐在草地上。"于是在场的母亲和二姑都感到极大的安慰和满足。为此母亲竟付给算命先生两块大洋。至今我的脑子里还有那两块银圆的影子。我很惊讶，母亲哪里会有银圆，怎么舍得花那么多的钱来算卦？说看到了父亲，其实我看到的父亲就是挂在墙上的照片上的那个父亲，照片上父亲正是坐在草地上的。年幼的孩子，在算命先生的导演和引诱下，充当了为算命先生骗钱的工具，这使我后悔莫及，终生不再相信并痛恨这类把戏。当然，话说回来，花两块大洋让母亲和姑姑得到一点安慰，也值得。

在父亲不在的岁月里，我和姐姐，主要是我，浑浑噩噩地成长。姐姐喜欢读书，也比我聪明，肯用功，学习成绩比我好得多。我记得她似乎总是在看书或在屋子里玩，这有点像父亲，而我则经常和姨舅家的一大帮孩子玩耍。玩武的就打架，玩文的就过家家、搞假结婚，男女小孩配成对，全套仪式走过，最后进洞房。进了洞房以后要做什么，我们都不知道，只是以皆大欢喜了之。我特别喜欢四姨的一个女儿，总要和她配对，总要玩到进洞房。我对女孩很好奇，发现她们在游戏中很温柔，很陶醉。我还喜欢养花种草，抓蝈蝈，斗蟋蟀，猫狗鸡兔鸟虫全都喜欢养。我曾一个人跑到荒郊野外捉蝈蝈，在千佛山下的玉米地里，和玉米秸上机警的蝈蝈周旋，我总能把它们捉住。蟋蟀无论藏在什么地方，我也总能让它进入我的掌中。我还喜欢养蚕。从蚕子孵化到长大成蛹、变蛾、交配、产子，生命的这种奇特的循环使我深深折服。姐姐主要的游戏，是在抽屉里玩过家家，她用布头、硬纸片、火柴盒等材料做成小人、家具等，把它们布置成两个或多个家庭，她一个人在那里支配着所有的小人，你来我往，煞有介事地走亲戚、过日子。她读课外的书，也比我早。诸如《红楼梦》、《家》、《春》、《秋》等都是她起头，我才跟着读的。出于男孩的天性，我喜欢读《济公传》、《水浒传》、《七侠五义》等，这些，她一般都不感兴趣（笔者按：世事轮回，这里分明看得出当年季羡林和秋妹的影子）。

至于学习，我也并不是没有能力。我四岁就上小学，成绩也不差。对于学外语，我是有能力的，可就是不乐意学日语。我们都反对日本人占领中国，教日语的是位女老师，她上课的时候我们都不跟她发声，急得她直哭，我们则暗暗高兴。可就是这样，到小学毕业的时候，我们也都能用日语演话剧了。记得我五六岁的时候，叔祖父不知出于什么原因，忽然要教我学古文。在此以前，他一直十分消沉，对孩子们的教育不闻不问。日本人入侵，国家沦亡，他虽然尚能糊口，可是为日本人工作，他良心不安，哪里还有教育孩子的心情。加上一些朋友，在旁边吹风："学习有什么用？瞎子点灯，白搭一只蜡！"现在，他忽然要教我了，我也不知道是为什么。再说，为什么不教姐姐？叔祖父取出一本线装的《孟子》，让我从头念起。"孟子见梁惠王。王曰……"叔祖父把我叫到他的床前，边吸大烟边给我讲"利"和"仁义"的意义。究竟讲了些什么，当时我听不懂，现在更无从记忆。只记得，他讲的时候，精神气十足，颇为振奋，这是我从来没有见过的。原来叔祖父还有这样的一面！可是他给我上课，总共没有几次，稍后就再也不见他叫我去听讲了。自然地，我如释重负，高高兴兴地玩耍去了。后来那本《孟子》又被收回去，放到书架，束之高阁。在那之后，我就再也没有系统地读过古文。所以，直到现在，我能背诵的古文也就只有《孟子》开始的这一段，想起来十分懊悔。

此外，还发生了一件事，使我几乎夭折。事情是这样的：刘妈煮大麦粥，我觉得非常好吃，于是美美地饱餐一顿，结果得了严重的"积食症"，一连多天，上吐下泻，不能制止。眼看着气息奄奄，命若游丝。家人已经绝望，据说都给我准备了小棺材。这可怎么好，老季家的独根（我父亲）就留下这么一棵独苗，叔祖父给我取名"延宗"，就是为了让我延续老季家的香火，如果我就此一命呜呼，岂不一切都付之东流！关键时刻，还是亏了叔祖母，她抓药护理，全力以赴，过了一些日子，我竟然一天天好起来。经过这番教训，叔祖母对我的饮食严格控制，肉类绝对不许进嘴，水果也在禁止之列。我病刚好，胃口开始恢复，饥饿感极强，更忍不住美食的诱惑，想吃的东西实在太多了，肉弄不到手，院子里的无花果长得正诱人，又大又红，便偷着摘了几个。哪知道刚送到嘴边，叔祖母忽然从我身后出现，一把就将果子夺走。我急得和她抢起来，叔祖母一手抓住我，另一只手把果子越过屋顶扔到院外。我伤心之极，大哭一场。后来，随着年龄的增大，我越来越感到悔恨，越来越感激叔祖母，她果断的举动包含着多么巨大的爱呀!

又有一次, 我在院子里练飞檐走壁, 不小心右臂肩膀处脱臼, 右胳膊完全失去控制, 不能动弹, 只能吊在那里。叔祖母发现我总用左手拿东西, 右手不能抬, 怀疑是脱臼。于是, 她领我到一家剃头铺子, 只见那师傅揉揉捏捏, 忽地一推, 我的肩和臂就合上了。脱臼治好了, 我的右臂却受了伤, 发育不良, 终生受害。飞檐走壁没有练成, 我总觉得遗憾, 但造成脱臼的那个招数至今记忆犹新。当然, 如果没有叔祖母, 我的一只胳膊恐怕难以保全, 有那一招又有何用?

若干日后, 季承又寄来了一份书面材料, 是关于他们家在新中国成立后的部分生活片段。季承附言说, 他正在写《我们这一家》, 已经完成五六万字云云。我溜了一眼, 立刻掂出它的份量。这是原汁原味的史料, 不仅从未披露, 而且由于季承的特殊身份, 特殊视角, 有些材料, 稍加整理, 就能成为经典篇章。譬如, 在季承的眼中, 父亲有很多农民的习性, 这是他生长的环境决定的, 有些地方, 过于节俭, 简直不近人情:

我们还觉得, 父亲过分节俭, 有不少怪毛病。我们帮助整理家务, 他竟然不许姐姐用自来水拖地、刷厕所; 不同意我们买洗衣机、电冰箱、抽油烟机等家用电器, 不让给他换洗衣服、床单, 说衣服穿不坏, 反而被洗坏了, 其实他是舍不得用水。自来水不让用, 我们就从门前的湖里打水。姐姐干脆把大件的衣物拿回家去洗。父亲特别不让打扫他的房间, 窗户总关着, 不给房间透气, 我们于是就趁他出外时, 把窗户和门打开, 透透空气, 猜到他差不多快回来了, 再把窗户和门关上。父亲还有储藏东西的习惯, 别人送的茶叶食品, 总是收到自己的屋里长期存着。偶尔拿出来请大家品尝, 不是生了虫子, 就是变了质。父亲爱书如命, 六亲不认, 他的书, 我们从来不敢借阅, 偶尔翻看, 也会遭到白眼。父亲节电成癖, 一家人在屋里谈天, 他进去就把电灯和电视关掉, 意思是你们谈话就谈话, 不要浪费电。

哈哈！这是一代大师的绝妙画像！是迄今为止笔者所见到的最真实的季羡林。过去只是有所感，但支离破碎，不成系统，经季承这一勾勒，便栩栩如生，活龙活现。看到这儿，我油然想起康德、卡文迪许、齐白石，真的，有些细节，他们之间很像，编都编不出来。唉，忘了是谁说的了："天才是社会的福音，家庭的灾难。"（大意）这真是智者之言。季承啊季承，我在心里对你说，你要是能超越家务纠纷，站到更高的位置，感觉就会截然不一样。你知道我为什么看到这里会拊掌大笑？因为在我看来，你面对的不是一位世俗的怪人，而是一位超然物外的大师。大师总是与现实有很大距离，行事总是有很多怪癖，他们是生活在另一个世界，他们常常是不食人间烟火的。

这里，我也要向季承推荐一篇季先生的随笔：《谈孝》。写作日期是1999年5月，比《温馨，家庭不可或缺的气氛》晚个一年。全文很短，照录如下：

孝，这个概念和行为，在世界上许多国家都是有的，而在中国独为突出。中国社会，几千年以来就是一个宗法伦理色彩非常浓的社会，为世界上任何国家所不及。

中国人民一向视孝为最高美德。嘴里常说的，书上常讲的三纲五常，又是什么三纲六纪，哪里也不缺少父子这一纲。具体地应该说"父慈子孝"是一个对等关系。后来不知道是怎么一来，只强调"子孝"，而淡化了"父慈"，甚至变成了"天下无不是的父母"。古书上说："身体发肤，受之父母。"一个人的身体是父母给的，父母如果愿意收回去，也是可以允许的了。

历代有不少皇帝昭告人民："以孝治天下，"自己还装模作样，尽量露出一副孝子的形象。尽管中国历史上也并不缺少为了争夺王位导致儿子弑父的记载。野史中这类记载就更多。但那是天子的事，老百姓则是绝对不能允许的。如果发生儿女杀父母的事，皇帝必赫然震怒，处儿女以极刑中的极刑：万剐凌迟。在中国流传时间极长而又极广的所谓"教孝"中，就有一些提倡愚孝的故事，比如王祥卧冰、割股疗疾等等都是迷信色彩极浓的故事，产生了不良的影响。

但是中华民族毕竟是一个极富于理性的民族。就在已经被视为经典的《孝经·谏诤章》中，我们可以读到下列的话：

昔者天子有诤臣七人，虽无道，不失其天下；诸侯有诤臣五人，虽无道，不失其国；大夫有诤臣三人，虽无道，不失其家；士有诤友，则身不离于令名；父有诤子，则身不陷于不义。故当不义，则子不可以不诤于父，臣不可以不诤于君；故当不义，则诤之，从父之令，又焉得为孝乎？

这话说得多么好啊，多么合情合理呀！这与"天下无不是的父母"这一句话形成了鲜明的对立。后者只能归于愚孝一类，是不足取的。

到了今天，我们应该怎样对待孝呢？我们还要不要提倡孝道呢？据我个人的观察，在时代变革的大潮中，孝的概念确实已经淡化了。不赡养老父老母，甚至虐待他们的事情，时有所闻。我认为，这是不应该的，是影响社会安定团结的消极因素。我们当然不能再提倡愚孝；但是，小时侯父母抚养子女，没有这种抚养，儿女是活不下来的。父母年老了，子女来赡养，就不说是报恩吧，也是合乎人情的。如果多数子女不这样做，我们的国家和社会能负担起这个任务来吗？这对我们迫切要求的安定团结是极为不利的。这一点简单的道理，希望当今为子女者三思。

你看，老人家的话说得多辩证，既站在父亲的立场考虑，又站在子女的角度设想，谁能说，这不是特意写给季承看的！

鉴于季先生的特殊处境，我恍若觉得，这篇文章，其实是老人扔出的一个漂流瓶，他渴望它在茫茫人海里漂呀漂，最终能漂到他儿子的脚边。

季承啊季承，你不是太懦弱，就是太傻冒！

有一位画家朋友跟我说过："在家庭问题上，季先生的观点从来没有改变。他写这篇文章，是针对全社会而言，并没有把自己包括在内。"我不能苟同。因为倘若他的话成立，岂不等于说老人言不由衷，欺世盗名，犯了理想人格和现实人格的严重分裂？！不，事情绝不是这样。在这个假话横行、空言泛滥的国度与时代，季老爷子算得是真诚的。他的文字，近乎透明（文字反过来也镜照出灵魂的透明），据笔者多年的观察，老人是一位真人，有些方面你不了解，那是因为你还没有走进他的内心。季先生崇尚"三真"之境：真情、真思、真美。他讲的，基本是心里话。季先生曾解剖自己："如果我还有什么优点的话，那就是：我敢于讲点真话，肯讲点真话。""我写的东西，不会有套话、大话，至于真话是否全都讲了出来，那倒不敢说。我只能保证，我讲的全是真话。"

岂不闻智者有言："一句真话胜过全世界。"我这里斗胆冒一句：中国文化在春秋之际遭遇儒家的洗劫，在冠冕堂皇的政治需求下（孔子直言：吾从周），大肆篡改历史，阉割文化。汉唐以后，儒学蹿升为国学，作伪的手段更是变本加厉，花样百出，乃至假话盛行，"不说假话办不了大事"约定俗成为处事的潜规则，且大有化为民族的性格之势。季羡林生于黄土地的鲁西，骨子里浸透农民的实诚，青年时代，又在德国接受了长期严谨的科学训练，他拥有难能可贵的真话。正是在这个意义上，他的形象才如此淳朴可亲，广为世人称道。

难得的天伦之乐

2007 年 6 月 18 日下午，专程从美国返回的季泓夫妇，带着他们的一双小儿女前往 301 医院看望老爷爷。季泓的妻子姓杨，名朝晖，一听就知道，这是"文革"年间起的名儿。一双儿女，大的是男孩，叫季念，1998 年生，九岁了。爷爷曾建议改名季华，纪念中华嘛。考虑到奶奶的名字也有"华"（彭德华），犯忌，就没改。女孩叫季妍，2002 年生，五岁。季念和季妍，美国生，美国长，当然讲英文，中文能听，讲不利索。小孩儿天性活泼，在爷爷的病房里，主要是他俩表演，又唱又跳，又喊又叫，闹个不停。爷爷因为上午接待金庸，有点儿累了，讲话不多。事后我请季泓回忆，他想来想去，就提供一句。他说："我向爷爷介绍两个小家伙的脾气，哥哥温驯，妹妹霸道，妹妹在家里常常欺负哥哥。爷爷笑了，说：'噢，你小时候，你妹妹也是经常欺负你。'"

与季泓见面，是 6 月 25 日上午，在复兴路国家科委专家公寓。开门的刹那，我看出他身高约一米七二，个头适中，然而骨架宽大，线条遒劲，显着很魁梧。这是一个套间，住着一家四口，儿子昨晚调皮，从床上摔下，

季羡林与孙子、孙媳、
重孙、重孙女

伤了胳膊，由母亲带去医院检查了，屋里只剩下他和小女儿季妍。季妍长得很亮丽，一笑一对酒窝，东方小美人，满口英语，动作麻利，又透着西方辣妹的神韵。那天，我是带着我的小孙儿同去，两个小家伙，不管语言通不通，立刻就玩到一起、疯到一堆了。比照之下，季泓就相当沉静。坐在那儿，搓着手，不问不开腔，问了，也只答复几个字，伴之以木讷的微笑。所以，同一个问题，我常常要问几遍，直到有了明确答案为止。季泓生于1962年，今年四十五岁。他小时候随爷爷奶奶生活，读的是北大附小、附中。1981年，高中毕业，去芝加哥留学，读的是电子工程。季泓赴美后，爷爷曾写下散文名篇《别稻香楼——怀念小泓》，也给他写过几封信。我问那几封信在不在？他说回去找找，应该在。我说：原件你自己保存，请把扫描件寄我一份，行吗？他说：没问题，我一定办。季泓九十年代初加入美籍，现在一家都是老美了。同一问题，换作五六十年代，那是非常敏感的。杨振宁1964年加入美籍，据他自己说，为这件事，父亲至死都没有原谅他。现在不一样了，社会上没人再计较这个。季泓一家久做域外之民，海阔路远，往来不易，屈指算来，这么多年，也就四五次。其中，1994年返华探亲，经人介绍，认识了现在的妻子，双方是1995年在美国结婚；2001年爷爷九十大寿，全家三人一起回来祝贺，还陪爷爷去了一趟山东临清老家。说起对爷爷的印象，他说：我懂事的日子，正是"文革"，爷爷的日子不好过，蹲牛棚，挨批斗，这你们都知道了。后来日子好一些，整天就是看书，写东西。没人串门，顶多就是找同住在一套四居室内的田德望爷爷聊聊天（笔者注："文革"期间，季羡林奉命让出四居室的一半，给田德望家住），那年头能聊天的，肯定是相当好的关系了。再有，就是爷爷进城，带上我，路上顺便买点茶叶，去看望臧克家老爷爷。

范围再扩大一点，比如说，有没有去过外地？我提醒。外地？他说，去过黄山，这您知道的了。噢，还去过山东老家，不是九十大寿那一次，最早，大概是1973年，我十一岁，妹妹十岁，爷爷日子好过了一些，想老家了。爷爷、奶奶、爸爸，以及我和妹妹，一起回了临清。印象，很穷。爷爷很难过。回北京后，爷爷要给老家的小学捐一些书，常常就带上我和妹妹，到城里的书店帮他选。

季泓赴美以来，一直长住芝加哥，如今，在一家通讯器材公司服务。这次回来，往返机票，是爷爷出的。爷爷想他们了，这也是人之常情。问他，在美国有没有人谈起过爷爷？答曰，没有。他周围的人都是搞理工的，对文科方面的人物不熟悉。他刚去美国那几年，倒是不断有人邀请爷爷去讲学，爷爷没去。问起季清，他的妹妹，答说在洛杉矶，与爱人在搞游艇什么的。又问何巍，他的表弟，答说在加拿大，是一家化工企业的工程师。三人虽然同是生活在北美，各自打拼，平时靠电话联络，见面也不多。

在季泓处，看到一份季氏族谱，是山东老家整理的，估计就是当初季孟祥给我的那一份；个别地方，又有所增加。季泓说："这是爸爸特意拿来的，要我永远记住在中国的根。"爸爸还给他拿来了许多老照片，有祖爷爷祖奶奶的，有奶奶家族的，有爸爸小时候的，也有他自己和妹妹小时候的。这都是很宝贵的资料，征得季泓同意，我当场用数码相机拍了下来。

季泓一家四口，此番是6月15日返华，28日离境。期间，除了探亲访友，就是带一双小儿女到处逛，比如天坛、故宫、长城、北大、颐和园，等等。6月26日下午，全家再次去医院看望老爷爷。爷爷这天精神好，主动问他们都去了哪儿。说到天坛，就说，天坛有回音壁，我以前听过，你们小时候也听过，百年不变；说到在长城脚下住农家小院，则说，这机会难得，让小孩好好了解中国；两个小家伙给太爷爷唱歌，关于奥运，《北京欢迎您》，太爷爷高兴得鼓起掌，说，小孩子学得真快，就这几天，都会唱了。

季泓回美国后，应我要求，从互联网发来此番返乡之行的所有照片，以及妹妹季清、表弟何巍的部分写真。照片显示，季清长相亦父亦母，双方都沾点边，她的丈夫是位白种老外，个头不算高，微胖，敦敦实实；何巍文静，带点书生模样，妻子李庆芝，原来是北大侯仁之教授的研究生，专攻地理。季泓一家两次去 301 医院看望老爷爷，相机留下了多幅宝贵镜头，其中有两张，是季念、季妍分别和太爷爷击掌，不，据解说，是比掌，看看谁的手掌大。哇！两小一老全神贯注，稚气盎然，堪谓人生一乐。

旧日的美好，现实的遗憾

2008 年 7 月初，季清从美国回来，7 月 4 日，在北大，我远远地与她见了面，没说上话，7 月 10 日，在中关村科学院的一家宾馆，终于有机会与她长谈。

季清是同丈夫和两个女儿一起回来的。她的丈夫，此前我曾经见过，这天已先行返美，两个小女儿，大的叫南南，十六了，小的叫孟美，十岁。南南已跨入少女的门槛，文静，矜持，孟美正是天真活泼期，大大咧咧，嘻嘻哈哈，从小受双语教育，英文自然没得说，汉语说得也很棒。问她们对中国的印象，说"好"，怎么好？"想留下来，不走了！"她妈妈说，让她们留，保准留，现在还小，等在美国上完大学，再到中国来。孟美立刻说："好哇，就这么办！"

季清生于 1963 年，在北京读完大学，1988 年出国，先去澳大利亚，后赴美。中美相隔在地球的两面，水远山长，来回一次，很不容易。她说："我是在爷爷身边长大的，这次回来，看到爷爷一天天老了，作为小辈，不能在身边尽孝，很是惭愧。老祖去世那年，我刚出国不久，又碰上国内动乱，回不来。当时写了一篇'悼老祖'的文章，也不知收在哪里了。后来，奶奶生病，是中风，住在北大校医院。我当时决定，一定要回国看看她老人家，不能等人死了之后再悼念。结果，我回来了。奶奶那时已躺在病床上，不能走动，不能说话，但她看到我，眼睛一亮，仿佛说，孙女小清你可回来了，转头又看了看外重孙女南南，流露出无限慈蔼。南南当时才两岁，不记事。我走后不久，奶奶就与世长辞了。对她的离世，我是欣慰的，一则我带南南探望了她，有过临终告别，再则，奶奶是苦命人，她这死，实际上是解脱了。这是我们家的事，我不愿多说。现在，爷爷也老了，更老了，我看着爷爷，耳边总像有个声音在说：你不能走，你一定要尽力照顾你爷爷。这是上天给我最后的机会，我要把它抓住。"

季羡林的孙女季清与她丈夫

　　季清和爷爷见面，是 7 月 4 日，在北大。那一天我也正好在场。季清说："我与南南和孟美，九点半就到了北大西校门。门前熙熙攘攘的聚了不少学生，大都穿着礼服，拍照留念，我想，今天一定是毕业典礼的日子，这么热闹。进了西校门，首先见到小石桥。我告诉女儿，自己小时候经常和哥哥、表弟在这里玩耍。有一次，三个七八九岁的小孩在桥上打赌，看谁能从桥的外侧走过去，表弟自告奋勇，第一个上去尝试，没想到才走几步，就扑通一声掉到水里，我吓得叫起来，哥哥说，你跑得快，赶快回家请老祖来。桥离家里，抄近路，也有一两里地，待我呼哧呼哧跑到家里，再拉老祖火急火燎地跑回来，至少过去了半个小时，表弟已被一位老师救了上来。你看，险不险？

　　"过小石桥不远，左侧，就是爷爷从前上班的外文楼，两层，老式建筑。爷爷的秘书李铮在一楼。从前，我经过楼下，常常听到屋内有节奏的打字声。小时候经常听爷爷夸奖李叔叔，说他虽然一个英文字不识，可打起字来速度奇快。爷爷的手迹，也只有李叔叔能毫不费力地全部认出来。那天，我带了两个女儿站在楼外，仿佛还能听到那优美的、有节奏的打字声。可惜李叔叔寿命不长，早已离开爷爷而去。

　　"到了未名湖畔，景色和我记忆里的一模一样，远不如北京城的变化大。我指给南南和孟美，前面就是妈妈冬天的滑冰场，那边的三个窗口，是租冰鞋的，再过去，就是东操场，从前常在那里看露天电影。那是一段难忘的温馨的生活，小家伙们哪里懂呢。

　　"到达十三公寓，我发现，楼前的湖没有水了，湖底是干的，长满了杂草。当年爸爸和表弟何巍帮忙种下的莲子，也就是后来叫做'季荷'的，现在只有绿叶，不见一朵荷花。真的，连个花骨朵也没有。环顾四周，公寓两旁的假山还在，那石头搭的乒乓球台，小时候常和哥哥玩比赛的，不见了，地上堆满砖头瓦块，看样子，是要砌什么建筑吧。

"站在爷爷住所的阳台，望眼欲穿的眺望沿湖马路，过了好久，终于有两辆轿车缓缓驶来。第一辆是黑色的，先停，门没开。正纳闷，第二辆浅色的轿车开过来，停在前一辆后面，随即就下来若干人，奔向前面的车，前车也下来两位女士，穿着制服，想必是医院里的吧，一起拥到后门，打开，有的搬轮椅，有的拿氧气袋，有的拿水瓶，有的拿纸巾，分工明确，动作迅速。一阵忙乱后，爷爷出现了。他端坐在轮椅上，被人推着走过来。我马上赶前几步，拉着爷爷的手，有人大声向爷爷介绍：'这是您的孙女儿，来看您了。'爷爷含笑的说：'我的眼睛不管用了，只能看到个轮廓，看不清五官。人老了，鼻子、眼睛、耳朵都成了装饰品了。'爷爷到了这个年纪，还不忘幽默。

"爷爷进得家，环顾四周，说：'这里似曾相识，可是不太记得了。'旁人告诉爷爷，家没怎么变，只是稍微收拾了一下。爷爷点点头。过了一会，有人拿来几件东西，放在沙发。然后一件件地递给我和两个女儿，说：'这是爷爷送给你们的礼物。'给南南的，是北京奥运会的一套茶壶茶杯，给孟美的，是北京奥运会的一套福娃，给我的，是一幅带金边的孔子画像。这当然是别人准备的，也看得出爷爷的心思。

"在屋内没待多久，爷爷就由人推着，出门，下台阶，在门口照相，然后，就说去勺园用餐。我很遗憾，因为不能与爷爷聊聊家常，凡我开口，总是别人抢答。我手里拿着一本书，关于爷爷的传记，想让爷爷签个名，也一直没有机会。我千里万里地从美国飞回来，见我的爷爷，他身边的人说，我入了美国籍，不能进 301 医院。爷爷就说，那我回家见我孙女。爷爷回家了，我们见面了，就几分钟，演戏一样，就没有我的事了。我真想不通，非常想不通。没回来之前，听人说对爷爷和亲人的种种限制，我不敢相信。回来后，我知道了，他们就是这么做的。表面上装模作样，把我们一家当猴耍。

"从十三公寓出来，路上遇见熟人，停下来拉几句话。学生们见到爷爷，争着留影。来到未名湖北侧，碰到一位老教授，坐在轮椅，似在有意恭候。肯定是老朋友了，手拉着手，久久不肯放开。老教授鼻子里插着氧气管，已经不能说话。他试图说一句什么，可惜没有人能辨清。

"就这样一路走到勺园，形成几十人的队伍。进得餐馆，上二楼，未名厅。服务生问爷爷想喝点什么饮料，爷爷不假思索地回答：'啤酒！'我知道爷爷没有酒量，也不经常喝酒，但在高兴时总会拿酒助兴。待所有来宾的酒水上齐，爷爷带头向众人祝酒，并说，祝酒要用德文'gesundheit'。大家不懂，爷爷说这是比较文学，在座有一位专家，你们听她讲吧。那是一位女教授，她说季老出难题，以后要专门研究研究。

"餐桌上，爷爷即兴发表了谈话，他说：'今天我看到了《爱丽丝漫游奇境记》，我觉得好多地方似曾相识，又似乎全不认识，这就跟咱们国家一样，原来不是这样子的，可是一忽儿就变得这么好，让人不敢相认。'"

我告诉季清：那天我也去了，只是远远地瞅热闹，没有上前讲话。那位鼻孔插了氧气管的老教授，是侯仁之先生，就是你表弟媳妇李庆芝的硕导。那位比较文学专家，是乐黛云女士，汤一介的夫人，你小时候应该见过的，他们家跟你爷爷，在十三公寓是住楼上楼下。

附录一：季清眼中的奶奶

围绕季羡林一家采访了好几年，深感季夫人彭德华是一个空白。我曾多方打听，彭女士一生都有过什么思想活动？没有，什么也没有打听到。她儿子说，妈妈什么事都放在心里，整天除了干活，还是干活，也许叹过气，但绝对回避我们。她孙儿说，奶奶好像整天都在厨房，从早忙到晚，人前人后，不说一句话。这使我非常失望。因此，季清回来，我就跟她说，一定要帮我好好回忆你的奶奶。季清答应了，2008年9月3日，我收到她从美国寄来的文章，题目就是《我的奶奶》。现在征得她的同意，援引一段在这里，以弥补本书的不足。季清在文章里写道：

> 说实在的，写奶奶还挺不容易。奶奶太平凡了，可是对我们季家来讲，她又是那么的伟大。奶奶虽然没有惊天动地的实业，更没有慷慨激昂的言辞，可是，如果没有她的细心照顾与体贴，如果没有她坚强的意志，如果没有她默默无闻的精神，在当时"文

婶婶（左）与夫人（右）

革"那个黑暗的年代，爷爷和我们的生活将是如何，是很难想象的。奶奶文化不高，也就是个高小毕业的水平，那还是在扫盲运动中获得的。记得奶奶去上扫盲班的时候，她从来不旷课、不迟到，每逢有时间，她就坐在床上拿着报纸，一字一句的念，真像个小学生一样。每次扫盲班我都跟着去，也跟着认了不少的字。有时候，奶奶碰到不认识的字会问我，我就故意逗她："我还没上学呢都会念，您咋不会？小时候读书没用功吧？"

奶奶很少和我们讲过去的事，都是老祖像讲故事似的，告诉我们季家的过去。从她那里得知，奶奶没上过学。不是上不起，而是旧时候，女孩子是不可以上学的。但是，奶奶学会了烹饪，缝衣服，纳鞋，绣花等手工绝活。每年入秋时分，奶奶就为爷爷一针一线地缝棉袄、棉裤；开春儿时，又是一针一线地为爷爷纳鞋底，做布鞋。

自从记事起，我就没见奶奶和我们坐在一起吃过饭。当然，节假日不算。老祖有时会搬个凳子坐在桌子的一角，那也是因为爷爷请的勤了点儿，奶奶则总是推说地方不够，或是还不饿，就坐在床上或旁边的椅子上看着我们吃。我们吃得越香，抢得越欢，她就越高兴，脸上流露出幸福、满意的微笑。有时我们抢得太欢了，她就笑着说："抢什么，下次再给你们做。"等我们都吃好了，奶奶把桌子上的剩饭菜都收拾起来，然后，把上顿所剩的饭菜拿出来，一个人坐在那里津津有味地吃着。我问奶奶："为什么你不吃今天的饭菜，而要吃昨天剩下的呢？今天的饭菜够您吃的呀？"奶奶说："不能浪费粮食。我吃昨天的，就可以把今天的留到明天。否则，昨天剩下的挨不到明天，就会浪费掉。"是啊，那时没有冰箱。剩饭剩菜最多只能保留一天，否则就会发霉变质。奶奶是个地地道道的贤妻良母，一切为了家，为了丈夫，为了婆婆，为了孩子们。她从不知道为自己去想，去计较。记得爸爸经常问奶奶，下次我来，您想要点什么，想吃点什么尽管说。奶奶却怎么也想不出来，总是说："不需要什么，不用麻烦。""你带什么来都好。只要老祖、爷爷喜欢就行。"

由于爷爷被打倒，曾有过轻生的念头，北大"命令"奶奶看好爷爷，不能让他再寻短见。那些红卫兵小将、武斗分子，如此肆无忌惮地折磨、侮辱这些手无寸铁的饱学之士，却又生怕他们一命呜呼，我实在不能理解。难道说是有人在暗中保护？奶奶很少出门，她从早到晚不是在厨房忙碌三餐，就是在卫生间洗衣物。那时没有洗衣机，都是用手一件一件地搓，一件一件地淘，一件一件地拧干，再一件一件地拿到阳台上去晾，然后用那种古老的熨斗把衣服一件件地烫平。我从未见奶奶抱怨过，或发脾气，也很少见她坐下来休息。有几次，我见奶奶悠闲自得地坐在椅子上，抱着手，笑眯眯地望着窗外。我便跑去缠奶奶，要她和我一起玩，奶奶却说她没空，我觉得奇怪，你明明坐在那里没事，怎么说没空呢？后来听老祖说，爷爷在家，奶奶是不可以走开的，方才恍然大悟。

附录二：陈寅恪的小女儿陈美延

找陈美延，颇费周折，她户籍在广州，家居中山大学，XX区617栋604号，我早就打听得清清楚楚，但她从中山大学退休后，就跟在外地的子女过，一会儿是在上海，一会儿是在美国，行踪不定；这回（2008年3月末），好不容易吃准她回了广州，于是趁出差佛山之便急急赶去，终于接上头。

我曾在301医院问过季老："陈寅恪的后人，您都见过谁？"答："主要是美延，她负责整理陈寅恪的遗著，见面的机会多一些，流求也见过。"复问："有继承父业的吗？"答："没有，长女流求，习医，次女小彭，从事园艺，三女美延，搞化学。"美延行事低调，不大喜欢跟外界周旋，她奇怪我是怎么弄到她家的电话的，我实话实说，通过人找人，人又找人，一个一个接力。她笑道，这就是缘吧。

美延出生于 1937，今年七十一，看上去，只有五十几，现代人生活优裕，普遍显得年轻，加之她身材纤瘦，更见娇小敏捷。见面，我送上一册《季羡林：清华其神，北大其魂》，美延也从一旁拿过两部《陈寅恪先生遗墨》，一部托我带给季老，一部预备赠我；其时，我正好说起年前在京城购买陈老的诗集，没有买到，她说，是吗，我这儿还有一本，那就改送它吧。于是，美延收回《陈寅恪先生遗墨》，改送我一本《陈寅恪集·诗集》。恭敬接过，书为三联书店出品，2001 年版，封面作土黄，古色浓郁，正中用白体字赫然印着陈老的名句："独立之精神，自由之思想。"

"也就为搜集家父的遗著，我曾几次到北大访问季老，"美延说，"最后一次，是和大姐流求一起去的，到北大，才知道季老已经住院，和李玉洁联系了，说是医生不准探视，要想见，就只有一个办法：偷偷地进。""大姐是医生，"她说，"病人住院，一切遵医嘱，医生说不让进，就不能进。"因此，那次就没看望成。

没看成季老，但看到了和季老同岁的杨绛。杨绛行动敏捷，走路飞快，美延关节有毛病，跟在杨绛后面，既羡慕又惭愧。

前年，也就是 2006 年，美延又一次去北京，"这次是去清华大学探望表嫂王明贞，"美延说，"我表嫂王家，在苏州是大族，她的远祖可以追溯到明朝的一位文渊阁大学士，父亲王季同，新中国成立前中央研究院的研究员，一位姐姐，我国妇产科学奠基人之一，与林巧稚齐名，两位弟弟，一位妹妹，都是中科院院士。她丈夫俞启忠，是俞启威（黄敬）的弟弟。俞家是浙江绍兴望族，你听说过俞明震吧，俞启忠的祖父，晚清的一位重要人物，甲午战争时，协助过我外曾祖父唐景崧据守台湾，在他担任过的好多职务中，有一个是南京江南水师学堂的督办，就是校长，鲁迅就在他手底下念过书。我表嫂本人也很出色，她早年在美国作出很大成绩。我去看她时，已经一百岁了。可惜没有孩子，瘫在床上，生活不能自理，生存质量很差。比较起来，季老的晚年十分幸福，我们为他高兴。"

美延问起我正在操办的季羡林国际文化研究院,她说:"民办机构,要花很多钱,你从哪儿弄?"我说:"自己想办法,慢慢来,关键在于成果。"说起研究院的课题,她对夏代文字的考证很感兴趣,一再说,父亲要是在,他会给你们帮助。我问美延她父亲名下是否也有类似的研究机构,她说:"父亲的还没有,湖南凤凰有家关于曾祖父陈宝箴纪念馆,也是民办的,桂林有外曾祖父唐景崧塑像,江西方面想建纪念馆,尚未办妥。"

末了,美延陪我瞻仰陈寅恪先生在中山大学的故居。路不远,下楼,绕过一处运动场,便见一方绿树掩映的草地,散落着几座老式洋房,其中一栋两层小楼,就是陈寅恪先生的旧居。美延说,她们家当年住在二楼,如今一楼二楼都空着,听说有重新装修,改建纪念馆的打算。走近,一楼有一扇窗子半开着,往里看,灰尘满屋,空空如也。房子是要人住的,大师走了,再好的建筑也会沦为凡庸;幸亏大师的精神不朽,门前台阶坐着一位苦读的女生,正好请她为我俩在房前留影。

——美延这里说到绍兴望族俞家,说到俞启忠,我的精神陡然一振,因为此俞启忠,和本书前面提到的俞大维、俞大絪、俞大綵兄妹同出一族,俞启忠的祖父俞明震,和俞大维的父亲俞明颐是兄弟,就是说,俞明忠是俞大维的亲侄辈。

数月前,笔者考证绍兴俞氏家族,对它的各个支系都作过了解,美延说俞启忠是王明贞的丈夫,我感到有点奇怪:年龄不符!王明贞2006年满一百岁,按此推算,她是1906年生人,俞启忠的出生年月我不知道,他的哥哥俞启威是1912年生的,我记得清楚,俞启忠起码还要小个一两岁,大约是1912年或1913年出生,那么,计算起来,俞明忠就要比王明贞小七八岁,男方比女方小这么多,不是说不可能,而是其中必有缘故。

什么缘故呢?

现在网络发达,事后我上网搜索,遗憾,关于俞启忠的信息,只有"俞明震长子俞大纯……俞大纯四子俞启忠,学农,从美国回国后在北京当教授"等有限字句,至于他是哪一年生人,毕业于哪一个学校,服务于哪一个大学,以及婚姻状况、业绩成就等等,概付阙如。

转而从王明贞寻求突破。老人仍然活着,2008年是一百零二岁,我跟清华联系很少,采访无门。老人有一篇晚年自述:《转瞬九十载》,网上有,我技术差,打不开。几经周折,终于请高手帮我下载,得以一窥她的传奇经历和坎坷遭遇。

在写作这本书的同时，笔者借重比较文学，比照了季羡林、钱学森、杨绛、侯仁之、陈省身、黄万里六位大师的百年沉浮，王明贞的经历，无疑也很有比较价值，且看下列细节：

王明贞出生不久，母亲就因患产褥热去世. 她剖析自己宁静而富有涵养的个性，和从小就失去母爱有关。

王明贞成绩优异，考试总是得A，金陵女大二年级下学期，她选修为三年级开的物理课，班上，有个三年级的学生常常向她请教物理难题，哪知期末考试，那个学生得A，而她却是B，这是她有史以来的最低分，王明贞不服，经过多方了解，得知那位老师从不认真阅卷，给的都是印象分，因为她是唯一的低班学生，想当然地就给了个B。王明贞觉得受到侮辱，一气之下，就从金陵女大转到北平燕京大学。

王明贞读高中时，由父母做主，和某富家子弟订婚。燕大毕业，她想解除婚约，然后出国深造，父亲不允，威胁说："倘若你真要解约，我就登报申明和你脱离父女关系！"明贞坚持不退让，最终说服了父亲，同意她解除婚约。

王明贞报考美英庚款留学，前两次失败，第三次，发榜前夕，接到金陵女大的同学陈月梅电话，告诉她得了第一名。陈的丈夫是教育部长杭立武，消息来源可靠。谁知第二天公布的录取名单，没有她的名字。燕大老师帮她打听，原来卡在命题小组主任吴有训，吴在小组会上说："派个女学生出国去学物理，不是浪费钱吗！？不如派第二名男学生好。"王明贞的名字就此被从留学名单中抹去。

1938年，在金陵女大校长吴贻芳的帮助下，三十六岁的王明贞才得以实现留美夙愿，她进的是密歇根大学。第一学期的电动力学班，有一次期中测验，老师宣布成绩时，怒气冲冲地骂了全班一顿，说："你们真是一群笨蛋，本次测验最高只有三十六分。"王明贞觉得不对头，她认为自己的答卷没有错。散课，王明贞追问老师："我得分多少？"老师回答："你是一百分。"原来，老师是把她这个班上唯一的女生，也是唯一的外国学生，视做例外。

留美八载，王明贞回到国内，已经是1946年底，在昆明，结识小她七岁的俞启忠，并于1948年结成终生伴侣。这时她已经四十二岁，错过了生育年龄。老境凄凉，就此埋下伏笔。

1949年，王明贞陪丈夫再度赴美。由于中华人民共和国的成立，以及中美双方在朝鲜战场开战，她经过多年努力，才于1955年6月冲破美方阻拦，回到祖国。王明贞被分配在清华大学，到校不久，领导通知她被评定为二级教授。王明贞追问：和我同船回国，并且同样分配到清华大学理论物理组的徐樟本先生是几级？领导说：他是三级。王明贞觉得，如此一来，肯定要打击徐先生的情绪，所以她只要三级，不要二级。

1968年3月14日，深夜，俞启忠和王明贞在家同时被捕。王明贞被关了五年零八个月，1973年11月9日释放。俞启忠被关了七年多，1975年4月5日释放。糊里糊涂地关，糊里糊涂地放。若干年后，才有人告诉他们是因为江青陷害。那么，江青为什么要陷害他们夫妇呢？唯一的解释，就是俞启忠是俞启威的弟弟，而俞启威又做过江青的前夫。

王明贞留美期间，在科学研究方面有非凡成就。2001年的清华新闻网如此介绍："王明贞先生是我国著名的、也是最早的女物理学家之一，对统计物理学，尤其是玻耳兹曼方程和布朗运动有深入系统的研究，早年在布朗运动、雷达噪声等理论研究方面作出了开创性的贡献。她首次独立地从福克—普朗克（Fokker-Plank）方程和克雷默（Kramers）方程推导出自由粒子和简谐振子的布朗运动，她的'布朗运动'论文一直到今天还是人们了解和研究布朗运动最主要的参考文献之一，到目前为止已有1278次被引用。"

王明贞回国后，默默从事普通物理教学，你打开任何一家网页，关于她的介绍，只有寥寥几篇，而其内容，基本取材于本文提及的她那篇《九十怀述》。

又及，据相关资料，王明贞的父亲王季同，乃中央研究院研究员，清末民初著名数学家、电机专家，是我国第一个在国际数学刊物上发表学术论文的学者；祖母谢长达，为清末民初著名教育家，创办有振华女中，杨绛、费孝通、何泽慧、李政道等名流，都是该校的毕业生。

……

忽然想到季羡林和俞大絪的那段感情，倘若两人最终走到一起，对季羡林是幸呢，还是不幸？可以设想，冲俞大絪的海内外复杂关系，季羡林很难越过"文革"这一关，俞启忠、王明贞夫妇的遭际，就是明证。

再后来的发展，就很难说了。但季羡林绝不是现在的季羡林，则可确定无疑。

第七章

医院内外，朦胧的剪影

剪影2007

动感2008

翠花胡同·中关园一公寓·朗润园

官庄之行

剪影 2007

2007 年度，季老持续扮演着热门人物，这并非他老人家所愿，但是"时势造英雄"，想躲也没处藏。

温家宝第四次到医院看望

围绕着他老人家，2007 年度的头条政治新闻，依然是温家宝总理前往 301 医院探望。且看新华网对此事的报道：

> 8 月 6 日是季羡林先生的九十六岁寿辰。下午四时三十分左右，温家宝来到解放军总医院康复楼，为他祝寿。这已是温家宝 2003 年以来第四次看望这位精通多种语言的翻译家、文学家和教育家。
>
> 干净整洁的病房里，摆放着温家宝赠送的君子兰，绿意盎然。"您送给我的手写的《牛棚杂忆》很宝贵，字工工整整，非常认真，一丝不苟。"温家宝告诉身着红色中式绸装的季羡林，"我每次来都深得教益，去年咱们谈的'和谐'，您提出人要自身和谐，我向中央作了反映，中央全会决定里就吸收了您的意见。"
>
> 看到季羡林精神不错，听说他每天坚持写东西、听人读报纸，而且乐观坚信自己能活到茶寿一百零八岁，温家宝十分高兴。他说："最近，我看您讲良知、良能。我认为，这是知和行的统一观，也是人的品德和能力的统一，这个思想很深刻。"
>
> 温家宝说："我喜欢看您的散文，讲的都是真心话。您说自己一生有两个优点：一是出身贫寒，一生刻苦；二是讲真话。对吧？"

"要说真话，不讲假话。假话全不讲，真话不全讲。"

"就是不一定把所有的话都说出来，但说出来的话一定是真话。"

"我快一百岁了，活这么久值得。因为尽管国家有这样那样不可避免的问题，但现在总的是人和政通、海晏河清。"

"我们做的不够，还要多努力，把工作做好。您也要把身体保重得更好，多看些年。"

温家宝谈起季老送给他的一篇文章《泰山颂》。温家宝说："写得很好。文章感人，而且有气势。您大概从小就对泰山很喜欢？"

"我的家乡在山东。泰山的精神实际上就是中华民族的精神。"

"对，这篇文章实际上就是民族颂。"温家宝表示赞同。

"最后两句话是——'国之魂魄，民之肝胆，屹立东方，亿万斯年。'人民的灵魂，百姓的脊梁，中华民族大有前途。"季老饶有兴致地说。

"对，季先生讲的就是民族精神。"

病房里，宾主相谈甚欢。临走时，温家宝真诚地嘱托季老保重身体。

（作者：李斌）

还家之行与去莫斯科餐厅

2007 年，季先生最具温情而浪漫的一笔，是怀旧之行。是年夏秋之际，在九六华诞的喜庆声中，季先生两次"走"出久困的病房，先是回了一趟北大朗润园，而后又去了一趟"老莫"——位于西直门外的莫斯科餐厅。

这两次行动，高度保密，媒体未见任何报道。笔者事后偶然得知，询问有关人，也是支吾其词，不作正面回答。但是，世界上没有不透风的墙，据笔者了解，大致情况是：

生日过后，季先生动了怀旧之念，一日（大约是公历 9 月，农历中秋节之前），借助于轮椅、轿车，悄然返回北大，回到朗润园。2003 年以来，先生住院期间，曾多次跟笔者说过，要回家，先生指的家，就是位于朗润园十三公寓一楼的寓所。当日，陪伴在先生身边的，除了工作人员，还有北大方面的代表，以及 301 医院的护士长等，在朗润园恭候的，有先生的老邻居兼老朋友汤一介夫妇，还有那只绰号"大强盗"、自主人人院之后就染上"相思病"的大白猫。

后来，北大学者王岳川撰文谈到了这次回家。2007 年 8 月，王岳川去医院看望季先生，老人含笑告诉他："前不久刚刚回过一次北大朗润园老家。"童心慧眼的先生喜欢养波斯猫，当离家三年多的先生回家时，猫猫一眼就认出了阔别的老友，纵身跳入"老伙计"怀中。当时季老感动得热泪盈眶，跟随的人面对此久别重逢的感人场景也欷歔不已。季老擦着眼泪对我说："谁说猫猫是白眼不认人，应该平反啊。"说得我也感动莫名。(《我与季老在北大的日子》) 人猫相拥，这场面的确足以感人。在这个时候，这种场合，猫给予老人的乃抽象的亲情。猫啊猫，焉知一次相见之后，又将是望穿秋水的期待。

过了几日，便是中秋节，季先生又去了趟莫斯科餐厅。在上个世纪五十年代中苏友好的大背景下，莫斯科餐厅以她华贵的气派，浓郁的俄罗斯风情，给当时的北京上流人士，留下了如痴如醉的回味。季先生曾是这儿的常客，据先生自述，新中国成立之初，作为北大屈指可数的一级教授，工资为三百四十五元，加上中科院学部委员每月一百元的津贴，收入是很丰厚的。当时物价奇低，吃一次"老莫"，汤菜俱全，还有黄油面包，外加啤酒一杯，才花一块五至两块。如果吃烤鸭，挑个头大的，也不过六七块钱。如今时过境迁，盛名不再，物价也早"与时俱进"。季先生此去，不过是像一首歌词所唱，"回到往日好时光"。据说，季先生在"老莫"享受了一杯啤酒，外加一份冰淇淋。消息传到任继愈先生耳里，他赶忙给季先生打电话，敦劝他以后别随便吃冰淇淋之类，当心弄坏了肚子。季先生风趣地回答：放心，我是属猪的，吃什么都没问题。

事后，有人问笔者："北京那么多地方，季老为什么偏偏选择莫斯科餐厅？"

我答："那里肯定有他难以释怀的记忆。"

什么记忆？我答不上来。季先生有写日记的习惯，倘若将来付梓出版，里面兴许会有答案。听老北京说，五十年代，莫斯科餐厅门口有一块巨大的广告牌，上面写着："莫斯科餐厅，梦开始的地方。"服务员一色是俄罗斯姑娘，卫生间备有口红、香水等化妆品，就餐的大多是当时的苏联专家、官员和国外归来的知识分子，付的是餐券而不是钞票，门口站立的不是服务员而是武警。六十年代，中苏交恶，莫斯科餐厅走了下坡，但瘦死的骆驼，依旧比马大，一次，李健生、章诒和母女在餐厅用餐，遇见聂绀弩，服务员看他们气派不够，带搭不理。聂绀弩生气了，对李健生、章诒和母女说："什么叫养尊处优？还用查字典吗？她们的脸就是注解。凡掌管食品的人，都是养尊处优。"季先生爱穿中山装，外表显不出半点优越，不知他当初出入莫斯科餐厅，是不是也是这种土打扮？五十年代北京西餐厅很少，莫斯科餐厅是其中最豪华的一家，季羡林在德国享受惯了西餐，"老莫"的存在，使他得以常饱口福。笔者虽然六十年代就进了东语系，但跟季先生交往，很晚，要等到九十年代中期。也就是那期间，我偶尔听季先生说过："最近又去了一趟'老莫'。"那份自得，分明像说，又重温了一番美梦。

（注：若干天后，我翻阅季承的回忆，里面有一段，可作为此事的参考。季承说：六十年代初，我们家度过了一段幸福的时光。那时，每个星期天中午，总有一顿团聚的午餐。除我们一家外，经常邀请李铮夫妇参加。每逢'五一'、'十一'、'春节'，总要邀请在北京舞蹈学院工作的我的五舅、舅妈和我们全家一起外出游玩，吃大餐。我们几乎玩遍了北京各处景点，如故宫、天坛、颐和园、动物园、大觉寺、樱桃沟、八达岭等，吃遍了多处著名餐馆，如莫斯科餐厅、东来顺、全聚德、翠华楼等。出外乘车很难，但大家游兴不减；就餐几要拼命，才能占到座位，但在奋斗之余，能享受美味，其乐也浓。抢位子的任务非我莫属，虽然极为困难，但我奋不顾身，又稍施小计，总能成功。只要能吃到大餐，哪顾得上谦让。谦让是富裕的装饰品。）

会晤金庸

2007年，季老稳坐301，照例要接待许多海内外贵客。我特别注意到的，有金庸。综合互联网消息，6月18日下午，金庸在北大演讲，有学生提问：侠之大者，要有为国为民的侠风义骨。请问在当今社会，侠义还有什么发展的空间，如果有，会是一种什么样的表现呢？

金庸回答：今天上午我去探望季羡林老先生，他跟我谈到了侠，季先生认为，中外关于"侠"的理解是有很大不同的，"侠"下面是两撇，是两个人在打架。一个大人和一个小孩在打架，小孩打不过大人，外国老太太站在旁边看到了也不会管，一直打下去好了，可以打两个小时。但是中国老太太就不会不管了。她会拿一盆水泼过去，把两个孩子泼开。季先生还说，在日本侵略我们中国的时候，我们还去日本告状，请世界主持正义。当时他在欧洲，就觉得这个想法行不通。人家会想你有本事打回去。武侠精神，在中国，还有日本、韩国、泰国、马来西亚、越南这些亚洲国家，人们非常接受，认为很有道理，但是西方人就不大接受，他们不明白为什么侠者就要路见不平，拔刀相助。西方人觉得强的可以欺负弱的。

金庸像是回答了，实际上没有回答，起码是没有说清楚。他低估了学生的水平，虽然抬出季先生的大名，也无济于事。

我与金庸先生，从未晤面。读过他的武侠小说，感觉还不赖。这些年他总上"镜头"，作风有点"海派"——本来，金庸生于浙江海宁，近海，长期生活在香港，又被大海包围，染上"海派"作风，是再正常不过的。金老先生明显不甘寂寞，时不时闹出一点新闻。譬如，他与北大互动，这边厢捐款，那边厢赠予名誉学位；他与一帮文坛豪杰华山论剑，意气风发，不知老之将至；他以八十高龄，赴英国剑桥读博士，等等。金庸身上有股调皮劲，是名副其实的老顽童。

读者来信与林青霞的造访

2007年，季老的生理状况，变化不大。当然，客观上是又老了一岁，从九十五变成九十六，这是上帝的恩赐，令人油然而生敬意。季老曾以他一贯的幽默对来访者说："我的身体还可以，变化就是头发没有了，真是无法（发）无天。"头发并非完全脱尽，而是越来越稀，除此而外，过去的一年似乎没有在老人身上留下多少明显痕迹。硬说有，就是稍微胖了点，面色也比过去红润。一次见面，我偶然注意到老人的左额有一处隆起，按民间说法，这是长寿的象征。我问，这是什么时候有的？老人回答，很早就有了，很早。至于生活，略有变动，因为医院扩建，病室从老楼换到了新楼，格局还同以前一样，摆设略有精简。

2007年5月，拙著《季羡林——清华其神，北大其魂》出版后，陆续收到一些读者来信，其中有一封，是寄到301医院季老处，由工作人员转交给我的。从笔迹看，写信的是一位老先生，署名陈鸿璠。陈先生在信中诚恳地写道：

季老年近百岁，时间极为宝贵！我建议别的东西就不写了，宜把宝贵的写作时间，集中在一个题目，一个于国计民生最具重大意义的题目。

我期望的题目有二。一是《论中国特色社会主义的知识分子问题》，二是《关于海外学子的我见》。前一个题目调研量小些，后一个题目调研量大些。

知识分子是当今世界最重大的资源，国外的竞争，说到底是人才的竞争。这两个题目（或干脆把两题合为一），由季老执笔（口述亦可），最有资格，最显胆识，最能引起重视，最具影响力。季老作为"人民的魂魄，百姓的脊梁"，定能写好新世纪新时期的知识分子问题。周总理、陈毅在广州讲的知识分子问题是永生的。

2007年，关于季老的文章，依然是连篇累牍，铺天盖地。赞美的我先不讲，单讲其中批评的，批评的内容我也不讲，因为有些近于谩骂，我单讲他们的手段，每有谩骂式的文评问世（主要是个人博客），就派一位小女生给名家打电话，诱使他人参与辩论。——可惜了，他们的才能应该用于商场或官场的，在季老身上，注定捞不到多少油水。

至于赞美的文章，我也只讲一篇，就是林青霞的访问记。林青霞是香港著名艺术家，她的出场，总带有音乐与灯光。据她的友人金圣华在《有缘一线牵》一文中介绍，2007年10月上旬，白先勇监制的《青春版牡丹亭》要在北京国家大剧院上演。为了这桩盛事，昆曲"义工团"的团员都在各尽其能，倾力相助。一天，金圣华给林青霞打电话说："喂！《青春版牡丹亭》要在北京上演了，你要不要去看？"电话那头略为沉吟，未予即答。于是又说："这次是在国家大剧院上演，这号称'巨蛋'的剧院，还是首次对外开放呢！"对方仍然犹疑未决。"到了北京，我们晚上看戏，白天一起去拜访季羡林、杨绛二老好吗？"话说到这儿，林青霞立刻响应："好呀！我去我去。"这就是赴京前，金圣华跟林青霞之间的谈话实录。对青霞来说，昆曲是中国文化的瑰宝，她极想观赏及进一步了解；白先勇更是认识多年的朋友，当然乐意去支持及打气。尽管如此，青霞前不久刚从山东还乡之旅归来，行装甫卸，倦意未消，原来拿不定主意，可是一听到季羡林、杨绛两老的名字，就如魔术一般，马上变得精神奕奕，随即又兴冲冲踏上赴京之途了。

因为杨绛外出，未能见成。（笔者按：不出所料，杨绛不是供人朝拜的）季羡林坐定 301 医院，哪儿也去不成，一番联络，终于得如愿以偿。见了，不能白见，林青霞这几年正潜心写作，于是，一篇《完美的手》就这样水到渠成、瓜熟蒂落地诞生了。林青霞的文章不长，兹转录于下：

完美的手

走进北京 301 医院的病房，第一个映入我眼帘的，是双平摆在一张小矮桌子上洁白细致的手。再往上移，见到的是仁慈、亲切的脸孔，他腰杆笔直地坐在木椅上，虽然已届九六高龄，但你感觉到他的灵魂是年轻的，他的思想是丰富的。

北京天气开始转凉了，我知道老人家特别怕冷，所以为他挑选了一条开司米围巾，我把围巾交到他手上，他笑着用手抚摸说："眼睛看不清楚，用手感觉一下。"他曾经说过，他活到九十几岁，洞悉世情，他认为最珍贵的就是真学问和真性情。我觉得——他——季羡林教授，就是这样的人。

和我一起探望他的朋友，问他知不知道我是谁，他瞧了那位朋友一眼，一副你们真把我当老人家呀，还幽了他一默说："全世界都知道。"逗得大家哈哈大笑。

朋友谈到他书中所说的"和谐"，他说那是人与自然的和谐，人与社会的和谐，更重要的是人与自身的和谐。又说人与自身的和谐，要做到良知、良能。他解释良知就是人要有自知之明。记得书上说过，苏格拉底去求神，求的就是让他有自知之明。我不懂什么是良能，他解释良能就是不要自不量力，不要好高骛远去做超越自己能力的事情。我频频点头称是，这正是我要学习的功课。就是不要老是要求完美，以致无法达到而自找苦吃。

我们聊了好一会儿，发觉他那双文人之手仍然保持在原来的位置上，感觉上很寂寞，我忍不住抓着他的双手，我最喜欢见到老人家开心。我想带给他温暖，我想抚摸那写过无数好字、好文章的手。

我握着他的手，除了想讨讨文气，更希望把我内心的温暖传给他。这双手，经过"文革"十年的浩劫，历过近百年岁月的洗礼，写过上千万字的好文章，竟然没有留下任何烙印，不但手上没有疤痕，我们还发现它竟然没有老人斑，相信此手正如其人，有如他赤子之心的年轻和纯净。他在《牛棚杂忆》书上写道："我能够活着把它写出来，是我留给后代的最佳礼品。"我想上帝创造了这样伟大的学问家，再创造这双完美的手，必定是要降予它重任。让它把季教授的所见所想和所学传给世人。

冯友兰先生说得好："何止于米？相期以茶。"以季教授灵活的脑筋，加上一双完美的手，何止写到八十八岁，即使写到九十八甚至一百零八岁都不是问题。而他留给后代最佳的礼品，岂止如他自己所说的《牛棚杂忆》，我相信将会有更多、更好的礼品留给世人，同时也将会带给社会许多许多的和谐。

临走的时候，听见他的助手叫了声"爷爷，他们回去了"。我心里流着一股暖流。从没见过爷爷的我，一边往回家的路上走，一边想象着，我的爷爷必定也会是这个模样。

动感 2008

荣获印度"莲花奖"

2008 年元月底，笔者正在南京访友，王树英先生打电话过来，说："告诉你一个好消息，季先生获得了印度最高荣誉奖。"

是晚上网搜查，很多网站都有报道，综合各家消息，大致是说：印度总统帕蒂尔日前批准了 2008 年度印度国家最高荣誉奖之一"莲花奖"授奖名单，包括印度本国在内，全世界共有一百三十五人获得这一大奖，在这一百三十五人中，最引人注目的，当属九十七岁的我国著名学者季羡林，这也是中国人首次获得这一荣誉。

印度媒体用"'莲花奖'首次跨越喜马拉雅山"，形容这次特殊而又迟到的授予。十多天前，印度总理辛格访华，在中国社科院的演讲中，开场白就是引用季羡林的话——"中印两大文化圈之间相互学习和影响，又促进了彼此文化的发展。这就是历史，也是现实。"辛格称季羡林为"中国伟大的学者、当代最著名的印度学家"。印度媒体称，印度方面示好发展中印友好关系，是季羡林此次获得"莲花奖"的一个重要因素，在把印度史诗《罗摩衍那》和印度其他传统文化介绍进中国方面，季羡林作出了杰出的贡献。

据王树英先生介绍，印度政府早就打算授予季羡林这一奖项，2006年12月，印度驻华大使尼鲁帕玛·拉奥在李肇星外长的陪同下，曾去301医院与季先生进行了面谈（我记起2006年夏，曾受命为季老写一份长达八千字的介绍文字，后由外国语大学的陈琳先生译成英文，说不定就与此事有关）。拉奥大使表示，季羡林许多年来始终坚信中印两国之间的友谊。

北京大学东方学研究院院长王邦维说："这是一个重要事件。授奖对普通中国人如何看待印度将产生积极影响。"北京大学印度研究中心副主任姜景奎教授说："授奖表明，学者同政治家、外交官一样，能够在国际外交事务上发挥重要角色。"姜景奎教授同时认为，从某一角度而言，季羡林在中印两国关系上作出的贡献，可以比拟当年玄奘发挥的作用。

为"油旋张"题匾旧事

2008年3月1日，笔者去济南，下榻东方大厦。次日晨，蔡德贵先生来访。他执意邀请我出外用早点。我说："宾馆有免费早餐，就用不着到外边去了吧。"蔡先生坚持，让我跟他走。出门，打的，未走几百米，到了，路口一家小店，了不起眼，牌子却使我眼前一亮："油旋张"是季老亲笔所题。入门，又见一牌匾："软酥香，油旋张"也是季老亲笔。仔细对照，发现季老题的是一幅，店家把它做成了两块匾。蔡先生说："油旋是济南的特色小吃，季老小时候，很喜欢吃这玩意。并不是经常能到口，必须考试成绩优秀，叔父才奖励他一两个，因此印象特深。季老说过：'济南油旋，我至今难忘。'前些年，我到北京看望季老，想着这事，到处找，发现这家做得地道，每次都买他的。季老仍然是百吃不厌。时间长了，店老板知道是给季老捎去的，就恳请我向季老讨一幅墨宝。季老欣然同意，你看落款那署名，中规中矩，一丝不苟，可见季老为人的诚挚严谨。"油旋也者，大小似油饼，形状似螺旋，色呈金黄，外皮酥脆，内瓤柔嫩。回京后，我在超市看到类似的点心，只是外形粗糙，颜色重浊，不是一个档次。且说当日，我和蔡先生要了半打油旋，并每人一份甜沫，边吃边聊。店铺不大，生意倒挺兴隆，其间，竟有专门开了车，从老远的地方赶来者，就为一尝这传统的美味。看来，季老的题匾起了作用，这就是名人效应。

央视十台《季羡林：感悟人生》

2008 年 5 月 4 日，晚间十点，央视十台播出独家专访《季羡林：感悟人生》，地点为 301 病室，采访者为曲向东，节目是 3 月份录制的，从画面看，季老气色甚佳，可以用满面红光形容，应对一如常人，自始至终，保持谦和恭谨的微笑——这正是镜头需要的；对于九十七岁的老人，这镜头足以载入历史。

内容是普及性的，基本是老生常谈，在这之前，中国教育广播电视报有一篇介绍，其要点为：

一、关于理想：

季：现在青年最向往什么我不知道，您能告诉我吗？

曲：现在的社会选择非常多，也有很多人做学问、做科技、做科学，很多人想去经商，也有很多人当演员、当画家，各种各样的选择都非常多，您那个时候呢？

……

二、关于出国：

季：我主张年轻人还是要出国。我最反对出去不回来，最厌恶出去不回来。

曲：最厌恶？

季：嫌贫爱富。

……

三、关于成功：

曲：您的成功，您取得的成就靠的主要是什么呢？

季：我有一个公式，就是天资＋努力＋机遇＝成功。

……

四、关于做人：

曲：您觉得一生中最重要的是什么？做一个成功的人最重要的是什么？

季：我有八个大字："爱国、孝亲、尊师、重友，"最重要的
八个字。
……
五、关于真：
曲：请您谈一谈真理的真，您经常写文章会谈到什么是真？
季：有一句话，假话全不说，真话不全说。
……

季老在说到"假话全不说，真话不全说"时，特意加了一句："你信不信？
真话你都敢讲啊？！时候不到，说出来惹祸。"
这真是世纪性的悲哀，社会发展的悲哀！
除此而外，给我留下印象的，还有：
一、季老谈到自有皇帝以来，最不痛快的就是皇帝，为什么呢？因为
他一天到晚总担心被人暗杀，而且早晚要被儿子杀掉。皇帝遭人算计，这
是政治斗争使然，古今都一样，但是早晚要死于儿子之手，不符合中国的
历史，所以采访者有点不知所措。季老接着举例，印度有个莫卧儿王朝，
所有的国王都被儿子杀掉，无一例外。这是印度的国情，和中国不合。问
题不在这里，令我深思的是，季老为什么会举出这个例？他是研究印度的，
彼国高层的骨肉残杀在他的心灵深处留下的是何种投影？
事后翻阅季老的文集，查到他 1978 年访印时写下的一篇散文，题《琼
楼玉宇，高处不胜寒》，文中涉及到莫卧儿王朝的旧事，现摘录如下，供
读者参考：

从泰姬陵到红堡是一条必由之路。我们也不例外，我们就到
了红堡。限于时间，我们只匆匆地走了一转。莫卧儿王朝的这一
座故宫，完全是用红砂岩筑成的。如果说泰姬陵是白色的奇迹的话，
那么这里就是红色的奇迹。但是，我到了这里，最关心的却是一
块小小的水晶。据说，下令修建泰姬陵的沙扎汗，晚年被儿子囚
了起来。他本来还准备在阎牟那河这一边同河对岸泰姬陵遥遥相
对的地方，修建一座完全用黑色大理石砌成的陵墓。如果建成的话，
那将是一个不折不扣的黑色的奇迹。然而在这黑色奇迹出现之前，

2000年，印度总统访问北京大学。季羡林先生，许智宏校长和学校师生代表迎接总统的到位。

他就失去了自由，成为自己儿子的阶下囚。他天天在红堡的一个走廊上，背对着泰姬陵，凝神潜思，忍忧含悲，目不转睛地注视着镶嵌在一个柱子上的那一块水晶，里面反映着整个泰姬陵的影像。月月如此，天天如此，这位孤独的老皇帝就这样度过了他的残生。

二、季老谈到《牛棚杂忆》，明确说关于"文革"的题材，是不许出版的，但是他得到一个机会，就印出来了。研究当代中国，不了解这段历史，不行。说到出版单位，他讲是共青团的一个出版社，错了，应该是中央党校出版社。

三、还有一处口误，是关于金圣叹的临终留言："杀头，至痛也；籍没，至惨也；圣叹乃于无意中得之，不亦异乎？"季老把主人公说成唐寅，节目制作人发现了，在字幕括号中注上金圣叹。

季老显然对唐寅印象深刻，笔者曾当面听老人谈到这位明代江南才子，一次是关于藏画，季老说，有唐伯虎的，但是他名气大，保不准是赝品；一次是关于某位后生，季老说他是才子，稍后又加了一句，是唐伯虎式的风流才子。

四、季老说他有很多毛病，但是不犟。笔者认为，这话可用于政治，但不适于家事，在家里的一些问题上，他是相当固执的。

五、采访者是央视《大家》栏目主持人曲向东，节目标明为北大师生对话，显然，他也是北大毕业的。在季老面前，作为晚辈，他是小心翼翼，毕恭毕敬，偶尔还带点哄的味道，如问：大家都认为你很伟大，了不起，为什么你自己不这样看呢？（大意）好在老人家头脑还清醒，回答始终滴水不漏。

2008 是北京奥运年，季先生身为奥运会的文化艺术顾问，相信今年关于他的采访、报道，会更加热闹，央视的节目，仅仅是开始。季先生毕竟九十七岁了，上岁数了，老了，抬出他老人家，文化意义已经大于学术意义，象征意义已经大于实际意义。

心系灾区

中新网 5 月 15 日电　据中央电视台消息，著名学者季羡林向四川地震灾区捐款二十万元，以帮助修缮校舍。

时过不久，北京青年报又发表了一篇纪实文章，其中写道：

> 5 月 12 日，大地震当日，季先生正值牙龈发炎而低烧。但是，当他知道大地震消息后就开始了病床上的牵挂。季先生总是坐在沙发上，工作人员侧靠在沙发的扶手上，用特大的声音读着新闻，有时候季先生听不清，还会让工作人员"大声点、重复一下"。季先生总是迫切地想知道得更多、听得更加确凿。当工作人员告诉季先生，他的"老朋友"——温家宝总理已经在第一时间到达地震现场，并且表示会为百分之一的希望开展百分之百的救援时，老人眼眶红了，声音哽咽地说："他给大家带了一个好头！"
>
> 几天来，季先生不停地向身边人员询问地震中伤亡了多少人，受灾面积有多大，那里学校的学生都怎样？5 月 15 日，季先生向灾区儿童捐献二十万元，用以帮助修缮校舍。工作人员告诉记者："2007 年 7 月，他为家乡临清市康庄镇的希望小学捐助二十五万元人民币；今年 2 月，季先生为南方雪灾捐了一万三千元稿费；所以最初我们跟季先生商量此次为地震灾区捐款时，我问季先生：'是不是先捐一万元？'季先生回答得很干脆：'不够，翻倍！'而到了第二天，季先生便决定将二万元改成二十万元。"为此，季先生还泼墨写下一份遥远的寄托："万众一心，人定胜天"、"抗震救灾、众志成城"。

笔者按：一、西北的大地在抖动，老人的心也在抖动，这二十万元，抵得上二百万，二千万；二、老人当初落地就没有钱，钱成了他成长的拦路虎和发奋的动力，而今人老了，功成名就，不需要再花什么钱，钱却源源不绝；三、老人已经把能捐的都捐了，包括价值上亿的字画，包括应该留给子女的遗产，他是比微软的比尔·盖茨更彻底。

接受印度"莲花奖"

6月6日，有记者王如赴 301 医院访问季老，文章记叙了他在病室所见：

> 环顾病房里的布局简洁而不单调、别致而不落俗，别具一格。鱼缸里的金鱼在阳光的沐浴下悠闲自在地嬉戏游弋；书桌上摆设着一只红彤彤的苹果仿佛在祈祷老人家每天都能平平安安、健健康康；而最引人注目的则是进门正对的落地书橱，这是医院为了给季老创造一个宽松的读书写作环境而专门配备的。书橱摆满了书籍，在诸多书中有一些梵文和西文书籍堪称海内孤本。已读完的书、读了部分还要继续读的敞开的书、用卡片做标记将要读的书、写了一半的书……这些书摆放得错落有致，都有自己的位置，一如他们的主人，对于自己专业的执着的坚守……

正当我徜徉在季老书的海洋时，印度外交部长慕克吉受印度总统辛格委托专程赶来北京。为表彰季老这位毕生致力于推进中印文化交流所作出的贡献，慕克吉转达了印度总统辛格对季老的赞誉："中国伟大的学者、当代最著名的印度学家。"此外，他还带来了印度人民发自内心给予季老的一项崇高荣誉——"莲花奖"。"莲花奖"是印度政府授予在科学、文学、艺术和学术方面取得卓越成就人士的最高荣誉。

慕克吉庄重地说："我谨代表印度总统辛格正式向您授予这个奖章，感谢您多年来在印度学研究方面作出的成就，以及对于印中两国友好作出的巨大贡献。"说罢，慕克吉将"莲花奖"奖章轻微而恭敬地别在季老胸前。

季老谦虚地说："再过两年我就一百岁了，但我认为百岁不是终点，而是起点。只要我还有精力，就要致力于两国友好的进一步加深！"

《季羡林全集》编纂启动

新京报 7 月 17 日刊文（记者姜妍），称唯一一部获得季羡林授权的《季羡林全集》项目昨日正式启动，该项目计划在 2011 年，季羡林百岁生日时完成，拟定为三十卷，由外研社出版发行。

即将推出的《季羡林全集》将囊括二十世纪二十年代迄今季羡林的全部作品，包括近千万字的散文、杂文、序跋、学术论著和译著，完成后，将成为收录最全的一套季羡林作品集。因规模宏大，卷次较多，外研社计划于 2011 年，作为季羡林百岁贺礼全部推出。此前，每年会陆续推出三至十本不等。今年计划先出版三卷散文，前两卷将在 7 月底 8 月初完成。2009 年，外研社还计划将携带届时已出版的图书参加法兰克福国际书展。

外研社的总编辑蔡剑峰介绍说，外研社也计划陆续把季羡林的作品翻译成其他语种，介绍给世界。

季羡林本人因行动不便没有参加启动仪式，他特意派了学术助手杨锐参加，并写了一封信祝贺。在信中，他说希望这套书的出版不至于完全浪费纸张。"我虽然年近期颐，但仍然难得糊涂，我目前头脑中还有几个学术问题，随时都在考虑，比如东西方关于'长生不老'理解的差异问题，就是其中之一。"

据了解，黄宝生、葛维钧、郭良鋆、柴剑虹、钱文忠等国内一流专家学者将担任《季羡林全集》的学术顾问。

温家宝第五次看望季羡林

2008 年 8 月 2 日上午，中共中央政治局常委、国务院总理温家宝到 301 医院看望季羡林先生，新华社为此发了通稿，摘要如下：

"季老，我提前给您祝寿了。"走进解放军总医院的病房，温家宝趋步向前，握住了季羡林先生的手。

季羡林是我国著名翻译家、文学家和教育家，精通英语、德语、梵语、吠陀语、巴利语、吐火罗语，还能阅读法语、俄语书籍，长期在北京大学任教，在语言学、文化学、历史学、佛教学、印度学和比较文学等方面都有很深造诣。四天后的 8 月 6 日，这位学贯中西的老先生将度过九十七岁寿辰。

这已是温家宝 2003 年以来第五次看望季羡林先生。每次相见，两位老朋友都能坦诚交换意见，聊得十分愉快。

房间宽敞明亮，桌子上摆放着一个大大的"寿"字，季羡林特地穿上了一身银灰色的中式服装。

"因为过两天比较忙，今天提前来给您祝寿。"落座后，温家宝亲切地问季老："我记得您今年九十七岁了。思维还这么清楚，是不是和常用脑有关？"

"对，大脑要不停地活动。秀才不出门，便知天下事。"

"今年灾害多，年初是冰雪灾害，'五·一二'大地震也是多少年没有的。"

"地震以后政府反应快，威信大大提高，对当地人民也是教育。"

"我常讲，几千年来，我们国家都是灾难和文明进步伴随在一起的。有一句名言：没有哪一次巨大的历史灾难，不是以历史的进步为补偿的。"

"是恩格斯说的。"看到季老反应这么敏捷，大家都笑了起来。

"我们的历史总是和洪水、干旱、地震等灾难联系在一起，但我们这个民族从没有溃散过，反而愈挫愈奋。"温家宝说。

季老表示同意："一个民族和一个人一样，灾难能锻炼一个人的意志，也能锻炼一个民族的意志。"

"我想起清华大学的校训——自强不息，厚德载物。这就是我们的民族精神。"温家宝望着季老说。

"是的。"季羡林肯定地回答。

聊起教育和学习的话题，一辈子从事教育工作的季羡林主动向总理提问："现在英语都普及了吧？"

"小学就开始学了，小学是记忆最好的时候。"温家宝告诉季老，"掌握一门语言，就掌握了一种工具。"

"对，语言是一种工具。"季羡林提议，"大学外语教育不但要加强，而且要鼓励学生多学几门外语。"

"奥运会快开了。"温家宝告诉季老。

"这是件大事，是世界对中国的肯定。"

"这是我们国家实力的表现。"温家宝和季羡林共同回忆起百年来中国参加奥运的历程，"体育的强盛，代表着一个民族的强大。"

"现在国家领导人不好当。治乱世易，治平世难，治理我们这样一个大国，更难。"季羡林说。

总理深有感触地说："我常记着一句话，名为治平无事，实有不测之忧。我们有许多值得忧虑的事，脑子一点不能放松。"

"您别起来了。"温家宝站起来，微微弯下腰，双手握住季老的手说，"明年我再来看您。"

是日，我在北戴河度假（不好意思，退休老汉一个，自己给自己放假），得施汉云女士通知，晚间观看了当日电视新闻。温总理选择8月2日看望季羡林，我想，一、因为奥运将临，他"过两天比较忙"；二、也因为8月2日，实际上正是季羡林的生日，政治家考虑问题，必然是很细心的。（笔者注：季老生于1911年农历闰六月初八，换算成阳历，应该是8月2日，因为一次笔误，错写成8月6日，以后便将错就错，沿用至今，所谓"历史真实"者，许多就是这样造成的，读史者不可不识）另外，恩格斯的那句话，自汶川地震以来，就和中国古训"多难兴邦"一起，成为报刊的热门话语，但季先生能立马反应，多少还是有点出乎我的意料，老人家堪称思维敏捷，他的神经系统还没有完全老化，恩格斯的名言，既是国运的象征，也是老人命运的写照，他是穿越阴霾的阳光，现在的辉煌正是命运的补偿。

事后查出，恩格斯讲话的原文，见于他1893年10月10日给俄国友人尼·丹尼尔逊的复信："像你们那样伟大的民族，是经得起任何危机的。没有哪一次巨大的历史灾难不是以历史的进步为补偿的。"（《马克思恩格斯全集》第三十九卷，人民出版社1974年版，p49）

奥运会开幕式，张艺谋的回应

8月8日，北京奥运会迎来了她的开幕式，其中有一个专题：孔门的三千弟子齐声朗诵《论语》。字幕上打的是："有朋自远方来，不亦乐乎。""四海之内，皆兄弟也。"读者应该还记得季先生关于开幕式将孔子"抬出来"的建议，这就是张艺谋张大导演作出的回应。

奥运结束后，我上网搜索，没有人再把这一幕和季先生联系。

网络时代是健忘的，绝情的，曾经争论得那么激烈，掉过头来就忘得一干二净。

倒是查到季先生关于奥运的另外两句话，4月18日，北京大学的叶朗教授到医院看望老人，说起奥运，老人说："人文奥运就是两句话，一句是宣传中国优秀文化，一句是吸收外国优秀文化。"

老人的话，干脆利落，直达事物的本质。

翠花胡同·中关园一公寓·朗润园

忽然想到去季先生在北京的几处住地看看。首先锁定翠花胡同，真的，这么多年了，不知那地方还在不在？据知情者提供，那院子新中国成立后改为中国社科院近代史所。如此说来，若干年前，我曾经去过一次的，门牌是王府井大街东厂胡同一号。印象中，一个幽深的小院，几株老树掩映着一座古色古香的小楼；至于其余的院落，我没有进，没有进就不好说。这院子，曾经是明朝的东厂，特务机构的大本营，杀人如麻的所在。这小楼也颇有来历，曾住过清朝的什么大学士，以及民国总统黎元洪。胡适在大陆最后的日子，也是住在这院里。1946年，季羡林初进北大，被安排在这院子的一个角落。当时门向北开，正对翠花胡同，所以又叫翠花胡同寓所（2008年春曾当面问季先生，他说东厂胡同和翠花胡同是两个院子，相通）。据有关资料，进得大门，往里走，一直走到最里边，便是语言研究所，季羡林就住在语言所旁边，西厢房。话说这一天，2007年7月21日，傍晚时分，我来寻访陈迹。翠花胡同、东厂胡同旧址尚存，而夹在两条胡同之间的近代史所，已夷为平地，只留下遍地瓦砾杂草，以及几株孤零零的大树，等待新一轮的房地产开发。忽而发现，那栋小楼居然还在，它已经被一座新兴的大厦包围，不，确切地说，它就像一枚徽章，嵌在了大厦的中心部位，不留心绝对看不出来。一笑，这也算别开生面的文物保护吧。

关于季先生的这一处住地，季承也曾回忆，他说："1952年高中毕业，考入北京俄语专修学校（北京外语学院前身）。我是去北京参加高考的，就住在爸爸翠花胡同宿舍的堂屋。翠花胡同那一所大宅院，当时是北大文科研究所的所址，但在历史上它却是明朝特务机关东厂的所在地。深宅大

季老和他的季荷

院，几层几进，不知道有多少院落，爸爸住在里面倒数第二个院落的西屋。白天大院里有人工作，到了晚上，灯光微暗，阴森恐怖，只有一个人在临街的门房值班，绝少有人敢深入大院。爸爸就住在这样的环境里，使我感到惊讶。姐姐当时也到北京来了一趟，也在那里住了几天。我们亲眼目睹了爸爸的孤独生活。"

孤独，是季羡林的宿命，童年如此，中年如此，晚年如此，在某种程度上，他是把孤独转化成了享受，把一灯如豆、枯坐如僧，视作学术生涯的极乐世界。

午后，走访北大中关园一公寓。地点在北大东门外，路南。这地方我很熟悉，它是北大的一处宿舍点，自上个世纪六十年代以来，因为拜张访李，常常来，飘散着许多挥之不去的记忆。具体到一公寓，并无印象。去了，入小区门，沿着紧贴马路的围栏，向东走，走到尽头，就是一公寓。三层灰色小楼，是建筑大家梁思成的作品，五十年前，在这一带很抢眼，五十年后嘛，就马尾巴串豆腐——提不起来了。梁思成以力挺保护北京古城而享誉后世，不知道这处他和季羡林的双重遗迹，还能保持多久？我找到 5 号门洞，拾阶而上，三层，每层两户，据季先生说，当初，王铁崖住501、502，王锦第住 503，刘迪生住 504，杨通方住 505，他自己住 506。王铁崖的大名，法律界大概无人不晓；他是季先生的清华校友，政治系的，1933 年毕业，高季先生一届；1946 年秋入北大，和季先生是同期；嗣后曾兼职北大工会主席，季先生也担负过这个职务，彼此为前后任；1957 年王铁崖被"修理"成"右派"，命运自此分道扬镳，待到"右派"改正，重新崛起于学界，已是二十年之后了。再说王锦第，他是老北大的，与何其芳同学，大学时期，和季羡林就有往来；王锦第后来也去德国深造，五十年代初由辅仁转进北大，教授哲学；王锦第名声不显，说来说去，读者难得有深刻印象，莫如补充一句：大名鼎鼎的王蒙，就是那个由"右派"而出任文化部长的大作家，即是他的公子。我曾问过季老认识不认识王蒙，他说怎么不认识，邻居嘛，那时王蒙还是毛头小伙子，好像已经当了干部，是和新中国同样年轻的干部，忙得很，难得在楼道里碰上一面。欧阳中石先生是王锦第的弟子，同样是由辅仁转进北大，他告诉我，王锦第到北大后，很少上课，也不怎么露面，独往独来，但是学生都喜欢他。"这么一位大教授，怎么查不到他的资料？"我问。欧阳先生回答："他崇尚清谈，述而不作，你到哪儿找他的资料！"（2008年11月11日，当我再次提起王锦第的事，季老说："有一阵子北大裁员，找个好听的名义，把他裁掉了。"）刘迪生，情况不明，据说是地质地理系的。杨通方，东语系朝鲜语教授，他的夫人，就是季先生晚年的助手李玉洁。这一切当然都是过去式了。如今，这里住的都是不相干的后来人。我登上三楼，505的门关着，506也关着，分别敲了几下，没人应——幸好没人应，如果其中的一扇门突然打开，我将如何解释？说我是为了怀旧，特来看看，他们信吗？在我之前又有他人寻访过吗？季羡林的光环如今都罩在301，这就像写历史，最后的，总是最好。我一步一停地从楼梯下来，绕楼徘徊。楼下荫凉处有老人在打牌，旁边还有留学生似的外籍人在观战，季先生在清华时是玩牌的，晚年戒了，他几乎没有任何娱乐，真的，你很难想象季先生与人玩牌时会是一副什么模样。

季先生后期的住处，是位于校园北侧的朗润园十三公寓。关于这处福地，当代文学，包括季先生自己的篇章，已经叙述得够多的了。在季先生住进301医院之前，我算是这儿的常客，之后，也来过三五次，其中一次，还蒙允许，进室参观，实际是寻找材料——寻找写作的感觉。

与先生同住十三公寓的，有金克木、张学书、汤一介、田德望……前面三户，笔者在本书和其他文章中，都有所提及，田德望阙如，其实，他与季先生亦颇有渊源。田德望是季羡林清华西洋文学系的师兄，高他三届，后又在本校读研究生，据季羡林的《清华园日记》，两人交往甚密；三十年代末双方聚首于德国哥廷根，天涯知己，情同手足；四十年代末又聚首于北大，多年挚友兼紧邻，关系非同寻常。据东语系的一位老人回忆，文革年间，田德望与季羡林同时作为资产阶级反动学术权威被打倒在地，红卫兵勒令田德望扫地出门，搬到楼上的季羡林家，两户共挤一套四居室。这一"挤"，无形中又使两位老友的心，靠得更紧。

这天，我来到朗润园，约莫午后四点。沿途游人络绎，多半是外省市的中学生，暑期组织他们游览北大、清华，这已是旅游团一大业务。抬眼瞧后湖，心头一凛，好端端的一片水域，不见了，湖已干涸见底，露出龟裂的泥土。怎么回事？听说这儿要起大楼，难道这是步骤之一？不会吧，开发也不会把湖给填了。那么，这一定是管理的原因了，管理八成离不开经济。心急急往前赶，还好，还好，十三公寓前，先生亲手栽植的"季荷"还在。细看，狭小的一片，注了水，仅供"季荷"成活。由此看来，这都是人力左右，"爱之欲其生，恶之欲其死"的了。

十三公寓前，一片寂静。季先生住一楼，东侧，相邻的两套小三居。主人不在家，门窗自然闭着。想敲门，才举手，旋而失笑，你这是找谁呢？前次来，见到先生豢养的一只大白猫，失去主人照顾，猫儿也没了精神。季先生住院时，曾想把猫儿带去。院方讲，其他什么都可以带，唯独宠物，包括猫，不许。这是人的世界的道理，猫儿想必是不理解的。我沿着房屋前后兜了一圈，没有发现猫咪，不知它是不是还健在？窗外的一株玉兰，绿着，枝叶拂扫着阳台的窗棂，那阳台曾是先生的小书房，那书房曾诞生多少文字的精灵。往里，便是先生的书库了。如今，书库闲着，书房空着……我站在外边看去，只是一栋普通的住宅楼，游人经过，决不会多瞧上一眼，除非他是有心寻幽探胜，如我。

官庄之行

季先生在国内的驿站，还有一处，没有去过，那就是他的老家。不，这么说不尽准确，去还是去过的，2006年7月3日，我曾作临清之行，只是到了县城，因为天雨，道路泥泞，未能继续前往官庄。此事深为遗憾，一直搁在心头。因此，2008年3月3日，下午，笔者趁赴济南会友之机，偕佟铮、沈惠冲二位驱车再赴临清。

官庄故居

　　到达县城，天色已晚，日头西垂于广播电视大厦的楼顶，即将擦墙而落——季老的堂重孙季孟祥在那里等我们。他现任这个县级市的宣传部副部长，分管《临清通讯》，这儿有他的一间办公室。我与孟祥是第三次见面，他曾抱怨，季老这么大的名声，他的家事就没有一个人出面协调。他是晚辈，小辈，插不上嘴。在我看来，在 2008 年春季的我看来，季先生的家事，遇到的是重重叠叠的"鬼打墙"。本来，这事是可以调解的，因为说到底，也不过是家务矛盾，彼此并没有什么深仇大恨。俗话说："夫妻没有隔夜的仇。"那么父子呢？岂不是比夫妻更为贴近。"世事每从让处好，人伦常在忍中全。"如果你真的爱护季先生，就不应坐视他成为孤家寡人。我未见季承之前，听了一耳朵关于他的坏话，既见之后，经过多次接触，发现他绝不是别人说的那么坏，恰恰相反，他是一个单纯而固执的书生。季承和父亲闹翻，起先觉得，"您现在功成名就，我也不要沾您的光"，所以一度不登父亲的门。门是未进，心还是放不下的，所以常常徘徊在父亲的门外。有一次李玉洁劝他进，他最终没能鼓起勇气，这是他的错。再以后，再以后就形势大变，自打父亲住进 301 医院，他想进也进不去了。季承痛心疾首，悲愤莫名，他交给我的书稿中有一段回忆，谈到他小时候对爸爸的渴望，十分真挚感人，我认为那流露的是真情，现在把它引在这里，供读者品味：

那是 1946 年暑假，一天，叔祖母对我说："你爸爸就要回来了。你搬到我们屋里来睡吧。"我当时并不明白这是为什么。在这以前，我一直和母亲睡在一起。这时我十一岁，对事情若明若暗。叔祖母一向对我爱护备至，我对她的安排言听计从，于是就离开母亲，搬到叔祖父母住的西屋去了。叔祖母还对我说："你妈可能会给你生个小弟弟，你要听话。"

我对小弟弟不小弟弟的，毫无所谓，但是对爸爸要回来的消息，兴奋无比。我长到这么大，还没有见过爸爸。过去，小朋友们在玩耍时欺负我，总是说我没有爸爸，是野孩子。你可以想见，一个儿童自尊心的损伤。而现在，我的爸爸就要回来了。我同这个世界上的任何人一样，也有了一个亲爱的伟大的爸爸。那些天，我常常一个人躲在无人处，尝试着叫"爸爸！"，"爸爸！爸爸！"，我一遍一遍地反复叫着，既小心翼翼，怕被别人听见笑话，又担心自己叫得不够亲切，不够韵味。我现在已过了古稀之年，但每当回忆起那一幕，还禁不住热泪涌流。唉，我对父亲的渴望，局外人是难以想象的。

另外，在书稿的前言部分，季承有一段自白，同样诚挚，感人，我一并把它引在这里，读者自会有公断：

晚年，父亲一个人住在 301 医院，身边没有一个亲人，如果我不写出这本书，人们就不会知道人性的复杂，世道的曲折，对许多事的判断，只能停留在表象，假象。比如说今天，2008 年 8 月 14 日，我上网启动百度搜索，在父亲季羡林的名下，相关网页竟有一百二十九万篇之巨，但是关于我们家的真实报道，敢说一篇也没有。这不是很奇怪么？而这种奇怪，居然就堂而皇之地发生在光天化日之下，发生在我们眼皮底下。可以设想，到了若干年后，"历史事实"又会怎样走形！因此，本着对历史负责，对家庭负责，也对父亲负责，我把从前写过的关于我们家的部分篇章翻出来，重新整理，完善成书。

父亲永远是我的父亲。今生今世，这是改变不了的。我这里所写的，老人家可能看不到了，但在父亲百年之后，我会把书焚烧在他的灵前。而若干年后，当我到了那边，我仍要与他老人家会合，并且喜极而泣地高喊一声"父亲"！

　　围绕着季老，有各种各样的议论。笔者不想介入，我只是提醒读者，注意一下季老本人的肺腑之言。譬如他的这一段话："常言道：'小不忍则乱大谋。'在家庭中则是'小不忍则乱家庭'。夫妻、父母、子女之间，有时难免有不同的意见，如果一方发点小脾气，你让他（她）一下，风暴便可平息。等到他（她）心态平衡以后，自己会认错的。此时，如果你也不冷静，火冒三丈，轻则动嘴，重则动手，最终可能告到法庭，宣判离婚，岂不大可哀哉！父母兄弟姊妹之间，也有同样的情况。结果，一个好端端的家庭，会弄得分崩离析。这轻则会影响你暂时的情绪，重则影响你的生命前途。难道我这是危言耸听吗？"（《温馨，家庭不可或缺的气氛》）

　　另外，在 2008 年春季的我看来，季先生也有他明显的失误，他当年一时冲动，仰慕起古希腊悲剧之灵魂，与独子的疏离，就是预为"壮丽的死"作铺垫，他设想自己举起了亚历山大帝的宝剑，与世俗的种种羁绊一刀两断。谁曾料到，命运之神偏偏将他纳入喜剧的轨道，他峰回路转，化悲为喜，全身心拥抱新生活，却忽略了从根本上铲除生活中的悲剧因子，这就使得他的喜悦始终搀杂着一丝阴影。我曾当面请教季先生古希腊悲剧的真义，他说记不得了。季先生遗忘了悲剧，悲剧并没有遗忘他。这是他的不幸，或者说是宿命。幸福和痛苦如影，喜剧和悲剧随行，叹人生，大抵如此。（换个角度看，季先生的生命也因此而更具悲怆感、金石感。）歌德说："天才的命运注定是悲剧。"季先生在家庭生活中，绝对是悲剧。正应了一句俗话："幸福的人生一定平庸，伟大的人生一定痛苦。"

　　闲话打住。孟祥以为我们这么晚赶来，肯定要在临清留宿，我说不行，即刻就去官庄，连夜还要赶回济南。怎么弄的这么紧？嗨，自找的呗。现代人的节奏，就这样。技术越来越先进，生活却越来越喘不过气。孟祥因为另有约会，不能陪，遂让司机小阎给我们带路。

　　济南到聊城，一百多公里，走高速，花了一个小时；聊城到临清市区，五十公里，有三条路，东路最好走，我们错走了西路，赶上修桥，交通堵塞，但一个小时也到了；临清市区到官庄，二十五公里，猜想须臾便至，却又足足走了一个小时，如果没有小阎带路，自己瞎闯，三个小时怕也到不了。三段路程，形象地划分出三个历史时区。最后一段路，实在崎岖难行。记得前番来临清，提出要去官庄，县上的人死活拦住，说是雨后路滑，小汽车没法开，我心存狐疑，以为是某种托词，此番实地经过，不由得不信。小阎说，逢到雨季，那小车啊，在路上走，就像在水上漂一样，方向盘根本不管用，所以那些日子，谁都不敢到官庄来，官庄的人也无法出去，真是难哩。

到了官庄，直奔季老的故居。是老房子吗？"地址没动。"小阎说，"新中国成立前，季羡林从北大回来，受到国民党山东省政府主席王耀堂的接见，县里就很当一回事，刻意保留了故居。新中国成立后，季羡林在北大当主任，更是县里的大名人。这房子，几十年前翻盖过一次。"到了院门口，暮色已浓，我留神看了看，院墙是红砖砌的。当初，一个世纪前，季羡林的叔父中了大奖，回乡盖房，首先是高价买砖。进院，东西厢房，坐北一排正房，也是红砖红瓦。一个世纪前的院子居然保存到今天，也算是古董了。季羡林的父母去世早，老家只有一个妹妹，嫁给姓董的人家。如今也已故去。这院子，平时由孟祥的弟弟看守。今天他弟弟没在，弟媳出面接待，毕竟隔了几代，文化水平又不高，季老的事，说不出许多。进屋，典型的北方农家，一头是炕，一头堆生活杂物，中间是起居室，放一张桌，几条凳，墙上糊了报纸，当中挂一幅书法，是毛泽东的诗词，旁边有两个简陋的镜框，仔细瞧了瞧，没有与季老有关的照片。环顾室内，一切的一切，都难以和季老的童年发生联想。这么大的名气，这般难得的故居，为什么不做一点主题点缀呢？看来，季老的辐射只限于轮椅所及，到了官庄，就"强弩之末势不能穿鲁缟"的了。

院子东侧有一间仓房，泥墙泥顶，无门无窗，胡乱堆着柴火，以为是季老当年的旧屋，孟祥的弟媳说不是。想想也好笑，长木巨石，青砖青瓦，庶几能挺立百年，这泥墙泥顶，岂能抵挡一个世纪的风雨？放眼小院，空空荡荡，别无像样的物件，只有一棵歪脖子树（对不起，刚开春，还没长出叶芽，分辨不出是一棵什么树），不高，也不壮，看不出多深的资历，谦卑地站在一旁，作无言的陪伴。于是拿它做背景，分别摄影留念。

出了小院，往北走，经过一处洼兜，齐刷刷地长着一片杨树。小阎介绍，这里就是季老在文章里反复念叨的池塘，季老小时候常和小伙伴在这儿玩耍，如今池塘干涸，栽上了树，尽管如此，季老九十大寿那年回村，还是一眼就认出了这处所在，并且回想起当年的许多趣事。穿过杨树林，拐个弯，不远就是季老的侄孙，也就是孟祥爸爸的家。进院，他侄孙不在，只有侄孙媳妇一人，也有六七十岁了。正屋的摆设和季老故居大同小异，连墙上挂的书法，也是出于同一人之手。相框里倒是有两张季老的照片，是九十大寿回乡时的留影，一张是端坐在家中的院里，侄孙媳妇给他倒茶的场面，最有意思的是他的玄孙，依偎在老人身边，一副好奇的怪模样；一张是在县城的宾馆，孟祥扶他上楼梯。此外还有一张，是亲属们到北京看望季老，一起在北大未名湖畔的合影。我如获至宝，请佟铮先生用相机把它们翻拍下来，由于室内灯光太暗，闪光灯又出了毛病，拍了几遍，效果都不佳，于是征得季老侄孙媳妇的同意，把照片从镜框里取出，打算拿去县里扫描。说话间，她老伴从外面回来了，一个身长七尺的大汉，比起季老，是又高又壮，头扎白羊肚手巾，面庞黑里透红，见了客，没说话先笑出声，握起手，紧紧地拉着不放。我问："您是否才在地里干完农活？"他答："哪里还有什么农活？地被别人承包了，每年给点钱，不多，就那么回事。"我又说："您儿子在县上当领导，按理，生活应该比一般人家强，但看您家里这模样，日子并不富裕。"他说："儿子每月工资才一千一百块，还要养他自己一家子，能富裕到哪儿去。"我想，也是。我又想，季老当年如果不是投奔济南城的叔叔，留在官庄，终了就是鲁西乡下的一个农夫，眼前他的这位侄孙，就是他的影子。

关于官庄，近来看到季承的一篇回忆，录在这里，权作本文的补充。季承写道：

"文革"的暴风骤雨过去，父亲动了思乡之情。1973 年暑假，叔祖母先行去济南，随后父亲、母亲、我和两个孩子一行五人，回到祖籍山东省清平县（现改为临清市）大官庄。我们下了长途汽车，便有村上驴拉的板车来接。这是我第一次到祖籍探望，那一马平川的黄土地，稀稀拉拉的树木，无精打采的庄稼，黄土砌成的矮房，这就是我的根哪。祖父卖剩下了的那五间瓦房还在，是在当地政府特别关照下保留下来的，已经破旧的不能住人了。父亲站在里面躲避祖母追打的水塘，以及拣枣吃的枣林都还在。

我们借住在别人家准备结婚的新房。村里的老百姓，呼啦啦地全来了。门外场地上站满了人，真是人山人海。从他们的穿着上看，十分贫穷，绝大多数小孩，都光着腚，脸色又黄又黑，毫无光彩。他们把我们当成天外来客，或者动物园里的动物，终日围观，不肯散去。父亲带我们去祖父母坟上磕头，会见他的大妹和其他亲友。父亲小时候的哑巴朋友还在，两个人比划着说了一阵。村支书从全村搜集来一些肉、蔬菜，招待我们。他们包的水饺，用带皮的肉丁做馅，味道鲜美极了。其中有一道烧茄干，味道之美，风味之殊，堪称一绝。我惊叹民间竟有如此出色的烹调手艺。吃饭的时候，父亲屡屡让他的大妹吃菜，可她低着头，一个劲地说："俺不吃呢。"几天内，我没见她动过一次筷子。正是夏季，村上的孩子大都不穿衣服，我给他们照相，眼前站着一大群光着腚的孩子，就像到了非洲原始部落。父亲曾从北京给村里寄过很多书。这时一看，连书的影子都没有了。据说都用去卷了烟，有的擦了屁股。在大官庄的几天，父亲的心情很好，兴致勃勃。他曾试着去井里打水，不会摆水桶，别人帮他把水打上来，又挑不动，只好作罢，改由我挑回去。临行，父亲给了村干部二百元钱，算是付接待费。

告别官庄，天完全黑了，路上车不多，回头遥望，仅见稀稀落落的几星灯火。季老在《我的童年》一文中说："当时全中国的经济形势是南方富而山东（也包括北方其他省份）穷。专就山东论，是东部富而西部穷。我们县在山东西部又是最穷的县，我们村在穷县中是最穷的村，而我们家在全村中又是最穷的家。"依笔者之见，这番话，意在渲染老季家的赤贫，当作文学作品理解是可以的，实证却不行。无论从季羡林的祖上看，还是从他父亲和叔叔都识得字，以及叔叔中奖暴富，泽及他父亲这一点看，再以及季羡林自己很小就开蒙来看，老季家还是有点家底的。在官庄，肯定有比他更穷的人家。闲话打住，为了扫描从季老侄孙家取来的三张照片，我们跟小阎到了他表兄刘峰开办的照相馆。刘峰当过兵，复员回来进的是纺织厂，后来厂里改革，十多年工龄被八千元买断，就开了这家相馆。妻子是厂里的同事，没下岗，干了二十年，工资才六百元。阎中华呢，也当过三年兵，退伍六年，月收入仅三百元。小阎的父母做生意，前些年赚了点钱，给他和两个姐姐办了城市户口，每个户口花了一万元，又给他在城里买了房子，娶了媳妇，现在媳妇快要生孩子了。小阎谈到这些，并没有什么不满或感慨，因为这里大家都一样，比上不足，比下还有余呢。但在我们外人听来，确实有点不是滋味。九十年前，季老离开的是一个贫穷衰败的乡村，九十年后，这里依然同外部世界存在太大的差距。兴许有感于此，同来的沈惠冲先生（他是江苏启东一家厂子的老板）执意要帮小阎的忙，说你到我那里干，仍旧开车，每月工资至少过两千。小阎动了心，他说要征求季部长的意见，并说要出外打工，最好是等孩子生下后，夫妻俩一起去。

若干天后，笔者收到佟铮先生的一篇散文，记叙的就是这次官庄之行。佟先生在文章开头说："'岱宗夫何如？齐鲁青未了'，正是当年杜工部访问山东的季节，一千三百年以后，我们也追随他老人家的足迹，来到泰山西北的黄河冲积平原，运河边的临清县，寻访一位当代的文学泰斗、国学大师季羡林先生的故居。曾经拜读季老先生的忆旧文章，记得他老人家把故乡称作中国最穷省份最穷县中最穷的村，而他本人则是从村里最穷人家走出来的。一个穷到顶的孩子，从一条崎岖小路出发，走出县城，走出省城，走出京城，走出国门，漂洋过海，最后又走回来，登上文化的高峰，成为中国文化史中一位相当杰出的人物，虽然不能与杜甫齐名，在当代却获得了比杜甫生前更多的荣誉。……"结尾与开篇呼应，写道："……依然是坎坷不平，九十年前季老从这条路上走出去，那时只是个'穷小子'，是用两条腿量出去的？还是骑毛驴、坐牛车的？我不记得季老是怎么回忆的了，但我肯定至少也要走上一两天。他一路上在想什么，他有多少个希望，多少种期冀，如今，他自己未必记得住了，他的研究者也未必揣摩得出来了，但图活命，图更好，是不言而喻的。季老忘不了自己的家乡，也希望能给乡人做点好事。临清县要修复一座佛塔，通过他，找到当时主管文化的当年清华大学同学胡乔木，指示国家文物局批了一笔款子，修了起来。当地人说，没有季老的运作，聊城大学也不可能建立起来。季老深知穷家子弟求学的艰难，为家乡的后辈莘莘学子有书读，他是尽了自己的绵薄之力。他不是当政者，大笔一挥就能拨下款子干这干那，他只是一介书生，能为家乡做这些事情，已经是勉为其难了。我想，季老未尝没有杜老夫子的胸怀。当年杜老夫子愤恨天下不公，吟出'安得广厦千万间，大庇天下寒士尽欢颜'的千古名句，感动了一代又一代的天下寒士。现如今，已有广厦千万间竖立在那里，可还有更多的天下寒士没有自己的房子住。除了需要有人出来讲'海晏河清'，讲'政通人和'，也还需要有人像杜老夫子那样站出来大声疾呼，为民请命。以季老的年纪，我们不期望他干点什么，如有机会在当道者面前，吟咏这句杜老夫子的千古名句，那将会是另一次使人激动的千古绝唱：'安得广厦千万间，大庇天下寒士尽欢颜！'"

佟先生这是求全责备了。"《春秋》责备贤者"嘛，对于偶像级的人物，我们总希望他十全十美，无可挑剔。出发点是好的，做起来却不免沦于残酷。"以季老的年纪"？说得轻巧，季老今年是多大？虚岁九十八了啊，算上闰年闰月，可以说是一百岁的人了。古人讲："人寿以百年为期，故曰期；饮食起居动人无不待于养，故曰颐。"寿登期颐，已经是生命的极顶。换句话说，已经是日薄西山，气息奄奄。因此，我们对他不必再作任何苛求，就让他在医院里舒舒心心快快乐乐地安养天年吧，老人的人生使命已经完成，天下大事，还望后来者当仁不让，奋力争先。

第八章

人，不能真正逃出命运

聚焦 2009

晚年生命之最

站远了看

走近了看

歪打正着，父子相见

扑朔迷离，莫衷一是

斜刺里杀出的张衡、唐师曾

斜刺里杀出的张衡、唐师曾

2006 年 9 月，笔者着手写这本"晚年季羡林"，当时是一边采访，一边搜罗资料，那是短暂的黄金时代，得心应手，进展颇为迅速。到了 2006 年底，探视季羡林的途径基本被卡，我只能站在远处"手搭凉篷"观望。这也好，局外人"看戏"，反倒更为客观。就这么一路看，一路写，积两年之久，到 2008 年 8 月，完成了第七章"医院内外，朦胧的剪影"，这时，感到话说得差不多了，按照文章脉络，似乎只要加一个尾巴，就可以收场。

但这尾巴迟迟加不了，因为季先生还在健康地活着，还在继续创造奇迹。我真佩服季先生的活力，他在八十岁上，实行学术研究的冲刺，九十岁上，成为举国景仰的文星，九十六岁出版《病榻杂记》，且信誓旦旦地宣布"我不能封笔！"。面对这样一位精力充沛、韧劲十足的老人，我干脆搁下书稿，一边观望，一边转入其它的课题。

然而，没有想到，绝对没有想到，2008 年 10 月 30 日，风波骤起，它来得那么急促，那么尖锐而诡谲。干了几十年的新闻记者，我的消息算是灵敏的，先是，大约半月前，耳闻 301 医院发生变故，季先生以蔡德贵换掉杨锐，因为忙着去外地开会，没顾上细打听，一个礼拜后回来，消息全无，就把这事忘了。到了 10 月 30 日，中国青年报突然爆料：《谁盗卖了国学大师季羡林的藏品？》这是第一道闪电，由此揭开了季羡林风波的序幕。

这是一出大戏，想象不出的传奇，精彩。导火索在于：季先生的藏品是否被倒卖？其实，这只是表面现象，事情本身，对季先生并没有多么重要，但是深层次的东西，远比这丰富、复杂万分。

这就叫"牵一发动全身"。

读者当会看到，事情的发展有它必然的逻辑，你读完前七章，就会对季先生的"生态"有个全面的了解，这样再看藏品风波，才不会感到突兀和迷茫。季先生的晚年，和他的童年、青年、中年遥相呼应，互为因果。

有时想想，一切都仿佛命中注定。

季先生不信命，但命运并没有放过他。

季先生相信"风水轮流转"，"三十年河东，三十年河西"，比照他的一生，也真是惊人地应验。

事情发生后，某些人七猜八猜，以为是谁谁谁搞的阴谋，在笔者看来，这只是季老爷子的命硬，他一直在按照自己的意志前行，任何人都无法左右。

现在让我们从头说来。

2008 年 10 月 30 日，中国青年报推出报道：《谁盗卖了国学大师季羡林的藏品？》全文如下：

10 月 24 日，正在哈尔滨的新华社记者唐师曾收到一封邮件："季羡林先生处在危险中，藏画被盗卖，你是先生的朋友，你必须救救他！"

唐师曾与季羡林相识 10 多年，而且知道季羡林先生住在 301 医院。但并不认识发信人张衡。他回复："我不认识你，凭什么相信你？"

发信人显然很急，立即发来了季羡林 5 份手迹的扫描件："季先生的字你总会认识吧？"

"季先生被称为国宝，国宝的宝竟然被偷着拍卖了！"唐师曾深感震惊。

10 月 28 日，唐师曾赶回北京，见到了举报人张衡，张衡提供的情况再次让他震惊。

这种流散方式很不正常

张衡是季羡林的朋友，也是一名收藏爱好者，在北京开设了一家美术馆。

2007 年 4 月 27 日，张衡参加了"北京金兆艺术品拍卖会中国书画专场拍卖会"。拍卖会上，他发现了季羡林收藏的十六幅书画作品，包括费孝通、吴祖光、臧克家等名人的书画作品。北京金兆艺术品拍卖公司印发的拍卖图录册标明："季羡林上款，同一藏家友情提供"。

张衡解释说："'季羡林上款'的意思是，这些作品的受赠人是季羡林，'同一藏家友情提供'，说明这些书画的卖主是同一个人。"

"按照季羡林的性格，他不会把这些藏品扔出来换钱花。"张衡对中国青年报记者说。

张衡说，根据常识和自己的鉴定能力，他认为这些拍卖品是真的，于是拍下了十四件，成交价共六点一万元。

此后，张衡陆续参加了在北京举行的几次小型拍卖会，又发现了十多件季羡林的藏品。出于多种原因，他又拍下了十件，成交价共计一万多元。

张衡说："不管出于什么原因，季羡林的藏品这样流散出来都是很不正常的。"

张衡说，他很想向季羡林当面求证这批书画作品是不是季老授权拍卖的，但季老住在301医院，见面须经北大和301医院批准，以他的身份，见面非常困难。

张衡认为，不管季羡林的藏品是否属于被偷卖，自己都应该和北大打招呼，提醒学校加强管理。

张衡给北大校办通了电话。"校办很客气，表示要通知有关方面，还留下了我的电话。"

张衡说，十多天过去了，北大校办没有给他回话。但他却意外地接到了季羡林秘书杨锐的电话。张衡说："她很不客气，质问我，你是山东大学的人，凭什么管我们北大的事？"

张衡说："我越来越感觉季羡林先生处境危险。"

季羡林：从没委托别人卖画

10月28日晚，唐师曾和张衡等人设法在301医院见到了季羡林。

唐师曾说，季老神志清晰，说话很有条理。

唐师曾向中国青年报记者播放了他采访季羡林的DV录像。

录像中，唐师曾问："您家里的藏画是怎么流出去的？"

季羡林答："过程不知道，但很多人都知道这件事。"

问："多长时间了？"

季羡林答："丢画两三年了。"

问："为什么不报案？"

季羡林答："小事一桩，不知道怎么传出去的，以为就是（别人）偷几幅画卖，看来（现在）认识是不够了。"

采访中，季羡林还表示，他不缺钱，没必要去卖画，他也从来没有委托别人去卖画。

10月20日，季羡林手书了一份证明：我从来没有委托任何人拍卖我收藏的字画和其他物品。因为我并不需要钱，上述流言，别有用心，请大家千万不要上当。

采访临近结束时，季羡林多次表示，他不愿意住在301医院，住院的费用也由自己承担[1]。他说："我希望回北大去。"

多次反映没有结果

张衡对本报记者说："收藏季老书画藏品时，我考虑了很多，唯一没有考虑的是举报。"

但现在，张衡只能向媒体求助，因为北大至今没有给他任何回复。

10月16日，张衡再次给北大校办打电话，反映季羡林藏品被盗卖一事。

第二天，北大校办督察室工作人员乔淑芝等两人会见了张衡夫妇。会谈持续了一个半小时，乔淑芝等做了书面记录。

10月20日，张衡带着季羡林的五封亲笔信直报北大领导。

10月22日，张衡给北京301医院领导写信请求立即加强防范措施，确保季老的安全；立即询问季老的个人意见，了解相关情况；尽快与北大党委取得联系，核实相关情况。

10月23日，张衡再次给北大领导写信称："未得到北大领导的回应，实在是出乎意料和不可思议。"他希望，立即派人到301

---

[1] 此说不确，笔者听李玉洁说，住院的费用是三三制，即国家、学校、个人各出三分之一。

医院看望季老，了解他本人的意思；立即派人接替杨锐的工作。

藏品被谁盗卖？

2001年7月6日，九十高龄的季羡林先生将珍贵的图书、手稿、字画等藏品亲手捐献给北大图书馆。此次捐献的一百多幅字画珍品中，年代最远的是宋朝的，近代的有齐白石的作品。

张衡说，此次被盗卖的书画藏品和季羡林捐赠给北大的不是一回事，而是季老家中的藏品。

张衡说，季老在北大有一套两居室[2]，大门钥匙由"小方"保管。小方曾长期照顾季羡林，五十岁左右，季羡林称呼他为"小方"。房间钥匙先由季羡林秘书李玉洁保管，李玉洁生病后交现任秘书杨锐保管。

今年9月30日，季羡林书面通知小方：没有我的签字，任何人都不许进入我的房间。

10月23日，李玉洁提供了书面证言：金兆公司图中编号为526的书法作品是吴祖光、新凤霞来贺老先生九十大寿时带来的礼品；字画534号（臧克家书法立轴）是我亲眼所见；521号是我扛过去的。以上作品我在2001年秋交给杨锐保管。

此前的10月1日，季羡林给温家宝总理写信说："我现在需要一位助手。山东大学某同志是我多年的老友，他最适合担任这个工作。"

10月16日，季羡林给闵维方写信说："经过仔细的考虑，我认为，像我这样什么实际工作都没有的人，有一个所谓秘书是多此一举。建议取消。"

同一天，他再次写信说："杨锐女士太辛苦。她有一个家庭需要管理，还有自己的社会活动，我实在不忍心看她每天还要到医院来。"

10月29日晚，记者拨打杨锐的手机，电话已关机。

当晚，季羡林弟子、复旦大学教授钱文忠在博客上撰文说，

---

[2] 季老在北大朗润园十三公寓一楼东侧有对门的两套房子，分别是201和202，201是两间半，作书房，201是小三居，作起居。

季羡林先生的女儿、女婿去世多年。孙子、孙女、外孙都和各自的配偶、孩子生活在北美。先生的儿子也已年过古稀，有自己的专业领域，先生的后代都没有依赖先生。

他认为，要查清楚这件事情其实并不难，拍卖公司是有严格手续的，只要到拍卖公司去查一下，看看是什么人将这些字画送去拍卖的，或者顺着这条线查下去，事情不就水落石出了吗？

张衡说，他已经就此向北京市海淀区公安分局报案。（记者刘万永）

我是在 10 月 30 日下午，接王树英电话，才得知上述消息的。随即上网搜索，消息已经四散。其中，最为值得关注的，是曝料人张衡的博客：

季羡林先生字画拍卖的事，我知道点内情

季羡林先生的那批名人字画是 2007 年 4 月 27 日在北京金兆拍卖公司亮相的。

我是收藏爱好者，也是季老的好朋友，当时发现季老的藏画被公开拍卖，自然是很惊讶！想问季老吧，他在 301 医院住院，根本见不上。想举报吧，又怕损害了季老身边工作人员，没准是季老哪位秘书一时糊涂犯此小错呢。又一想，如果是季老同意拍卖的呢，岂不没趣？于是，出于对季老的崇敬，就把那批画全部拍了下来，场景有点像赵本山的小品。买完之后，总是觉得事情有点不对头，就向北京大学校办打电话反映了一下：希望今后加强对季老物品的保管，因为季老是国宝，资料流失是弊大于利。本人性格有点像鲁智深（"鲁"或有余，"智深"全然不搭界），生性不屑拍马屁，这次却自献殷勤拍了北京大学的马屁！——就等着被表扬啦！

没想到，人家北大官方根本没理我这茬。十几天后，有位杨锐女士来电话，声色俱厉的斥责我"多管闲事"。杨锐女士乃是北大党委副书记吴志攀之妻。季老原来的老秘书李老师脑溢血病倒后，杨锐可就是主宰季老一切内外事务的大总管秘书了，谁敢得罪呀？我连声道歉唯唯而退。碰了满鼻子的灰，心想，这回可真是拍马屁拍到马蹄子上啦！此后一年多里，再也不敢过问此事！但是季老收藏的名人字画继续频频出现在北京市各个拍卖会上。我把心一横：那就买呗。到现在，已经买下了二十多张，大概可以名列当今天下收藏季老藏品的前三名啦：季老、小偷儿、我。我以为用场有三：一是可以收藏，作为个人美术馆的镇馆之宝，二是可以转让，转让者，美其名就是搞活市场互通有无，丑其名就是投机倒把牟取暴利；三是捐献，将来可以捐给季老博物馆换张奖状什么的。只是没有想到过举报！本人真的是心地善良。

可是时至今年9月底，季老忽然托人捎话要见见我。我喜出望外！一直以为这辈子见不到季老了呢！因为季老自打进了301医院，既是熊猫又是神仙，咱们小人物无门可入。意外奉招，"喜何如之"！（季老常用这四个字）

见到季老，报上姓名，四手双握，久久不开，相对无言，几欲垂泪！季老像是个剥了壳的嫩蚕蛹一样坐在小桌之后沙发之前，眼睛已经基本失明，耳朵也已近乎失聪，语言极其木讷。他喃喃说道："你来啦，你可来啦，你可来啦。"

——当其时也，我能见到活着的季老，高兴得有些发晕！

（可是此刻写到这儿，我不由得涕泗横流！）

季老静静地说："字画拍卖的事我知道了，你为什么不早告诉我呀？"

我说："我不敢告诉，不想告诉，担心影响您的健康。再说我也进不来呀。"

季老说："那些字画，我不想追了。可是我怎么才能摆脱这个秘书呀？她丈夫是北大副书记呀。北大不会同意换她。"

我说："温家宝总理不是很关心您吗？给他写个信吧。"

季老说："我这一辈子有事从来不求大官。"

我说："都什么时候了，您别想不通。再说，温总理是您的朋友呀。遇上难题了，不求朋友求谁呀？"

有了"朋友"这个名义，季老总算同意给温总理写了几行字："要求请山东大学某教授来做助手。"当时他就是不想触碰杨锐的名字。这一天是10月1日。

十天后，温总理的批复大概是到了北大，杨锐躁动异常，四处责问根由：是谁叫那个教授来的？他来干什么？等等等等。然后，杨锐竟然把餐馆打包拿回来的鸡骨头给季老"尝尝"。季老本是出了名的有涵养，可是这回也"养"不住了。他怒斥杨锐："你这是喂狗呀？狗也不吃，为什么给我吃？""这个女人太不要脸啦！"

成心激怒季老？明摆着是想气死他呀！我赶紧报告北大！

从10月17日到10月23日，一共跑了三趟，发了几十次电子邮件，竟没有任何回示。

我发短信严词责问北大党委一位秘书。他回答说："季老的事是大事，大事就不能着急呀！你不是报告许校长了吗？许校长正在外地出差。得等领导都到齐了，才能开会研究决定呢。哪天决定？我哪儿知道是哪天决定呀？听领导决定！"

拖！莫名其妙的拖！

可是季老身体受不了不良情绪的长期刺激呀！

那位秘书回答："不是有医院吗？你急什么？你是大夫呀？！"

10月23日，我又是写信又是发电邮，报告北大闵书记和许校长，要求北大至少派人到301医院去看看季老征求意见。北大仍不理会。也就是说，从10月初直至10月23日，北大既不理会温总理的批复，也不理会我的呼吁，甚至拒绝征求季老意见。这究竟是为什么呀？

拖！用心险恶的拖！

季老已是九十八岁高龄的风烛之年病羸之身，经不起任何一点点有意的折腾或无意的疏忽，受不住任何一点点身体的伤害和精神的折磨。季老有可能被气死、熬死、或者干脆直接害死。

我想起了如今社会上常见的那些对孤独无靠的富贵名著老人的"入室打包抢劫"的罪案。老人活着，拿他们做摇钱树和聚宝盆，转移其财产物品。老人身后，假模假样的挤几滴鳄鱼眼泪，留一笔糊涂账，然后溜之大吉。对此，全社会是无可奈何的，因为老人已经永远闭上嘴了。郑板桥有诗曰："夜杀其人，明坐其家。处分息事，叱众勿哗。主人不疑，以为腹心。无奸不直，无浅不深。"

一个"入室打包抢劫"的罪案正在浮现？一旦季老身体遇险，

他们的罪恶阴谋就能得逞。

10 月 24 日，气温骤降十多度。301 医院。季老午睡中。杨锐悄悄打开门窗大通风。幸被护理人员及时发现："你干什么？你想让先生感冒吗？快关上！"杨锐顺从地关上了门和窗。杨锐平日可不都是这么顺从别人的，尤其是对一般的小人物。

听说这个，我决定豁出去了！我向中央领导、向公安机关紧急报案！

——嗨嗨嗨嗨嗨嗨。什么报案不报案的？这跟季老字画被拍卖的事有何关系呀？

有关系：那批被拍卖的字画是杨锐女士负责保管的。季老对字画流失经过完全不知情。

——有证据吗？

有。是书面的证词。证据指向杨锐。季老的证词是："我从来没有委托任何人拍卖我收藏的字画和其他物品，因为我并不需要钱"。

——还有吗？

还有。证据链已经很完整。铁证如山，完全客观。

——再透漏点？

不。原件已经妥存。复印件报了十几份，报给中央领导和公安局和北大组织了。听回音吧。

——快吗？

估计快了。希望快点！

——季老情况怎样？

季老说："我不想追回那些字画，我只是不需要杨锐给我当秘书了。我想回北大的家。我想回家。"

季老还回得了家吗？季老能够摆脱他的秘书杨锐女士吗？这一回，季老面对的可不是杨锐一个人，而是一伙人呀！九十八岁的季老能够跳出他们的手心吗？

我愤怒，我担心，我木然。

我累了。可是我还是要拼死呼吁！呼吁到底！我不怕危险，也不怕恫吓，因为我相信邪不压正！

因为季羡林先生在《季羡林自传》p342 上白纸黑字地写着："张

衡，是我山东大学的小校友。我们成为亲密的忘年交。对于我的事情，张衡无不努力去办。他哪能袖手旁观？"

我就是那个张衡。我哪能袖手旁观？

唐师曾我见过一面，在季先生的一次生日宴会上，他是记者中的名角，是走到哪儿都能带动风声的人。网上有一篇关于他的简略介绍：

唐师曾，新华社摄影记者，1983 年北京大学国际政治系毕业，1990 年独自潜入伊拉克采访海湾战争，1991 年～1993 年 任新华社驻中东记者，2001 年当选全国十大新锐青年。最高的地方，他上过珠峰大本营，最低的地方，他下过死海，最冷的地方，他去过南极，最热的地方，他到过马来西亚热带雨林，最危险，他采访过海湾战争，最悠闲，他跑到美国当了一次农民，外号'唐老鸭'，一个用独特视角看世界，一个永远行走在路上的人。

张衡我没有见过，但是听说过，出处是季先生的《病榻杂记·在病中》一文，那里面有一节"张衡插曲"，季先生写道：

张衡，是我山东大学的小校友。毕业后来北京从事书籍古玩贸易，成绩斐然。他为人精明干练，淳朴诚恳。多少年来，对我帮助极大，我们成为亲密的忘年交。

对于我的事情，张衡无不努力去办，何况这一次水泡事件可以说是一件大事，他哪能袖手旁观？他不知道从什么地方得知了这个消息。7 月 27 日晚上，我已经睡下，在忙碌了一天之后，张衡风风火火地跑了进来，手里拿着白矾和中草药。他立即把中药熬好，倒在脸盆里，让我先把双手泡进去，泡一会儿，把手上的血淋淋的水泡都用白矾末敷起来。双脚也如此办理，然后把手脚用布缠起来，我不太安然地进入睡乡。半夜里，双手双脚实在缠得难受，我起来全部抖捺掉了，然后又睡。第二天早晨一看，白矾末确实起了作用。他把水泡粘住或糊住了一部分，似乎是凝结了。然而，且慢高兴，从白矾块的下边或旁边又突出了一个更大的水泡，生机盎然，笑傲东风。我看了真是啼笑皆非。

　　张衡决不是鲁莽的人，他这一套做法是有根据的。他在大学里学的是文学，不知什么时候又学了中医，好像还给人看过病。他这一套似乎是民间验方和中医相结合的产物。根据我的观察，一开始他信心十足，认为这不过是小事一端，用不着担心。但是，试了几次之后，他的锐气也动摇了。有一天晚上，他也提出了进医院观察的建议，他同邹铭西大夫成了"同志"了。可惜我没有立即成为他们的"同志"，我不想进医院。

　　唐师曾、张衡，都与季老有缘，这缘分究竟有多深，多广，我们且拭目以待。

扑朔迷离，莫衷一是

2008 年 10 月 31 日

　　媒体的嗅觉向来是第一流的，唐师曾、张衡的材料一经公布，媒体蜂拥而上。搜索那一时期的报刊、网络，有几件，值得一记：

（1）北京青年报载文，《季羡林家中藏画流落拍卖市场》追踪——

　　东方网 10 月 31 日消息：国学大师季羡林家中藏品在未经授权情况下流落拍卖市场，负有保管责任的秘书杨锐成为怀疑对象，她本人偏又回避媒体。季羡林弟子、复旦大学历史系教授钱文忠昨日向记者透露，事件被披露后，杨锐曾多次向他发送短信，大意为"自己是爱戴季先生的，没有做过拍卖季先生收藏的事儿"，并希望司法介入调查。

　　　　　　　　神秘男子将画作送至拍卖行

　　收藏爱好者张衡称，他最初在 2007 年 4 月 27 日北京金兆拍卖公司的艺术品拍卖会上，发现十四幅上款为"季羡林"的书画作品。

记者联络到北京金兆国际拍卖有限公司原艺术总监崔贵来。崔先生表示，由于市场不好，金兆公司停业很久了。但他仍能回忆起，公司拍品中确实出现过季羡林先生的藏品。

"我感觉（藏品）应该没问题，这些藏品年代不远，价值不是太高，没有人仿这些东西。"崔先生介绍，"季老师这些藏品都是无底价起拍，大多拍到两三千、三四千，最贵的大幅画作拍到上万。"

"送藏品来的是一位四五十岁的男子，称东西是朋友转让，我看东西裱工挺好，作者又有名，对来源就没多怀疑。"崔先生称，"男子曾说自己是大学老师，有点口音，好像是石家庄人。"

匿名电话多次反映此事

张衡称，多次将季羡林的亲笔信和有关资料交至北大领导手中，由于没有回应，季老手书证明"从来没有委托任何人拍卖我收藏的字画和其他物品，因为我并不需要钱"。落款是10月20日。

记者昨天致电北大党委书记闵维方的秘书郭丛斌，他说张衡确实对季老藏品被拍卖递过材料，学校正在调查事情真相。郭秘书说："除了张衡，还有另外一个人总以匿名电话的形式向北大反映此事，问他什么单位他也不说。这是一个大事儿，事情也并不是那么简单，不是一个人两个人说得清楚的，调查现在还没有最终的结论。"

季老秘书谢绝媒体采访

作为季先生的秘书，杨锐女士对藏品负有保管责任，但在事发后，她始终回避媒体采访。

前晚，与记者一同采访张衡的《南方日报》记者曾拨通杨锐的电话。电话里杨锐表示不方便透露情况，并将电话转给另外一名男子。该男子称，在拍卖品市场流通的字画是伪作，真正的藏品还在季老家中，随后表示事情"现在正在调查阶段，等过了这阵子再说"。便挂断了电话。

从通话后到昨天上午，杨锐手机一直关机。昨天下午趁杨锐短暂开机，记者与她短信联系，杨锐回复说："谢谢，我心很难过，暂不能接受采访。很感谢你的信任。"又称："我想想，合适的时间(再采访)，谢谢。"随后再度关机。

希望司法部门查清真相

昨天下午，钱文忠告诉记者，杨锐当天多次同他发送短信交流。钱文忠说，现在不便公布短信详细内容，但杨锐的大意是，自己"对季先生很好的，怎么会去卖他的画呢？"并希望司法部门介入调查。

"拍卖季先生画作的人很愚蠢，他又不懂行又想卖个高价，不惜给拍卖公司10%的提成。"钱文忠表示，"这样的人更容易查出来。这些字画是谁送去的，拍卖款项到了谁的账户，这不难查明。"针对流传的各种猜测，他表示，除个别当事人，大家都不是身在现场，胡乱猜测没有意义。

记者向张衡了解到，他已于上周末以季先生家中藏品失窃为由向海淀刑警大队报案。记者致电相关负责人得知，案件已被受理，但还在初查阶段，目前证据不足，尚没有立案。

唐师曾告诉记者，昨天下午四点多，北大校长许智宏在301医院看望了季老，季老看起来心情不错，谈话内容不详，杨锐没有在场。

(2) 网上出现季清给北大校领导的信，最初是发表在水木清华的BBS，而后被多家网站转载：

北大校长许智宏同志，北大党委书记闵维方同志：

你们好。我是季羡林先生的孙女，季清。今年七月回国探望了他老人家。首先，对你们对我爷爷的热心照顾与体贴，我在此表示感谢。

我听说了有关国内人事(爷爷身边的)问题已有很久了。许多亲属与我联系，抱怨他们见爷爷的困难。起初，我对此抱不相信的态度，但这次回国，我的确领会到了。我给温总理写了信，要求他在百忙当中抽出时间来过问此事。我相信，就像爷爷写给温总理的信一样，由温总理批示到北大，就此石沉大海，音讯渺无。

目前，又出现爷爷的收藏被盗卖的事件。这事我其实早已知悉，因信任北大的领导们会对这种不法行为进行迅速而有效的调查处理，也因不想给北大这至高之学府涂上黑斑，则没有追究。现在事情闹的愈演愈烈，国内外舆论像抄蹦豆似的越来越膨胀，我不得不插手此事，给你们两位领导写这封信。希望你们能迅速作出决定，而不要再拖拖拉拉。国内的官僚习气早有领略，不足为奇。但是作为北大的校、党领导也如此，则叫人费解。

排斥季家亲属的探望权力是极不人道的，我相信北大校、党领导及群众是不会容忍这种行为的存在的。

静候你们的回音！

此致

敬礼

季清

2008 年 10 月 31 日

(3) 人民网的评论：《季羡林书画被盗事件的暧昧与炒作》——

最近几天，有媒体披露，季羡林北大家中的书画被盗，一时间，沸沸扬扬。事件扑朔迷离，有人怀疑是赝品，有人指认是真迹，莫衷一是。

不管如何，这一新闻事件最终都指向了北京大学：如"季羡林遭秘书'虐待'；北大干什么吃的"；"'国宝'的'宝'被盗，羞煞了谁"；"季羡林的可怜处境"；"国学大师为何遭此'礼遇'"……种种不利于北大的言论，接踵而至。

只要是北大或清华，即使是芝麻绿豆点大的事，都会惹来许多媒体的追逐，这仿佛成了一个定律。就这件事来说，同样如此。媒体报道称，季羡林得知这件事，说："小事一桩。"但是很多人的愤怒，依然远甚于理智；情感的宣泄，远甚于真相。唯独鲜有人会想过，这极可能是一起新闻炒作事件，因为它的新闻源是有问题的。

最初的新闻源，应该是 10 月 30 日的北京青年报的《季羡林家中藏画流落拍卖市场？》和南方日报的《季羡林私人藏品未授权流向拍卖市场》。前者主要是山东大学教授张衡的讲述，后者主要是新华社记者唐师曾的讲述。而唐师曾的讲述也主要来源于张衡的讲述。

换句话说，季羡林藏的书画被盗，唯一的线索来自于张衡的口供。我并不怀疑记者的道德操守和职业素养，但从新闻的角度来说，这里存在两大疑点：第一，这些画没有通过鉴定真假，仅凭一个局外人的一面之辞，一些人就草率下了结论；第二，当事人季老也没亲自验证，所以他只能表示"两三年前听说过"。但是，被一些媒体转述成：季老"承认"家中的字画被盗。

到底季老家的书画有没有被盗，市场上流传的是否为真品，既然当事人自己也没办法确认，那么就应该是公安机关的事情了。北京大学也表示，已成立专门的调查小组，对季老的书画进行核对清理，真相应该不远。我们也暂且不表。

我想说的是，这么一个漏洞很多的新闻报道，为何却在随后的演进中，成了不言自明的结论呢？除了一些人专爱盯着名校的鸡零狗碎外，至少还可以做以下两层意义的解读：

第一，季老成了新闻媒体争夺的资源。即便季老公开请辞他头上的"大师"称号，但他的一言一行，仍成为媒体追逐的方向标。

当然，我们可以说，这体现了人们对知识和长者的尊重。但是，类似"奥运会开幕式上把孔子抬出来"的断章取义，为了一些小事频频去医院探访、求证、打扰，或者请求题词题字，表面上是尊重，实质上是对一位九十多岁老人的欺负与伤害。你不可能企求一个耄耋之年的老人，每一句话都是清醒之语，更不应将之当成金玉良言。你也不可能要求这样一个老人，能跟你们去辩论与反驳。

第二，季老成了高校争夺的资源。盗画事件中，最为暧昧的一个人，是来自山东大学的教授张衡，因为，主要的信息都是他对外公布的。而他特意强调，自己向北大反映相关情况，却数次被置之不理："北大的事，你管那么多干嘛。"而且他还披露，季老希望从山东大学挑选秘书。他也在一些博客和论坛对北大"揭黑"。这些话或许半真不假，但反过来，却暴露了他以及他背后的山东大学，难脱与北大争夺季羡林之嫌。

这么一个事件，再次证明，季羡林在媒体、公众、高校中，已经被符号化了，而且不断地被抢来抢去。所以，人们经常笑谈，季羡林养活了一个出版社，养活了一个研究所，也养活了包括媒体人在内的一群人。唯独，他个人是被空洞化了。

我承认这是文化人的魅力与应得的奖赏。但是，我更想说，放过他吧。因为在很多人心中，所尊敬的，欣赏的，是那位曾经一如既往地穿着中山装，在未名湖边，悠闲散步的长者季羡林，还有，跟在身后的那只猫。

归根结底，他不过是一个长者，一个退休教师，不应该承载超越他自身的符号功能，也不应该当成熊猫圈养起来。这对于国家，对于个人，都未必是一件好事。

在最近媒体关于季羡林描述中，我只觉得一句话可信："我想回北大的家。"

(4) 11月5日，中新网公布北大回应

北京大学新闻中心在该校官方网站上发表声明，声称"目前尚未发现季老藏品外流的情况"。

此前有消息称，季羡林的老友、新华社记者唐师曾和收藏家张衡近日披露，季羡林收藏的数十幅名人字画，从去年开始分批流向拍卖市场。之后，唐、张两人先后到医院探望季羡林，才得知这些字画是在季羡林毫不知情的情况下被盗卖的。季羡林强调："我并不需要钱，也从没委托任何人拍卖我收藏的字画和其他物品。"其秘书杨锐因此被指有盗卖嫌疑。

对此，北京大学新闻中心在声明中说："我校对有关季羡林先生私人藏品外流拍卖的消息高度重视，学校已成立工作小组展开调查，并按照季老的要求，对其收藏正在逐一进行清点登记，目前尚未发现季老藏品外流的情况。"

声明指出，根据季老意见，目前某些人手中流传的上款为季
羡林的当代字画，并非其真藏，我校工作小组正对此进行调查，
我们希望有关部门给予积极配合。

声明最后说，衷心感谢媒体和公众对季老的关心，我校将始
终尊重季老意愿，妥善安排好医疗照顾和日常起居，为他舒心愉
快地生活工作创造条件。我们也呼吁有关媒体尊重事实，尊重法律，
客观报道。

歪打正着，父子相见

季羡林风波中最重要的一件新闻，就是11月7日上午，季承进入301
医院，与父亲相见。读者应该记得，从1995年起，这一对老父老子已经
十三年没有见面。

据在场人员透露，季先生与儿子相见时，有如下的对话：

> 季承跪在老父面前说："爸爸，我给您请罪来了。"
> 老人家说："你何罪之有啊，这些年，何尝不是天天想念呀。"
> "我现在还是给李政道先生做助手，他和你一样是个工作狂。"
> "好，当懒人，没出息。"
> "以前也想来看你，就是进不来，以后就好了。"
> "父子团聚是人之常情，不希望我们团聚的人是不正常的。"
> "十三年来，我每天都走到这里，可就是进不来！"[3]
> "为什么这么多障碍？我了解一点，但不懂。"
> "十三年了，儿子想父亲呀！"
> "我对年的概念没有，但我知道时间很长，太长啦！"

唐师曾作为目击者，在该日博客发表了《分别十三年，季羡林父子团聚》
一文，并配发了照片，照片中，九十七岁的季羡林与七十三岁的儿子季承
相见，这对白发父子久别重逢，喜极而泣。

---

[3] 季老住进301医院，是2002年秋天以后的事，不能笼统地说成十三年。

唐师曾在博客中说，当季承为季羡林带来儿媳亲手烹制的山东传统食品"懒龙"，还有"十香菜"时，季老十分高兴。而季羡林的学生蔡德贵、季老首任秘书李铮的儿子李小军，为季羡林做了《口授实录》。

毓方按：这是字画风波引出的最出人意料，也最符合天理人情的结局，可谓歪打正着。回过头来看，倘若不是这场风波，在水一重山一重的障碍下，季先生恐怕很难与儿子见面，他的家庭悲剧还不知要拖到何时。因此，我回顾整个过程，觉得简直就是上帝的安排。

数学大师庞开莱说："机遇是对社会无知程度的一种度量。"这是数学家的语言，一般人很难理解，但是，如果结合季承的例子考虑，你就会恍然，他的意外现身，岂不正是利用了社会的无知所造成的巨大空隙。

呜乎，季承出生不久，就遇上爸爸去德国留学，其后有十二年，没有见到父亲，晚年与父亲相隔，又是十三年，前后相加，长达二十五年。我的天，人生有几个二十五年！这是季承的悲剧，也是季羡林的悲剧！

走近了看

2008 年 11 月 2 日

鉴于字画风波的沸沸扬扬，我有点坐不住了，我想去看看季老。其时杨锐已撤，新秘书还没来，怎么办？忽然想到季先生房间有电话，干脆直接与季先生联系。这办法管用，得到季先生同意，下午三点，我们一行三人进了 301。

先生一如既往地坐在桌前，听说我们来了，转过脸，面色十分平静。我想上前握手，伸手之际，终于又忍住，先生年纪太大了，出了这档事，休息一定不好，抵抗力差，我怕手上有病菌，传染老人。

终于见面。前一次是 7 月 4 日，在北大校园，远远地看上一眼，没有上前讲话。再前一次是元月 16 日，谈的是写作中出现的问题，重点围绕治史，先生谈到了范文澜，说范文澜也是视网膜脱落，和陈寅恪一样。今天呢，我没有准备，出于不放心，只是来看看。原以为这辈子见不着老人家了，手头这本"晚年季羡林"也已打算收尾。没想到收不成了，不仅不能搁笔，看样子，还得另起新篇。见了先生的面，讲什么呢？脑筋急转，思绪纷涌，得，人总归要讲本分，我是干什么的，就讲什么话。于是，我向先生汇报了研究院的工作，包括研究课题和推行散文奖、文化奖的计划等等。

说话间，唐师曾、钱文忠进来了。先生对我说了几句肯定的话，然后讲，这两天情绪不好，研究院的事，下次再详谈。

季先生说情绪不好，这是在意料之中，从前读季先生的书，记得他说："有人认为长寿是福，我看也不尽然，人活得太久了，对人生的种种相，众生的种种相，看得透透彻彻，反而鼓舞时少，叹息时多。"先生现在就是处于长太息之中。

转身看，先生背后的墙上，挂着冯其庸的一幅字，写的是："学贯中西一寿翁，道德文章警顽聋；昆仑北海漫相拟，毕竟何如此真龙。"

2008 年 11 月 4 日

《北京青年报》文章摘录：

季老每天早起做口述历史

今年 10 月 1 日，季老曾给温家宝总理写信表示："我现在需要一位助手，山东大学蔡德贵同志是我多年的老友，他最适合担任这个工作。"记者在一家宾馆见到蔡德贵，他说，季老说的工作，正是整理季老的口述历史。

蔡德贵说，他 10 月 10 日来到北京，10 月 13 日即来到 301 医院，为季老录音，然后根据季老口述整理成文。季老表示，现在学术界比较流行口述历史，也出版了一些著作，而他最近眼睛视力不大好，写有一些困难，于是叫来曾经为他做传的蔡德贵，整理口述历史。最多的时候，一天能录三个小时，从早晨七点录到八点半，下午四点录到五点半，一天录音两次。到 10 月 31 日，这样的录音已经进行了十二次，其中第八次因为季老身体原因没有录成。

在已整理好的部分文稿中，记者看到，季老说："我觉得知识分子是大事不糊涂，小事不一定不糊涂。做口述历史，我原则是假话全不说，真话不全说。"

2008 年 11 月 8 日

季承来电，称："昨天在医院首次与父亲见面，今天我又去了。父亲留我共进午餐。我说，你先吃，我随后再吃。他说，东西够吃，在家不是一块吃的嘛。于是我和他隔桌相坐，吃起来。吃饭中间，他说了好多话，回忆清平老家的事，回忆从德国回来后决定不去剑桥的事，等等。谈兴极高。说他选了一生中最钦佩的四位人，结果都是女的：第一位是大大娘（清平老家举人的妻子）；第二位是自己的母亲；第三位是自己的妻子；第四位是自己叔婶母。

毓方按：父子团圆，皆大欢喜，既符国情，又合人性。我从有关录音和护工方面证实，季先生谈到儿子的时候，语气是很自豪的，那神色俨然在说：我是有儿子的，你们不要再想拿我当孤家寡人！

季先生在与儿子的谈话中，选了他生平最钦佩的四位人物，结果都是女子，而且都是与他生活息息相关的人，分别是：大大娘，母亲，妻子和叔婶母。这四位女性，辈分不同，地位不同，不知你注意到没有，她们表现出的非凡品质，都落在母性。

有句俗谚："每个成功男人的背后都有一个女人。"冯友兰曾感叹："我一生得力于三个女子——母亲、妻子和女儿。"季先生这儿举出了四个女子，这是他在垂暮之年的盖棺感喟。

母亲，妻子和叔婶母，前文已经写到，读者也好理解。大大娘呢，季先生在《我的童年》中有过描述，他说："我出生以后，家境仍然是异常艰苦。一年吃白面的次数有限，平常只能吃红高粱面饼子；没有钱买盐，把盐碱地上的土扫起来，在锅里煮水，腌咸菜，什么香油，根本见不到。一年到底，就吃这种咸菜。举人的太太，我管她叫奶奶，她很喜欢我。我三四岁的时候，每天一睁眼，抬腿就往村里跑（我们家在村外），跑到奶奶跟前，只见她把手一蜷，蜷到肥大的袖子里面，手再伸出来的时候，就会有半个白面馒头拿在手中，递给我。我吃起来，仿佛是龙胆凤髓一般，我不知道天下还有比白面馒头更好吃的东西。这白面馒头是她的两个儿子（每家有几十亩地）特别孝敬她的。她喜欢我这个孙子，每天总省下半个，留给我吃。在长达几年的时间内，这是我每天最高的享受，最大的愉快。"

季先生多次跟我说过，当地人把吃白面馒头说成吃"白的"，吃棒子面饼说成吃"黄的"，吃高粱面饼说成吃"红的"，他们家平常吃的都是"红的"。吃高粱面饼是什么滋味？季先生曾引用吴宓"过莫斯科"诗中的句子比拟："面包似猪肝，其味苦涩酸。"

毓方又按：我在本书第一章，对季先生的婚姻有过剖析，觉得不很般配，是以才生出许多磕磕碰碰，别别扭扭，现在看来，季先生到了2008年，在经历了一系列风波之后，对妻子有了新的认识，文化的落差退为其次，感激、爱戴之情，油然上升。

1994年，即妻子逝世的那一年的岁初，季先生在《新年抒怀》中，就流露了对老伴的依恋，他说："前不久，老伴突患脑溢血，住进医院。在她没病的时候，她已经不良于行，整天坐在床上。我们平常没有多少话好说。可是我每天从大图书馆走回家来，好像总嫌路长，希望早一点到家。到了家里，在破藤椅上一坐，两只波斯猫立即跳到我的怀里，让我搂它们睡觉。我也眯上眼睛，小憩一会儿。睁眼就看到从窗外流进来的阳光，在地毯上流成一条光带，慢慢地移动，在百静中，万念俱息，怡然自得。此乐实不足为外人道也。然而老伴却突然病倒了。在那些严重的日子里，我在从大图书馆走回家来，我在下意识中，总嫌路太短，我希望它长，更长，让我永远走不到家。家里缺少一个虽然坐在床上不说话却散发着光与热的人。我感到冷清，我感到寂寞，我不想进这个家门。在这样的情况下，我心里就更加频繁地出现那一句话：'这一出戏快煞戏了！'但是，就目前的情况来看，老伴虽然仍然住在医院里，病情已经有了好转。我在盼望着，她能很快回到家来，家里再有一个虽然不说话但却能发光发热的人，使我再能静悄悄地享受沉静之美，让这一出早晚要煞戏的戏再继续下去演上几幕。"至今读之，仍觉得非常感人。

"路遥知马力，日久见人心。"白首回望往事，和年轻时绝对不一样。

彭德华在天之灵，应该感到欣慰。

2008年11月9日

傍晚，季先生会见了内弟彭松、内弟媳叶宁。亲属相见，季先生显得很兴奋。

季先生问："你们今年都多大了？"

彭松答："九十三。"

叶宁答："九十，说老就老了。"

季先生说："老什么？和我比，你们还小着呐！"

彭松、叶宁齐说："你是高寿啊。"

季先生笑笑："你们也早着呐。'人生七十古来稀'，这是唐朝人的认识，现在七十岁，还是小毛孩。"

彭松说："你说过要活到茶寿的啊。"

季先生答："一百零八岁，没问题，你们跟着我来。你们看，我这两道眉毛，人家说是寿眉哩。"

说罢，哈哈大笑。

季先生难得哈哈大笑，据在场的人说，这是很少见的。

三位老人回忆起过去的事。彭松讲到在济南四合院的童年，讲到季羡林怎样练铁砂掌，怎样给他讲《鲁滨孙漂流记》；叶宁讲到当年编印度舞时，向季羡林的请教，以及自己的《舞论集》，是季羡林作的序，她称自己是季羡林的学生。季先生摆手：不敢当，不敢当。

毓方按：这就是人间真情。看起来，也没讲多少话，但三位老人此生此世的交往，全都化作了热情的火焰在空气中熊熊燃烧。

季先生住院期间，不断地说："我要回家。"笔者认为，"回家"有三个层次：一、指地理位置的回归，即回到北大朗润园的家，或是蓝旗营的家（先生在那儿有一处新房，装修后，还没住过几天）。这事，目前看起来有困难，301医院的条件，终归不是家里能比，权衡利弊，自然还是留在医院的好。我想季先生之所以这么说，主要还是在医院感到了障碍，人都是渴求自由的啊！二、季先生真正意义上的"家"，是在感情深处，是在亲人中间。这一点，已经得到修复，老天有眼，没有让他带着遗憾走完余生。三、季先生最终的归宿，是在文化深处，是在学术高地。这需要让时间发挥作用，我们都离他太近，近了就难以观察全面，体悟深刻，不过没关系，若干年以后的研究者与读者，一定会作出圆满的回答。

2008 年 11 月 11 日

北大已派了新秘书崔岩（女）。下午四点，经与崔岩联系，去301医院见季老。

进门，蔡德贵先生在，正在和季先生作"口授实录"。听得我来了，先生停下工作，和我交谈。

先生首先提起一档旧事：那年（2006年），联合国要一份关于先生的材料，任务三转两转，最后转到我的头上，而且催得很急，我用了一天时间，完成八千字，外国语大学的陈琳教授看了（他负责翻成英文），很满意。——先生这是在表扬我。若问，事情已经过去了两年，先生为什么会在今天特意提出来呢？嗨，这事其他人不知道，我可是心知肚明，自从我写了《季羡林：清华其神，北大其魂》，啊不，自从我的《闲话季羡林》在《北京晚报》发表，甚至自从季先生给我的散文集《长歌当啸》写了热情洋溢的序，我在某几个人的心目中就不太顺眼，于是那几个人就向季老吹风，诉说我的眉毛不是眉毛，鼻子不是鼻子。这么做其实也是好事，我的确长得不太顺眼，我有自知之明，因此，如果有机会，我一定会当面向他们表示感谢。但是老人家是记住了，记住了而又觉得需要安慰我一下，因而就主动提起我的一项功劳，意义即相当于给我"平反"。

我今天是有备而来，主要是就写作中碰到的问题，请先生释疑。先生的思维呈大幅度跳跃，他回答了一个，立刻跳到第二个，第三个。比如，我提出："杨绛在九十六岁时出版了《走到人生边上》，书中，她明确提出有灵魂和鬼。您和她同龄，在这个问题上，您怎么看？"季先生说："我从来都是无神论者。从前是，现在是，永远是。"

刚想接下去提第二个问题，但是季先生不给我空隙，他由杨绛的本名杨季康，说到清华园里的钱锺书，由钱锺书的才子气，说到江苏人脑瓜灵，山东人不行，老赣。山东人也有优点，与山东人打交道，放心。讲骗人，哪儿也比不上上海，海派嘛。外地人到上海，问路，明明是朝这边走，他偏指那边。干吗这么说？跟你开玩笑。又比如，由杨绛的相信鬼魂，说到于道泉在英国念书，陈寅恪在那儿治眼疾，视网膜脱落，医生让他吃海参，海参含胶质，修补网膜，陈寅恪寂寞，找于道泉（语言学家，后为季先生东语系同事）陪，于就给他念德文版的《资本论》，天天念，一是学习德文，二是与陈寅恪探讨鬼魂。于道泉在国外学得多种语言，新中国成立初回国，他妹夫陈云想培养他，观察了一阵，断定不是做官的料。季先生认为，于道泉是天才，天才总有怪僻。由怪僻又说到沈有鼎（逻辑学家），走路，带着一付拐棍，不是架在胳膊底下，而是提在手里（先生做提双拐的姿势）。沈有鼎是教逻辑的，教逻辑的还有金岳霖，也是天才。季先生说到当年清华文科学生，必须选读一门理科，选什么呢？一般文科学生，数理化都不行，说逻辑学可以代替，于是纷纷选逻辑课。逻辑课属哲学系，哲学系有三大家，金岳霖、冯友兰、张崧年。哲学系开会，季先生常去旁听。金岳霖和冯友兰辩论，题目稀奇古怪，如"我们在这儿存在，两千年前的人知不知道？"冯友兰结巴，越辩越说不清楚，金岳霖挥洒自如，聪明绝顶。金岳霖讲课，讲着讲着，常常找不到适当的中文词汇，不得不改用英文，因为他当初是通过英文学的逻辑。由金岳霖的聪明，季先生又一下跳跃到糊涂，他说，金岳霖和潘梓年在人们的印象中都比较糊涂。有一天，金、潘两人同时出席一个会议，决定要比一比谁更糊涂。签到时，金岳霖故意问身边的人：我姓什么来着？人家告诉他：你姓金。金岳霖作恍然大悟状：噢，我原来姓金。举场哄然，称为糊涂到家。潘梓年签到，他也问：我姓什么来着？众答：你姓潘。潘佯作不解，反问：哪个"潘"？众人大笑，称潘梓年更加糊涂。先生说到这里，自己也笑了起来（笔者按：这是两则发生在不同时间、地点的故事，见之于金岳霖晚年的回忆录，不知怎么一来合二而一，变成了金、潘二公的糊涂秀）。

这种心境，这种气氛，原来是少有的。我感到季先生经历了"秘书风波"，尤其是与独子修好，恢复亲情，思想上放开了，无拘无束，天马行空，得大自在。

我注意到，室温保持在摄氏二十七度，老人只穿一件衬衣。

2008 年 11 月 12 日

下午，画家范曾看望季老，赠送老人一只沉香如意。在这样的时刻，送这样的礼品，足见范先生的爱心。

话题随意展开，说到今年 9 月，范曾向孔子文化节捐赠巨幅孔子像。范曾说："画像捐给了山东博物馆，他们已把它复制，转赠给全世界的孔子学院。"

季先生说："弘扬中国文化，就要弘扬孔子精神。这方面要向德国人借鉴。德国宣扬歌德，进而宣扬德语，我们在宣扬孔子的同时，也要宣扬中国语言。

"孔子六艺，包括'礼、乐、射、御、书、数'，是很全面的，是中国文化的核心部分。

"前些年筹办奥运会，张艺谋采访我，我主张把孔子抬出来，'抬'是山东土话，不是指抬像，是指弘扬他的精神。"

2008 年 11 月 13 日

这是我久已盼望的一幕：上午十点，季承携他的再婚媳妇小马、次子宏德到医院看望爷爷。季先生很是兴奋，他首先按民间的习俗，给初次见面的孙儿一个大大的红包，作为见面礼。宏德是今年 7 月 20 日出生的，才三个多月，我在第六章提到，宏德这名字，按照家谱，是留给季先生的长孙小泓的，小泓未用，现在就落到了次孙头上。季承对爸爸说："您去德国留学时，我就这么大。"季老点头。可不是，季承是 1935 年 5 月 15 日生人，季羡林是同年 8 月底出国留学的，正好是三个多月。季先生抱了抱宏德，说："小家伙很胖，我举不起。"又拉了拉宏德的手，说："很有力气。"季承说："他头长得很像您，希望也像您一样聪明。"季先生呵呵的笑，说："要让他好好读书，不读书没有出息。"

宏德在路上睡足了觉，到医院恰恰醒来，小家伙很乖巧，见谁都笑，仿佛他知道今天是个好日子。爷爷喂他香蕉，他舔得有滋有味。爷爷又说："我举不动，我也不敢亲，胡子会扎得他疼。"爷爷这么说了，还是抱过宏德来亲，久久不肯松手。小家伙光是笑，一点不闹，不哭。

这就是血缘，这就是天性，这就是人伦。

徐志摩有言："人伦之情是人生里最基本的事实，最单纯的，最普遍的，最平庸的，最近人情的经验。"

临别，小马问："爷爷，您想吃什么？"

季先生说："胡萝卜羊肉馅饺子。"

2008 年 11 月 14 日

上午，季承给爸爸送去胡萝卜羊肉馅饺子，是连夜赶着包出来的。

医院午餐配有红烧肉，季承知道，爸爸不爱吃猪肉，怕腥，爱吃牛羊肉，季承就说："我去月盛斋给您买酱牛肉。"那是前门外一家老店，从前，我指的是六七十年代，季承常常为爸爸跑腿。季先生一听就乐了。口腹之欲，人皆有之，这就是真实的人性。我在本书第三章，写与石景宜先生的交往，提到季先生爱吃鱼翅，初稿在小范围内传阅，有人说形象不好，建议我把它删掉。当场，我几乎要跟他吼："你说的形象是什么形象？为什么爱吃鱼翅形象就不好？季先生是人，不是泥塑木雕，是人哪有不爱好吃的？！"

季承又问爸爸："您还想吃什么？"

季先生想了想，说："羊肉泡馍。"

2008 年 11 月 16 日

季先生："我曾经有过钱，那都是过去式了……现在，我又成了穷光蛋。我有八张皮，现在被扒得只剩一张，成了皮包骨头。"

毓方按：若从财富的角度看，的确是这么一回事。季先生本来是有家当的，他的收藏、薪金、稿费，以及别人的馈赠等等，加起来是不老少的。但是现在，什么也没有了。包括他的手稿、日记、书信之类。那些东西自然都有去处，追踪它们的下落，不是我的任务，我只能再重复一句："什么也没有了！"真的，就剩下一把老骨头。

还有一口气。

季承："我和我姐姐，没有用过您一分钱，没有拿过您一本书，没有拿过您一幅字，更没有拿过您一幅画。"

季先生："是的。"

季承："以后，您身边的这些账，还有您房间的钥匙，您的那些东西，让我们替你保管，您放不放心？"

季先生："放心。"

毓方按：季先生和季承恢复父子亲情后，曾对护工小岳说，当初和季承闹僵，是因为有人告诉他，季承要拿老鼠药把他毒死，现在想通了，这是没有的事……哎呀我的老爷子！您总算醒过来，要不，您和季承这辈子岂不是比窦娥还冤！

2008 年 11 月 16 日

季清从美国返回。下午四点，我与季承、季清一起去 301 看望季先生。

季清："爷爷！我看您来了！"爷孙俩紧紧相握。

季清把带来的礼品放在桌上："爷爷，这是我送您的一双拖鞋，很暖和的，这是南南送您的画，是她自己画的猫，这是我在韩国转机时，买的一盒巧克力。"

季清："我上次回来看您，总共没讲上几句话。我很难过。今天来看您，比上次顺利多了。爷爷，您身体很好啊！"

季先生："就这样啦。眼睛不行啦，耳朵也不行啦，都形式主义了，有形式，没有实际。"

季承："季清代表季泓、何巍他们回来看您，国内发生了这些事，他们有点担心。"

季先生："担心也不是完全没有根据。"

季清："南南和孟美在上学，这次就我一人回来看您。"

季先生："途中花了多久？"

季清："十七个小时。"

季先生："中间在哪里停？"

季清："汉城。"

季先生："现在不叫汉城，叫首尔。"

大家笑了。季清是怕爷爷不知道韩国首都改名，特意把到了嘴边的首尔又改为汉城，这担心是多余的，爷爷一点也没有落后于时代。

季承："送来的羊肉泡馍，您吃了吗？"

季先生："吃了，味道好极了！"

季承："豆汁喝了吗？"

季先生："喝了，季清小时候喝不了。"

季先生转对季承："从前东安市场后院卖豆汁，你姐姐也喝不惯，喝一口就不行，用山东话讲，有股'别古'味。"

季清讲到她写的文章，讲到向爷爷借《安徒生童话集》的往事。季先生说："那文章我看了，是毓方给我的。我给你的那本书，不是架子上的，是我重买的。鲁迅就这么办，有人向他借书，他就干脆买一本送人家。关于借书，我是有惨痛教训的，我有一套日本的中村元全集，里面有两册，是关于印度史的，有人向我借，就给他拿走了，结果是肉包子打狗——有去无回。我又到日本去配两册，奈何不是原版，差点劲。得，后来我就一概不借，关门。"

季清而后，轮到我与先生交流。我问到他对叔父的评价，先生说："我对叔父，永远心存感激，没有他把我从农村接到城市，就不会有我今天的一切。叔父很严厉，在我的眼里，近于乖张，我对他只有敬畏，没有感情。"等等，先生又提到当年父母和叔父母间的一个约定："待我长大，娶两房媳妇，一个在老家，一个在济南，老家的媳妇生的孩子，归我父母膝下，济南的媳妇生的孩子，归于叔父母膝下。后来我父亲去世，老家就再也没能力给我娶媳妇了。"这事我能理解，因为他是兼桃，按照民国年间的规矩，可以娶两个妻子，一个妻子桃一房。我把话题引到他的父亲，我说："根据我的推测，您父亲只活了三十来岁。"季先生"嗯"了一声："大概是吧，"忽然就跳到侠，他说："我爸爸有点侠气。侠这玩意，强调路见不平，拔刀相助，外国没有。跟你说个故事，我村里有个人，叫胡二疙瘩，好赌。赌博有庄家，赢钱抽头，那是个只赢不输的差事。胡二疙瘩想坐庄，别人不让，他就拿把刀，在自己大腿上拉下一块肉，往赌桌上一搁，说：'押上一斤肉！'别人一见，都吓跑了。从此，这赌场就由他坐庄。"

季先生又说："中国的侠和士，外国都没有。祢衡击鼓骂曹，是士之表现。我有个观点，在中国，敢于跟老毛踹一脚的，就是我崇拜的对象。毛选五卷第一篇，谈梁漱溟，毛说一不二，梁不听那一套，公开顶嘴，他是文人，是士。还有个武的，彭德怀，庐山会议，跟毛吵架，他说：'你骂了我一辈子的娘，我骂你几天不行吗！'一个文的，一个武的，都是我敬佩的。

"我原来是政协委员，后来是人大代表，'文革'一来，统统被加上引号，"文革"后又恢复。古话讲，'士可杀，不可辱。'周扬说，'不对了，士可杀，亦可辱。'

"梁漱溟是中国文化书院院务委员会主席，他走了，那个位置就让给我。"

我问到《泰山颂》的原文，究竟是"齐青未了，养育黎元。鲁青未了，春满人间"，还是"齐王未了，养育黎元。鲁王未了，春满人间"？季先生说，怎么会出来齐王、鲁王？我说，《病榻杂记》中是这么印的。季先生说，可能是笔误，应该是齐青未了，鲁青未了，是从杜甫的"齐鲁青未了"化出来的。

我又问："1958年大跃进，说粮食亩产十万斤，您也写过文章，说科学已经证明了的。现在回过头来看，您怎么认识？"

季先生说："那都是胡说八道，是发虚火。苏联人说，粮食要是亩产十万斤，光是铺在地上，也要一尺厚。老百姓发虚火，好办，吃服药就降下来了。一个国家发虚火，就麻烦了。中国当时有六亿人，马寅初提出控制人口，挨批，伟大领袖说，'六亿神州尽舜尧'，人多好办事，不错，多一个人就多两只手，能干活，可是，莫忘了多一个人就多一张嘴，要吃饭。"

季清插话："爷爷，我上次手里拿本书，想请您签名，都没办成。"

季先生："现在给你签吧。"说罢，让人拿过旁边搁着的三本书，是老人的散文选集，季先生在上面签上自己的名字。

季清说，这是她拥有的第一套有爷爷签名的书。

2008 年 11 月 17 日

（1）欧阳中石夫人张茝京看望季老，带来荠菜饺子和山东的传统小吃甜沫、烧饼等。

在一般人想象里，张女士会提到字画风波，或者季承，不，没有，尽管她都知道，但她只字不提。张女士是高人，她有严格的处世之道。

张女士除了嘘寒问暖，还特别祝贺季先生当选"新时期山东形象大使"。这是上月结束的活动，据 2008 年 10 月 24 日大众网报道："23 日下午，'山东精神·山东人'大型报道活动暨'新时期山东形象大使'颁奖典礼在山东新闻大厦隆重举行。王乐义、刘春红、许振超、张建启、张海迪、张瑞敏、欧阳中石、季羡林、徐本禹、谭旭光等十人（按姓氏笔画排序）被评为"新时期山东形象大使"，马文广、马文辉兄弟和抗震救灾英雄群体——莒县十农民获'新时期山东形象大使'特别奖。

"今天揭晓的'新时期山东形象大使'，堪称新时期山东人的典范和优秀代表。从他们身上，我们既能看到山东人崇礼尚义、正直豪爽的传统美德，又能看到'改革创新、开放包容、忠诚守信、务实拼搏、敢为人先'的新时期山东精神。他们当中，既有全国知名的学界泰斗，又有为国争光的奥运冠军；既有勇于改革创新的企业家，又有冒死支援灾区的纯朴农民；既有当代中国的'保尔'，又有感动中国的'八零后'青年楷模。主办方期望通过本次活动，为新时期山东精神赋予更丰富、更可感的内涵。"

另据相关报道，专家顾问团给予季羡林的颁奖词为："您掌握了十几个国家的语言，撰写了几十本博古通今的著作，如今在病床上，马上就一百岁了，可您为什么还在写？世间从不缺少辉煌的花冠，缺少的是不被花冠晕染的淡定。与其说，您用学识、勤勉和睿智赢得了赞许，不如说是您朴素的本心感召着一代又一代人。正是谦谦君子的胸襟，才有您一辞'大师'，二辞'泰斗'，三辞'国宝'。所以，您不愧为大师，不愧为泰斗，不愧为国宝。"

季羡林的获奖感言就一句话："感谢家乡对我的惦记。"

（2）当日下午，季先生手签一函：

> 玉洁同志：请你将你保存的我的日记、文稿、书画、钱、礼品等等全部物品移交给季承、季清二位。谢谢！
>
> 季羡林
> 2008 年 11 月 18 日

毓方按：正文是季承手书，季先生签名认可。

2008 年 11 月 20 日

上午，季承与季清去北大朗润园十三公寓，通知看家的工友小方，以后一切归家属管理。小方当场打电话到 301 医院核实，得到肯定答复。

下午，季先生手书两份文件：1. 以前写给李玉洁、杨锐的一切文件统统作废，因为时过境迁，保存已无必要。2. 委托季承负责处理我的事务。

当事人或许要报怨老人出尔反尔。

袭用政治家们惯用的说法，以前那么做是对的，现在这么做也是对的。

我还想加上一句：以前写的是课文，现在写的是注释。

2008 年 11 月 26 日

下午三点四十五，陪山东省实验小学校长马丽霞、主任郑国栋、校外辅导员杨树等一行看望季老，实验小学的前身为新育小学，季羡林曾在那儿读过三年。据季羡林的回忆："我从一师附小转学出来，转到了新育小学，时间是在 1902 年，我九岁。我同一位长我两岁的亲戚同来报名。面试时我认识了一个'骡'字，定在高小一班。我的亲戚不认识，便定在初小三班，少我一年。一字之差，我争取了一年。"（《回忆新育小学》）

听说母校的人来访，季老显得十分激动，他自述："不是一般激动，而是非常，非常，还要加上一个非常。"马丽霞校长首先向季老呈上小学孩子们的礼品，其中有一幅画，题款是"小苗向大树问候，祝季爷爷健康长寿"，季老风趣地回答："不叫季爷爷，是季同学，季校友。"

马丽霞说："我是八十年代到实验小学工作，您写的书，我都看了。"

季老说："不敢当，不敢当，你们来了，我年轻了八十岁。"

马丽霞："您气色真好，我们看到您这么健康，非常高兴。您要多吃饭，吃好饭，您想不想回去看一看啊？"

季老："当然想。实际上我也没毛病，这儿，那儿，都好。原来新育小学有一个小门，门上有四个大字'循规蹈矩'，现在还有没有啊？"

马丽霞："我刚去的时候，还保留很多老痕迹，现在大变样了，那些都没有了。"

季承："我也是三和街小学（新育小学又名）毕业的。"

季老："父子校友啊。"

杨树："我初中和您同校，是正谊的。"

季老："今天是校友大聚会啊。"

马丽霞请季老为小学题个词，季老让人准备纸笔，挥毫就写："桃李无言，下自成蹊——赠母校新育小学，季羡林，时年九十八岁。"纸用的是大纸，笔用的是大笔，季先生目力不济，完全摸索着下笔，中途越写越快，恨不得一气呵成，旁边的人担心笔上蘸的墨不够，要他停一停，根本就拦不住，看得出，老人家的心还是雄的，笔力还是遒劲的，大有"烈士暮年，壮心不已"之概。

是日，在医院传达室登记时，有战士拿着名单来一一核实，然后步步紧跟，送进病房，出来时，又一直礼送出大门。

若干天后，杨树给笔者发来信息："这次见到季老，非常激动，有可能改变我今后的命运。"

果真如此，那就不虚此行。

2008 年 12 月 6 日

下午，季老开始向季承交代后事：

一、"全权委托我的儿子季承全权处理有关我的一切事务。"

毓方按：若以助手或秘书划分，五十多年来，季先生身边变换了四个时代，即李铮时代、李玉洁时代、杨锐时代、季承时代。其中，李铮任期最长，他从 1950 年，十七岁起，进入北大东语系，作为行政工作人员，实质上，主要是为系主任，也就是季羡林服务，1978 年，正式被任命为季羡林的助手，1996年退休，长近半个世纪。李玉洁若从1996年算起，到2006年8月，正好十年。杨锐是2006年8月，到2008年10月，两年又两个月。季承的任期能有多长，这就要看季先生的寿缘了。不论怎么说，老人的生命已经进入倒计时，生存质量大不如前。上帝造人，幼时交给父母，老来交给子女，这是最符合人道的；季先生最后的日子回到亲人中间，哪怕只是短短的一程，也值得庆幸。

二、"我生平好聚书，一生藏书大约有几万卷，我想把这些书放在北大图书馆，作为特藏，只供人阅读，不能同其他书籍混合编目，只能让人阅读。"

毓方按：书似乎早已捐了出去，注意，季先生这里只说"放"在北大图书馆，而没有说"捐"。

三、"有几件事在这里声明一下。"

"1. 我已经捐赠北大一百二十万元，今后不再捐赠；"

毓方按：季先生捐赠最大的一次，是百万稿费，此事请参考《中国青年》报2008年6月20日的报道：《季羡林捐赠百万稿费设立助学金》。

> 为庆祝北大成立一百一十周年，季羡林先生将积攒数年的百万稿费捐赠北大，设立"北京大学季羡林奖助学金"，用以奖励优秀的学生取得更好的成绩，帮助贫困的学生顺利完成学业。
>
> 日前，北大校长许智宏代表北大全体师生员工看望季羡林先生，感谢季老长期以来对北大的关心和支持。季羡林先生表示，教育要靠大家来办，作为北大的教授，能够为国家贡献点力量，是一种光荣。同时，他也希望能够通过他的举动，带动更多的校友和朋友来支持教育。（记者：李斌）

"2. 原来保存在北大图书馆的书籍文物只是保存而已，我从来没有说过全部捐赠；"

毓方按：季先生这里表述得很明确，其中涉及放在北大图书馆的书籍文物，季先生说"只是保存而已"，"从来没有说过全部捐赠"。

当场有人提醒季先生："当初可是开了捐赠大会，您本人也是出席了的。"

季先生再次回答："不是全部捐赠，是保存。"

写到这儿，我随手打开网络，搜索出当年一条信息：

季羡林向北京大学图书馆捐赠个人收藏品

新华网北京 7 月 6 日电（记者：江涛、刘江）今天，我国著名学者季羡林向北京大学图书馆捐赠了个人收藏的珍贵图书、手稿和字画。

季羡林表示，将个人藏品捐赠给北大图书馆的心愿由来已久。他说，这不仅出于对图书馆的深厚感情，也因为他相信该图书馆能妥善保存这些珍贵的资料。

季先生的捐赠包括藏书、个人著作、手稿、往来信件、古今字画、印章、音像资料、照片以及证书等等，具有非常珍贵的学术研究价值和文物收藏价值。

据悉，北京大学图书馆曾于去年年底专门设立了"季羡林工作室"。北京大学负责人称，这次捐赠丰富了北大图书馆的馆藏，同时也是北大学者中捐赠规模最大、种类最多的一次。他们将严格按照协议的规定珍藏这些宝贵资料，同时有限制地提供给读者使用。

笔者参观过上述"季羡林工作室"，所见皆平常的书籍，那些珍贵级的物品，想必是保存在别处。

"3. 蓝旗营院士楼应该改在我的名下，我出钱。"

毓方按：季先生在北大有两处房子，一处在朗润园，没有产权，一处在蓝旗营，产权据说归季羡林海外基金会，季先生想到了后事，他要把蓝旗营的房子买下来。

老人家应该有一个归宿。

老人家应该有一个故居。

老人家已经一无所有，这个卑微的愿望，还是应该满足他。

经历了前一阶段的风波，季先生的思想有了很大变化，他终于想明白了，在所有的感情中，只有亲情，是天然的，可靠的，无欲无私的。他开始向亲人靠拢，这事，搁在他人身上，明显迟了，季先生是特例，对于他老人家，永远不迟。

季先生思维依然清晰，反应敏捷。一次，护工小岳用轮椅推他散步，路线不是平常的顺时针方向，而是相反，季先生说："你怎么这么转啊？我本来就糊涂，你这样转我不是更糊涂了吗！"小岳跟季老打趣："您不是难得糊涂吗？"季先生自嘲："我现在糊涂也不难得了。"

通过多年来的观察，我得出：老人家能量很大，是文化领域超级致密的中子星，跟他打交道，要适当保持距离，掌握进退。我们看历史，即以他身边的人为例，季承、李铮、李玉洁，还有杨锐，都跟不上他的旋转，结果都被抛了出来，且受到严重的灼伤（姑且不究原因）。想当初，李铮与季先生情同父子，哪里会想到老人家有一天突然"不待见"（李铮语）他了呢？季承与父亲一次争吵，怎会料到从此河汉相隔，十三年"动若参与商"呢？李玉洁风风火火，"指挥若定"，岂知瞬间栽倒，自顾不暇！杨锐背靠北大，高枕无忧，做梦也想不到爆发字画风波！种种诡谲，出人意料，难以想象。当事人准备不足，往往把事情归于阴谋，或其他别的什么因素。笔者长叹：殆天意，非人力。

现在，活跃在季先生身边的又成了另一拨人，这是时势造成的，各凭机缘，各逞造化，但季先生永远是季先生，他属于全中国，属于灿烂的五千年文化星空。任何在他身边走动的人，行为都会被舆论和时间放大，慎之，慎之。

现在是考验季承的时刻。根据我这两年的观察，他太固执，太单纯，虽然当过支部书记、总经理，但在处理世事时，还是书生气一大堆。我为他捏汗，因为他面临的人事、财产纠葛，和传承季先生思想、学术的重担，远比前几任艰难。

2008 年 12 月 20 日

这是一组令人叹为观止的数字。吴怀尧说，不久前，他在作中国作家富豪榜调查时发现：2008 年，可以说是季羡林作品出版的井喷时期，他大概是出书最多的学者。无论在哪个城市，只要走进大书店，你都可以看到这位北大宝贝的著作。其中不少作品登上了畅销书排行榜，再版且数次印刷。

按照季羡林先生目前的身份和他出版作品的数量，版税不会低于10%。那么近三年来，保守估算，他的各类稿酬应在百万左右（涉及的出版单位十余家，出版作品二十余种，版本繁多，定价不菲）。这个数字，放到作家群体中，也是相当可观。

吴怀尧提供的季羡林 2008 年出版的部分作品如下：

一、季羡林文集（志虑心物／贤行润身／阅世心语／忆往述怀）（全四册），出版社：陕西师范大学出版社；出版时间：2008 年 07 月；￥134.80。

二、季羡林自选集：三十年河东，三十年河西，出版社：华艺出版社；出版时间：2008 年 10 月；￥24.80。

三、季羡林自选集：牛棚杂忆，出版社：华艺出版社；出版时间：2008 年 10 月；￥42.00。

四、季羡林自选集：一生的远行，出版社：华艺出版社；出版时间：2008 年 06 月；￥42.00。

五、赋得永久的悔，出版社：华艺出版社；出版时间：2008 年 06 月；￥24.80。

六、悼念忆，出版社：华艺出版社；出版时间：2008 年 06 月；￥26.80。

七、季羡林·红，出版社：华艺出版社；出版时间：2008 年 05 月；￥36.80。

八、我的心是一面镜子，出版社：华艺出版社；出版时间：2008 年 05 月；￥32.80。

九、季羡林谈人生，出版社：华艺出版社；出版时间：2008 年 05 月；￥28.00。

十、季羡林谈国学，出版社：华艺出版社；出版时间：2008 年 05 月；￥26.80。

十一、季羡林谈佛；出版社：华艺出版社；出版时间：2008 年 05 月；￥28.00。

十二、季羡林散文精选，出版社：当代中国出版社；出版时间：2008 年 07 月；￥29.50。

十三、季羡林自选集：一生的远行，出版社：华艺出版社；出版时间：2008 年 06 月；￥42.00。

十四、季羡林——禅心佛语，出版社：中国书店出版社，出版时间：2008 年 08 月，￥32.00。

十五、季羡林读书有用，出版社：中国书店出版社，出版时间：2008 年 08 月，￥28.00。

十六、真话能走多远，出版社：新星出版社，出版时间：2008 年 05 月，￥35.00。

十七、贤行润身，出版社：陕西师范大学出版社，出版时间：2008 年 07 月，￥35.00。

十八、志虑心物，出版社：陕西师范大学出版社，出版时间：2008 年 08 月，￥35.00。

十九、阅世心语，出版社：陕西师范大学出版社，出版时间：2007 年 09 月，￥29.80。

二十、留德十年——人民文库丛书，出版社：人民出版社，出版时间：2008 年 06 月，￥26.00。

二十一、百年美文哲思卷（上下）季羡林主编，出版社：百花文艺出版社，出版时间：2008 年 04 月，￥55.00。

二十二、百年美文女性情感卷（上中下）季羡林主编，出版社：百花文艺出版社，出版时间：2008 年 04 月，￥73.00。

二十三、佛教十五题，出版社：中华书局，出版时间：2007 年 01 月，￥29.00。

二十四、季羡林自传，出版社：当代中国出版社，出版时间：2008 年 04 月，￥45.00。

二十五、季羡林——禅心佛语，出版社：中国书店出版社，出版时间：2008 年 08 月，￥32.00。

二十六、季羡林自选集：读书·治学·写作，出版社：华艺出版社，出版时间：2008 年 05 月，￥26.80。

二十七、季羡林生命沉思录，出版社：国际文化出版公司，出版时间：2008 年 01 月，￥22.00。

二十八、病榻杂记，出版社：新世界出版社，出版时间：2007 年 01 月，￥29.80。

二十九、季羡林说和谐人生，出版社：中国书店出版社，出版时间：2008 年 01 月；￥23.00。

三十、季羡林回忆文集：此情犹思；出版社：哈尔滨出版社；
出版时间：2008 年 01 月；￥29.80。

三十一、季羡林散文；出版社：浙江文艺出版社；出版时间：
2008 年 04 月；￥28.00。

2008 年 12 月 21 日

提前一两天，季先生就吩咐季承，今天上午要做功课。季先生所谓功课，
就是提笔写字。今天写的是《泰山颂》。这是先生 2005 年的创作，当时曾
手书一份，原稿已交给他人，先生这儿存有复印件。

另外，还有《病榻杂记》公布的稿本：

巍巍岱宗，五岳之巅。

雄踞神州，上接九天。

吞吐日月，呼吸云烟。

阴阳变幻，气象万千。

兴云化雨，泽被禹甸。

齐青未了，养育黎元。

鲁青未了，春满人间。

星换斗移，河清海晏。

人和政通，上下相安。

风起水涌，处处新颜。

暮春三月，杂花满山。

十月深秋，层林红染。

三十三天，海中三山。

伊甸乐园，人间桃源。

处处名胜，谁堪比肩。

登高望岳，壮思绵绵。

国之魂魄，民之肝胆。

屹立东方，亿万斯年。

纸是宣纸,笔是毛笔,季承一边念,季老一边写,前边的是照抄,写到"暮春三月,杂花满山",季先生停住笔,思索良久,添了三行二十四字:

　　　　万木争高,万卉争艳。
　　　　争而不斗,和谐自然。
　　　　天人合一,宛然实现。

　　接下去,原句是"十月深秋,层林红染",季先生改为"金秋十月,层林红染",又加了两句"游人在此,流连忘返"。写到"三十三天,海中三山。伊甸乐园,人间桃源",季先生把"海中三山",写成"海外三天"。此处"天",应为笔误,又把"伊甸乐园,人间桃源"颠倒,写成"人间桃源,伊甸乐园",这大概是有所考虑的。最后四行,照抄,一字未变。

　　回头重读,深感添加的三行"万木争高,万卉争艳。争而不斗,和谐自然。天人合一,宛然实现",是文眼,也是他老人家近期思考的结晶。

站远了看

　　老人喜欢回忆,季羡林晚年动辄回忆这,回忆那,他在这么做的时候,心情是坦然的,自如的。譬如,他怀念陈寅恪,陈师生逢乱世,时乖命蹇,一生困顿,长才未展,1995 年,季羡林回忆道:

　　　　世事如白云苍狗,变幻莫测。新中国成立后不久,正当众多的老知识分子兴高采烈、激情未熄的时候,华盖运便临到头上。运动一个接着一个,针对的全是知识分子。批完了《武训传》,批俞平伯,批完了俞平伯,批胡适,一路批,批,批,斗,斗,斗,最后批到了陈寅恪头上。此时,极大规模的、遍及全国的反右斗争还没有开始。老年反思,我在政治上是个蠢才。对这一系列的批和斗,我是心悦诚服的,一点没有感到其中有什么问题。我虽然没有明确地意识到,在我灵魂深处,我真认为中国老知识分子就是"原罪"的化身,批是天经地义的。但是,一旦批到了陈寅恪先生头上，我心里却感到不是味。虽然经人再三动员，我却始终没有参加到这一场闹剧式的大合唱中去。我不愿意厚着面皮，充当事后的诸葛亮，我当时的认识也是十分模糊的。但是，我毕竟没有行动。现在时过境迁，在四十八年之后，想到我没有出卖我的良心，差堪自慰，能够对得起老师在天之灵了。

这里说得很清楚，在众人批判陈寅恪的时候，季羡林没有落井下石，所以他晚年回忆，用不着像周一良那样写《向陈先生请罪》的检讨。

季羡林回忆胡适，1999 年，他作《站在胡适之先生墓前》一文，其中说道：

> 到了 1954 年，从批判俞平伯先生的《红楼梦研究》的资产阶级唯心论起，批判之火终于烧到了适之先生身上。这是一场缺席批判。适之远在重洋之外，坐山观虎斗。即使被斗的是他自己，反正伤不了他一根毫毛，他乐得怡然观战。他的名字仿佛已经成一个稻草人，浑身是箭，一个不折不扣的"箭垛"，大陆上众家豪杰，个个义形于色，争先恐后，万箭齐发，适之先生兀自岿然不动。我幻想，这一定是一个非常难得的景观。有浪费了许多纸张和笔墨、时间和精力之余，终成为"竹篮子打水，一场空"，乱哄哄一场闹剧。

对于围剿批判胡适，季羡林的态度如何呢？现在我们得知的是，他一直保持沉默。沉默就是表态，凡是打那时期过来的人，都知道要做到这一点很不容易。笔者曾经写过："记得在什么书上看到一则资料：某次批胡座谈，与胡适有牵连的几位老先生不得不表态。沈尹默起而揭发，他说一次去看胡适，胡博士正在写文章，但见案头满是打开的书，他边写边抄，沈说：'这哪里是做学问的样子？'沈的姿态，现在流为美谈。季羡林呢，他连这个'姿态'也不摆，干脆一言不发。要知道，新中国成立后季羡林无时不在追求进步，但他宁愿牺牲进步也不出卖良心！（在他同辈的学人中，他是始终坚持良心的）对于批判，他有自己的底线：不违心，不出卖，不跟风。"李敖站在台湾的角度，批评季羡林"是个很弱很弱的教授"，而我们站在大陆的角度看，季羡林哪里是弱呢？

季羡林回忆吴宓、朱光潜、吴组缃、李长之、张天麟、胡乔木、冯友兰、老舍、沈从文、汤用彤、傅斯年、梁实秋、冯至，等等，感情是真挚的，笔调是从容的。他赞扬吴宓的特立独行，朱光潜的恬淡镇定，李长之的才华横溢，老舍的平易近人，梁实秋的真诚和蔼，傅斯年的金刚怒目与菩萨低眉，汤用彤的博大深厚与奖掖后进……而又哀叹他们的种种不遇与扭曲……谚语说："谁笑到最后，谁笑得最好。"这话对季羡林而言，是适用的。但季羡林之所以笑得最好，不仅仅因为寿长，周作人比鲁迅活得久，你能说他比鲁迅笑得美吗？！不能。季羡林怀念诸位师长与同辈，有他特有的幽默和从容。朱学勤评价胡适，说："这个温和的人竟然做到了某种倔强性格做不到的事情——始终以一种从容的态度批评着那个时代，不过火，不油滑，不表演，不世故。"这番话用到季羡林身上，也是恰如其分。

季羡林在怀念汤用彤时，笔下遗漏了一点，就是汤先生在批胡适时的表现。这一点很重要，我愿意把它提供出来。

其一，见宗璞的《霞落燕园》："……最先离去的是汤用彤先生。我们是紧邻。1954年的一天，他和我的父亲同往《人民日报》社开会批判胡适先生，回来车到家门，他忽然说这是到了哪里，找不到自己的家。那便是中风先兆了。约十年后逝世。"

其二，见马嘶的《未名湖性灵》："……汤用彤副校长在城里参加一个批判胡适的会议归来，在他居住的燕南园下了车，竟迷迷糊糊找不到自己的家了。自此，他就患了脑血栓，一病不起。汤用彤和胡适是老搭档和挚友，长期在北大共事。汤用彤恰在批判胡适时患了不治之症，是巧合耶？是必然耶？这便给人留下了永久的悬念。"

季羡林白首回顾往事，完全是超脱的，恬然的，他行得正，坐得稳，经过了那么多火海刀山，还是"全须全尾"，毫发无损，这在二十世纪的文化老人中，是不多见的。季羡林入住301医院以后，病室里悬挂得时间最长的一副寿联，横披是："福寿康宁。"季羡林多次说过，"福寿福寿"，长寿要以多福作前提，倘若只有寿而没有福，那就不完满。"长生久视"，活得长，自然见识就多。季羡林曾撰《周作人论》，他说："在一般人的思想中，长寿是一件好事。这对绝大多数的人来说也是正确的。但对极少数的人来说，长寿不但不是好事，而是天大的坏事。比如，如果周作人在'五四'运动中或者其后不久就死掉的话，他在中国文学史上将永远成为一个新文化的斗士。然而他偏偏长寿了，长寿到成为不齿于人类的大汉奸卖国贼。对周作人来说，长寿不是一种不折不扣的灾难吗？再比如汪精卫。如果他那"引刀成一快"的愿望得以实现的话，他将成为同岳飞等并列的民族英雄，流芳千古。然而他偏偏又长寿了，长寿到成为比周作人更令人憎恨的狗屎堆，遗臭万年。对汪精卫来说，长寿也成了一场灾难。这种想法，古代人也有过。唐代大诗人白居易有一首诗：'周公恐惧流言后，王莽谦恭未篡时。向使当初身便死，一生真伪复谁知。'王莽就是死得太晚了。他因长寿而露了马脚，成为千古巨奸。"

聚焦 2009

2009 年元月 1 日

（1）岁逢元旦，想起上礼拜发生的一件事：歌手谭晶拜望季羡林先生，说起为老人祝寿，习惯用"寿登期颐"，期颐，就是一百岁，对于一般人来说，这是非常美好的祝愿，但对于季先生您来说，就不太适合，因为您马上就到一百岁了。季先生说：是啊，祝我长命百岁，实际上是对我的限制，好像只能活一百岁，我肯定要超过。谭晶问：那用什么好呢？期颐往上，就是茶寿，茶寿是一百零八岁，也是限制。古人的想象力只到茶寿为止，再往上，就没词了。季先生笑道：有一句话，叫"寿比南山"，大而无当，没有限制。谭晶马上反应：那我们就祝您寿比南山吧。

（2）有徽州的朋友，寄来季先生一幅手书的复印件，上面题的是：

> 万山不许一溪奔，拦得溪水日夜喧。
> 到得前头山脚尽，堂堂溪水出前村。

这是胡适生前钟爱的诗，诗的作者是宋代诗人杨万里，原题《桂源铺》，2007 年 7 月 10 日，季先生书以赠送给胡适家乡安徽绩溪的孩子。杨万里的诗我不熟悉，那没关系，有这一首已经足够。胡适喜欢它，据说是因为"写得清浅可爱，风格近似于自己的《尝试集》"，恐怕这只是表象，诗句固然清浅，骨子是很坚硬的，1960 年，《自由中国》的发行人雷震被国民党逮捕入狱，次年，胡适就书写了这首诗为他祝贺在狱中的生日。毫无疑问，季先生之所以选了这首诗送给绩溪的孩子，是让他们记住同乡前辈胡适大师的奋进精神。

2009 年元月 21 日

笔者访美期间，在西海岸的洛杉矶，一个风光旖旎的小镇，见到季先生的孙女季清。她的寓所，是一栋典型的西式别墅。屋里最高的地方，挂着爷爷送她的孔子像。她说正在写一本关于季家的书，我鼓励她尽快创作。我俩共同的观点是，绕了一个大圈子，季先生终于重新回到亲人中间，这也许就是命。往事已往，有因，有果，并非完全是哪一个人的责任。凡事都不能太过，物极必反，这一规律屡试不爽。现在么，尘埃虽未落定，大局是不会再变化的了。剩下的，就交给时间去编排，让友情归于友情，让行政归于行政，让法律归于法律。

2009 年 2 月 11 日

归国，去 301 看望季老，主要是礼节性的，表示新年的祝福。同时汇报了与季清见面的情形。末了，又问了几个写作中遇到的小问题。比如：听说哥廷根是德国的数学重镇，您还记得谁？季老答：爱尔伯特。老人一边说，一边用手指在桌面画下爱尔伯特的英文拼音。又比如：您身高多少？这是一个小细节，但是作为立传者，应该知道。季老答：一米七二。这使我想起钱学森，他是一米六八。

一个突出的印象：季老明显消瘦，似乎都脱了形。这不是好兆头，我想。归家和季老其他的几位老学生联系，他们也都有同样的感受。

2009 年 3 月

（1）1 日，笔者陪天水的杨清汀先生访问季老。其间谈到 1949 年的开国大典，季老说，他上了观礼台。周围，都是将军级别的人物。我怕老人记错，又追问了一句。他说，不会错，我日记上记着这事。谈到胡适的儿子胡思杜，季老说，很熟悉的，在北大常见面，新中国成立初他去了唐山交大，教政治，有时回北京，也到北大看我。1957 年胡思杜跳楼自杀，胡适幸亏走了，要不，那些关他肯定过不去。

说到这儿，话题自然转到胡适。季老说，1948 年冬天，有一次我到校长办公室去胡适，一个学生走进来，看样子两人很熟，那个学生对胡适说："昨夜延安广播电台专门对您广播，希望您不要走，北平新中国成立后，将任命您为北大校长兼北京图书馆馆长。"胡适听后，微微一笑，说："人家信任我吗？"

我与杨清汀先生正在写一本关于欧阳中石的书，请季老为之题词，数天后，季老写了"翰逸神飞"四字。

（2）月初，原北大校长许智宏做客中新网，谈到季羡林字画被盗事件时，认为外界的一些报道，缺乏基本的责任，只当做炒作。北大对这个事情一直是比较低调的，每个家庭都有各种各样的事情，学校尊重季老自己的意见，相信会很好地处理。

（3）《人民日报》3月30日刊载怀谦的访问文章：《气和心暖》。其中写道："原以为九八高龄的季先生会插着各种各样的管子等待我们的来访，然而并不，先生像前两次见面一样，抄着手，规规矩矩地坐在一张小桌后面，静静地打量我们。不像是望之俨然的先生，倒像是乖巧、听话的学生。与朗润园不同的是，此时的先生穿的是病号服，人清瘦了一圈，然而精神却出奇的好。

"季先生的助手在一旁提醒我们有什么学术问题赶紧问，我想，与季先生谈学术，那不是关公面前耍大刀嘛，就装着没听见，拉拉杂杂地扯闲篇，无奈地耗费着先生宝贵的时间。先生倒好脾气，有问必答，说医生、护士对他照顾得好，吃得也好。睡得如何呢？先生说，睡眠一直好，'我吃安眠药，都吃了有八十年了'。不禁惊奇。接下来就幽默起自己的眼睛来，说：'其他零件还好，就是眼睛，用了一百年了，坏了，半瞎。'

"我们提出今年是新中国成立六十周年，希望先生写几个字，先生爽快地取来笔，写下：'祝祖国繁荣昌盛，季羡林，时年九十有九。'一边写，还一边说：'夸张了一点，稍微夸张了一点。'他指的自然是年龄，不过夸张一岁而已。先生写字的时候，我就在一旁端详他的手，林青霞称这双写过无数好字、好文章的手是'完美的手'，修长、白皙，上面没有瑕疵，没有老年斑，其实更让我们惊奇的是，这双手一点都不颤抖。"

2009 年 4 月

月初，听季承说，在北大的协助下，蓝旗营的房子已经清查完毕，暂时仍然封锁,将来考虑归还季家。不日,又听季承说,十三公寓的房子,不再联合清查,学校表态,这是季家的私产,应予物归原主。

月终,季承来电,说已经拿到蓝旗营房子的钥匙。

2009 年 6 月

(1) 9 日,《京华时报》报道:昨天下午,季羡林之子季承,著名学者、《季羡林全集》编辑委员会主任柴剑虹,外语教学与研究出版社副社长王芳等人共同在印刷机上启动按钮,由外研社推出的《季羡林全集》正式开机印刷。该全集囊括了季羡林从二十世纪二十年代至今的全部作品。

季承在开机仪式上称,近年来,图书市场上出现了大量署名为季羡林的图书,质量参差不齐,有的甚至任意更换文章题目或改动原作文字,这些未经季老授权的书影响了季老的声誉。据外研社介绍,两年前,时任北外校长的郝平和外研社社长李朋义专程拜访季老并征得他的同意,将《季羡林全集》独家授权外研社出版,并在季老本人指导下组织了该全集的专家委员会。

据会主任柴剑虹教授介绍,即将推出的《季羡林全集》拟定为三十卷,包括近千万字的散文、杂文、序跋、学术论著、译著等。全集将成为收录季老作品最全的一套文集。因为规模宏大,卷次较多,外研社计划于 2010 年在季老生日时,作为贺礼全部推出。本次开机印刷的为前六卷,主要是季老的文学创作,如散文、回忆录、日记(《清华园日记》《留德十年》《牛棚杂忆》)等,其中有些作品是首次面世。10 月份,外研社将携这套文集参加法兰克福国际书展,向世界展示季老作品的魅力。

(2) 11 日,在季承陪同下,去蓝旗营"院士楼"看季老的新居,那地方我去过,因为同一单元住有厉以宁、金克木。房子是一样的,小四居(厅不大)。给我印象,厉先生的书房是迷你型的;金先生呢,新房过户后,一天没住过,就走了,书房保留他生前喜欢的格局,没有几本书,金先生看书都从图书馆借,自己很少收藏。季先生是藏书的,但是这套房子,他仅仅在入住 301 医院期间,回来过一两天,今生今世,看来使用的可能性不大。我进去了,让我怎么形容呢,纯粹是一个家具和书籍的仓库,那个乱!简直无从插脚。

转身又去了十三公寓,看房人仍旧是那位姓方的男子,当初很熟,现在几乎认不出我了。主人不在，我自然不常来，生疏是必然的。这房子太老，光线不好，会客室仍一如既往模样，有点暗，藏书室长久没人进，嗅出霉味。记得先生有一幅手迹，挂在门后，不见了。

门外池塘，蓄了少许水，荷花又现生机，已经含苞待放，这总是好消息，季先生听了会高兴的。

（3）前面说过，3月初，季老为了我一本关于欧阳中石先生的书，赐了"翰逸神飞"四字。缘于老目昏花，"翰"字出现笔误，近似于"输"。真的，似什么都可以，就是不能似"输"，不得已，本月27日，又请季老重新写过。这回"翰"字写对了。统观整体，笔力大大逊于前。唉，我不在季老身边，但从相隔三月写的两幅字判断，季老的身体明显衰弱。

晚年生命之最

最雷人的一句口头语："他还活着吗？"久住301医院，与许多老朋友，老老朋友失去联系，而他们中的一些人，如臧克家，如林庚，如石景宜，就在不知不觉中走了。岁月如流，时不我待，因是之故，近年，每当周围的人提起一个老熟人的名字，季羡林总要习惯地作出上述反问。

最老的朋友：你以为是臧克家？巴金？非也。此处最老，不是指年龄最大，而是指交往时间最长。以是观之，应该为彭松。彭松2008年九十三岁，他11月9日去看季羡林，谈起儿时住一个大院，青梅竹马的往事，恍若就在昨天——而那昨天，已是将近九十年前。

最赤裸的自供："我现在一闭眼就看到一个小男孩，在夏天里浑身上下一丝不挂，滚在黄土地里，然后跳入浑浊的小河里去冲洗。再滚，再冲；再冲。再滚。

"'难道这就是我吗？'

'不错，这就是你！'"（《在病中》）

最幽默的失落："我做过一次生意。我住在南关佛山街，走到西头，过马路就是正觉寺街。街东头有一个地方，叫新桥。这里有一所炒卖五香花生米的小铺子。铺子虽小，名气却极大。这里的五香花生米（济南俗称长果仁）又咸又香，远近驰名。我经常到这里来买。我上一师附小，一出佛山街就是新桥，可以称为顺路。有一天，不知为什么，我忽发奇想，用自己从早点费中积攒起来的一些小制钱（中间有四方孔的铜币）买了半斤五香长果仁，再用纸分包成若干包，带到学校里向小同学兜售，他们都震于新桥花生米的大名，纷纷抢购，结果我赚了一些小制钱，尝到做买卖的甜头，偷偷向我家的阿姨王妈报告。这样大概做了几次。我可真没有想到，自己在七八岁时竟显露出来了做生意的'天才'。可惜我以后'误'入'歧途'，'天才'没有得到发展。否则，如果我投笔从贾，说不定我早已成为一个大款，挥金如土，不像现在这样柴、米、油、盐、酱、醋、茶都要斤斤计算了。我是一个被埋没了的'天才'。"（《回忆一师附小》）

最欣慰的愧悔："有一次作文，我不知从什么书里抄了一段话：'空气受热而上升，他处空气来补其缺，遂流动而成风。'句子通顺，受到了老师的赞扬。可我一想起来，心里就不是滋味，愧悔有加。在今天，这也可能算是文坛的腐败现象吧。可我只是个十岁的孩子，不知道什么叫文坛，我一不图名，二不图利，完全为了好玩儿。但自己也知道，这样做是不对的，所以才愧悔，从那以后，一生中再没有剽窃过别人的文字。"（《回忆新育小学》）

最执著的迷信："我这个人什么都不迷信，只迷信缘分二字，有缘千里来相会，无缘对面不相识。"（《病房杂忆》）

"我决不迷信，但是我相信缘分，因为它确实存在，不相信是不行的。"（《石榴花》）

最警醒的观察："我有一个公式：人类在大自然面前翘尾巴的高度与人类前途的危险性成正比。尾巴翘得越高，危险性越大。"（《范曾〈庄子显灵记〉序》）

最精辟的新解："中华文化光辉灿烂，方面很广。目前谈中国文化者侈谈弘扬者多，而具体指出哪一方面应首先弘扬者尚未之见。我个人的意见，首先应该弘扬的是中华精神的精髓'和为贵'。历史上许多哲学家的学说，比如什么天人合一、民胞物与等等，体现的都是'和为贵'精神。连人工修建的长城，体现的也是这种精神。一个侵略者决不会修筑长城的。这是我对修筑长城意义的新解，自谓已得其神髓，决无可疑。"（《〈中国少林寺〉序》）

最具法眼的忠告："清华有两位大家，一位是大物理学家李政道，也是北大的教授；一位是大画家吴冠中，刚在中国美术馆搞了一个科学与艺术展，还出了一本书。展览会和书我都看了，说的是艺术和科学的相通之处。《光明日报》登过一个书评，评《物理学与艺术》，讲的是同一个问题。开座谈会时，北大物理系的一位教授参加了。我看了一下他们讨论的结果。人文科学和自然科学绝不像以前讲的那样泾渭分明。从一部科学史可以看到，科学越来越深化，越来越分化。最早的时候，只有哲学，后来分出物理、化学，再后来生物化学、物理化学等边沿学科越来越多。到了二十一世纪，我想边沿学科还要增加，增加的同时文科和理科的互相渗透能不能达到？我想真要创新，应该从这地方创起。"（《季羡林在首届北京大学文科论坛上的讲话》）

最令弟子获益的教诲：王树英打算写作一本关于印度的书，国内缺少参考资料，他向季先生诉苦，季先生说："如果有现成的，还要你干什么？"王树英听罢，刹那如醍醐灌顶，精神大振。

最喜爱的书：司马迁的《史记》、《世说新语》，陶渊明的诗、李白的诗、杜甫的诗、南唐后主李煜的词、苏轼的诗文词、纳兰性德的词、吴敬梓的《儒林外史》、曹雪芹的《红楼梦》。（《我最喜爱的书》）

最敢于拍胸脯的壮语："大约在十几二十年前，我曾讲过一个预言：二十一世纪将是中国的世纪。

"……我发现，在这个地球村中，每一个时代都有自己的政治经济文化中心，有的在东方，有的在西方，存在的时间长短不一，影响的程度也深浅不一。而这个中心不是一成不变的，而是有规律地变动着。拿最近几百年的世界史来看，就可以看出下面的规律：十七、十八世纪，它是在欧洲大陆法、德等国，十九世纪在英国，二十世纪在美国，二十一世纪按规律应该在中国。所以我说：二十一世纪将是中国人民的世纪。这决不是无知妄言，也不出于狭隘的爱国主义，而是规律使然。可在当时，颇有一些什么什么之士嗤之以鼻。我并不在乎，是嗤之以鼻，还是嗤之以屁股，那是他们的事，与我无干。"（《一个预言的实现》）

最另类的声音："怪论这个名词，人所共知。其所以称之为怪者，一般人都不这样说，而你偏偏这样说，遂成异议可怪之论了。

"我却要提倡怪论。

"……国家到了承平时期，政通人和，国泰民安，这时候倒是需要一些怪论。如果仍然禁止人们发出怪论，则所谓一个声音者往往是统治者制造出来的，是虚假的。……

"怪论有什么用处呢？

"某一个怪论至少能够给你提供一个看问题的视角。任何问题都会是极其复杂的，必须从各个视角对它加以研究，加以分析，然后才能求得解决的办法。如果事前不加以足够的调查研究而突然作出决定，其后果实在令人担忧。"（《论怪论》）

最短而又最长的告白："自从盘古开天地，三皇五帝到于今，没有哪一个正人君子，给自己的小人敌人脸上抹黑，造作流言蜚语，把他们'搞臭'，以取得自己的胜利。这些卑鄙的勾当是小人的专利，是小人的特长。小人如此为之，此正人君子之所以不为也。

"拿这一点极其简单朴素的真理当一面镜子，照一照'文革'，可以发现，无论是发动者，还是操纵者、追随者，他们都是一丘之貉，使用的都是这一套卑鄙的手段。这一套卑劣的东西，影响决不能低估。'文革'结束后，曾清算过一次；但是，投鼠忌器，只是走了一个过场。至今余毒未尽，影响了整个社会。"（《无题》）

最惊世骇俗的高见："根据我的观察，我还发现，坏人是不会改好的。这有点像形而上学了。但是，我却没有办法。天下哪里会有不变的事物呢？哪里会有不变的人呢？我观察的几个'坏人'偏偏不变。几十年前是这样，今天还是这样。我想给他们辩护都找不出词儿来。有时候，我简直怀疑，天地间是否有一种叫做'坏人基因'的东西？可惜没有一个生物学家或生理学家提出过这种理论。我自己既非生物学家，又非生理学家，只能凭空臆断。我但愿有一个坏人改变一下，改恶从善，堵住了我的嘴。"（《坏人》）

最无奈的祈祷：一、"我的人生之旅快到终点了。……我曾问过自己一个问题：如果真有那么一个造物主，要加恩于我，让我下一辈子还转生为人，我是不是还走今生走的这一条路？经过了一些思虑，我的回答是：还要走这一条路。但是有一个附带条件：让我的脸皮厚一些，让我的心黑一点儿，让我考虑自己的利益多一点儿，让我自知之明少一点儿。"（《我写我》）

二、"我生平优点不多，但自谓爱国不敢后人，即使把我烧成了灰，每一粒灰也还是爱国的。可是我对于当知识分子这个行当却真有点谈虎色变。我从来不相信什么轮回转生。现在，如果让我信一回的话，我就恭肃

虔诚祷祝造化小儿，下一辈子无论如何也别再播弄我，千万别再把我播弄成知识分子。"（《一个老知识分子的心声》）

最奢侈的愿望：回家。2002 年秋天，季羡林因皮肤病住进 301 医院，一个多月后出院，恍如大赦，写了一篇随笔《回家》，发表在《参考消息》，该文 2007 年收入《病榻杂记》，在闹闹哄哄的季羡林热中，鲜见有人提及——但这，恰恰是解读季羡林晚年心境的一把钥匙。

后来，众所周知，仍然是因为"癣疥之疾"，季羡林又有了二进宫、三进宫，再后来，就是以院为家，出不来了。

季羡林依然无限向往他的家。笔者每次去医院探望老先生，几乎都要听到他念叨："我要回家。"

2008 年 10 月底，媒体曝出"季羡林字画风波"，在一片吵吵嚷嚷中，我再一次听到了季先生的肺腑之言："我不要住医院，我要回家。"

最惊人的预言："我现在一方面脑筋里仍然会不时闪过一个念头：'这一出戏快煞戏了。'这丝毫也不含糊；但是，另一方面我又觉得这一出戏的高潮还没有到，恐怕在煞戏前的那一刹那才是真正的高潮，这一点也绝不含糊。"（《新年抒怀》）

尾声：季羡林笑着走了

2009 年 7 月 11 日，星期六，天气湿闷而燥热。上午，正在电脑前敲敲打打，例行作业，噩耗突然传来：任继愈先生逝世！任先生是 1916 年生人，屈指算来，今年值九十三岁，也算是高寿了。我与任先生向无交往，因此也没放在心上。过了不多一会，噩耗再度袭来：季羡林先生逝世！什么时候？上午九点。千真万确？千真万确。怎么可能呢？前两天还为北京高考状元题匾，昨天下午还为臧克家故居题词，为汶川广济学校题写了"抗震救灾，发扬中国优秀传统"，此外还为孔子卫视写了一幅"弘扬国学，世界和谐"，而我，受画师乔德龙和书家卞兴龙之托，正准备日内与季先生联系赠送书画的事谊……但这是事实，是北大官方传出来的消息。赶紧与季承联系，手机线路拥挤，已经拨不进去了。

这是迟早要出现的一幕，没想到来得这样快。春节后探视过两次季老，发现消瘦异常，预感不祥，以后再没去，因为外面蔓延甲型流感，怕不小心把病菌带进医院，又因为筹划给老人家过九十八岁大寿——再过三个礼拜就到了，老人的真正生日是 8 月 2 日，而我们一帮弟子商量，安排在 7 月底，赶在官方活动之前。也就是半个月的时间，先生没有等到，我们也没有等到。

等到的是，网上铺天盖地的噩耗，我随便浏览了一下标题，一个也没有打开。还用得着打开吗？不祥的消息，一个已经嫌多，种种细节，不需要再触目，再惊心。媒体又开始新一轮的爆炒！这是互联网时代。这是信息爆炸时代。果然，消息传得飞快，天南地北的询问电话纷纷打来。凤凰卫视抢先报道。各路媒体争相上阵。熟悉的记者径直登门。季先生的孙女季清也从美国洛杉矶发来了悼文：

> 震惊。无语。星期五的晚上，美国，家里。2009 年 7 月 10 日。刚刚吃好饭，稍稍休息了一下，看了看美国新闻。就坐在电脑前继续编辑我们去年回国的相册。是啊，差几天就一年了，可相册还没有完成。正在欣赏去年几次回国和爷爷的合影，却看到新浪网站首页"国学大师季羡林逝世"的消息。不相信自己的眼

晴，想一定是打印错误。正在发愣之际，朋友江姐从北京发来短信，向我表示慰问。还在朦胧中。又回到新浪网站，一篇一篇的再重读过……越读脑子越糊涂，越读越不相信这是真的。昨天还和爸爸有邮件来往，我们还在商量安排今年和明年庆祝爷爷生日的事。怎么会？这是不可能的！绝对不可能！

　　否认。不理解现实。不承认现实。心痛。泪在眼眶里转。已经是深夜了……

　　洛杉矶和北京相差十六个小时，当晚，送走最后一个来访的记者，北京也已进入深夜。窗外雷雨大作，是北京城罕见的狂风暴雨。"泪飞顿作倾盆雨"，是谁在流泪？默默间，我踅回书房，坐到电脑前，打开作业中的《晚年季羡林》。这本书，我是从 2006 年 8 月动笔，断断续续，一直写到今天，连头带尾，正好三年。因为标明了是写晚年，所以只要季先生活着，我的笔就不能搁下——在这个意义上，我是真心祝愿他老人家长寿，我的书也好无限制地延长。

　　霹雳一声，季先生的生命戛然而止。我这本书，也不由自主地划上了句号。我本来还有很多话要说，此时此刻，我不想再说；不仅不想再说，连已经写好的某些章节也要删去。为什么？因为那些章节是属于未来的，现在抛出，为时过早；都说人有命运，文章其实也有命运。

　　姑且遵从天意，当机立断，就此结尾。

　　回头看，二十世纪初的中国有一个"五四"，这场运动释放出一大批人物。季羡林先生出生稍晚，他只是踩着"五四"的尾巴。踩着尾巴也是幸运，季羡林上洋学堂，尤其是读英文，就是沾了"五四"的光。从 1919 年到 1934 年，他的整个学生时代，都离不开"五四"精英的召唤。1935 年，季羡林去了德国，一待就是十年，在知识结构和研究方法方面，接受了德国人严格的训练。归国后，又受到胡适、傅斯年、陈寅恪、汤用彤等大师的影响——那都是些响当当的人物，绝非时下某些名为大师，实为演员者可同日而语。新中国成立后年后，世风改变，作为知识分子，他经历了漫长的炼狱。幸亏他在德国学的是梵文、巴利文，那玩意儿太冷，没人懂，也没人捧。"含光混世贵无名"。加之他把重心放得很低，夹紧尾巴，老实做人……终于跌跌绊绊迎来晚年，迎来他一生最辉煌的岁月。

我这本《晚年季羡林》，写的只是季先生的一个侧面。我不是季先生的及门弟子、得意门生，我跟季先生的缘，仅仅在于散文，交往也是散文式的，若即若离，时紧时松。季先生的学问，如有人批评李敖，我也是"一窍不通"。不通，就不敢妄言。季先生讲真情、真思、真美，我拳拳服膺，除此而外，还要加上一条：良知，良能，良心。

季羡林的《病榻杂记》收录了一篇随笔，题目叫《笑着走》，这篇稿子写于 2006 年 3 月 19 日，那一年，季羡林九十五岁，文章披露：

> 走者，离开这个世界之谓也。赵朴初老先生，在他生前曾对我说过一些预言式的话。比如，1986 年，朴老和我奉命陪班禅大师乘空军专机赴尼泊尔公干。专机机场在大机场的后面。当我同李玉洁女士走进专机候机大厅时，朴老对他的夫人说："这两个人是一股气。"后来又听说，朴老说："别人都是哭着走，独独季羡林是笑着走。"这一句话给我留下了很深的印象。我认为，他是十分了解我的。

季羡林生平不信命，唯独相信机遇和缘分，但是这里，他对赵朴老的预言有了直觉的认同。季羡林在随笔的末尾强调："在这里，我想，我必须讲几句关于朴老的话。'天下谁人不识君'。朴老是用不着介绍的。我想讲的是朴老的'特异功能'。很多人都知道，朴老一生吃素，不近女色，他有特异功能，是理所当然的。他是虔诚的佛教徒，一生不妄言。他说我会笑着走，我是深信不疑的。"

让一个崇佛而不敬佛、礼佛而不拜佛的纯然学者，顿悟般产生宁信其真、毋信其虚的执著，半是缘于高人的指点，半是缘于命运的揭示。季羡林晚年老树著花，万紫千红，外部世界的色泽斑斓必然要刺激他敏锐而微醺的感官，唤醒他往昔甜蜜的暗示，提纯并强化他的自信。

"笑着走"之必要，季羡林曾作过逻辑上的推敲，比如，在同一篇随笔中，他说："江淹的《恨赋》最后两句是：'自古皆有死，莫不饮恨而吞声。'第一句话是说，死是不可避免的。对待不可避免的事情，最聪明的办法是，以不可避视之，然后随遇而安，甚至逆来顺受，使不可避免的危害性降至最低点。如果对生死之类的不可避免性进行挑战，则必然遇大灾难。'服食求神仙，多为药所误'。秦皇、汉武、唐宗等等是典型的例子。既然非走不行，哭又有什么意义呢？反不如笑着走更使自己洒脱满意愉快。这个道理并不深奥，一说就明白的。我想把江淹的文章改一下：既然自古皆有死，何必饮恨而吞声呢？"

人是有感情的动物，光有逻辑不行，还必须感情能够承受。季羡林呢，自从"文革"中自杀而未遂，奇迹般地活了下来，他就觉得是捡来一命，从此变得豁达超逸，一步一步扔掉因袭的包袱，直到最后变成"来去无牵挂"的"赤条条一个"。为了拥抱生活，他简化生活。伍迪·艾伦有言："放弃所有让你想活到一百岁的东西，你就可以活到一百岁。"长寿之道就在不停地"放"和"弃"。这里，我还想起 2007 年季羡林为漳州林语堂文学馆的题名。季羡林和林语堂，经历和专攻差异很大，有一点却是相通的：都推崇陶渊明。季羡林从八十岁开始，自命为陶渊明的信徒，并且把陶诗"纵浪大化中，不喜亦不惧。应尽便须尽，无复独多虑。"作为自己的座右铭。林语堂亦如是，他称陶渊明是中国最伟大的诗人和中国文化上最和谐的产物。季、林二位都推崇和谐，礼拜空灵，并且身体力行。

季羡林的一位老老朋友（也是望百高龄），曾在闲谈中对笔者说："新中国成立初期，季羡林，李长之，还有我，三个人常常在一起玩。论学问，季羡林并不是最出色，论活动能力，他也不如长之和我，论婚姻，他就更加不理想，夫妻长期两地分居，但他的命好，晚年大红大紫，名动朝野……"言下，颇流露出几分歆羡。笔者坦言："性格即命运。季先生的出生、环境、条件、经历，造就了他特殊的生命曲线，他对社会的感悟力、适应力，反弹力，是您这样的富家子弟、风流才子所不能比拟的。"季先生曾对笔者作过自我剖析，他说："我这一生，谨小慎微，胆小怕事，但在大是大非面前，在关键时刻，又敢于挺身而出，仗义执言，完全不计个人得失。"笔者认为，"谨小慎微，胆小怕事"加"挺身而出，仗义执言"，正是他内在气质最为准确的概括。

俱往矣！"人事有代谢，往来成古今。"历史选择季羡林作为二十世纪、二十一世纪交替之际文化领域的一座丰碑，自有它深邃的背景。同样深邃的背景，我们在齐白石的画室里见过，在巴金的书斋里见过，而另外一些也许是更为出色的文化巨子，如胡适，如陈寅恪，却因生不逢辰而无缘享此殊荣。季羡林是幸运的，他长寿，他的能量装置呈多级火箭推进，当生命的航船行将返归渺渺银河（天堂）之际，又获得了最后一程的大力助推；他活着时，就已清晰地看到自己在历史上的坐标。季羡林晚年虽有落寞、孤独，虽有风波、曲折，那也是人生应有之义。世间万事本无圆满，正如宋代词人辛稼轩所书："肘后俄生柳，叹人生，不如意事，十常八九。"这不如意事，便是上帝设下的路障，你要领略完整的人生，就得学会从跨越中求爆发，求高翔。季羡林最后的生命是光芒万丈的，经一波三折而终于达至和谐，这是天理，是公道，是百折不挠的生命的奇迹。

2009 年 7 月 11 日深夜，京城罕见大雷雨中

（照片提供者：季羡林亲属、李玉洁女士、施汉云女士、王树英、彭淑燕女士等。）

图书在版编目(CIP)数据

天意从来高难问　晚年季羡林／卞毓方著.—北京：中
国文联出版社，2009.8
ISBN 978-7-5059-6533-1

Ⅰ.天… Ⅱ.卞… Ⅲ.①传记文学－中国－当代 Ⅳ.I25

中国版本图书馆CIP数据核字（2009）第120522号

书　　名	天意从来高难问——晚年季羡林	
作　　者	卞毓方	
出　　版	中国文联出版社	
发　　行	中国文联出版社 发行部（010－65389152）	
地　　址	北京农展馆南里10号（100125）	
经　　销	全国新华书店	
责任编辑	似水年华	
责任印制	刘秋月 李寒江	
印　　制	北京盛世双龙印刷有限公司	
开　　本	710×1000　1／16	
印　　张	20	
插　　页	2	
版　　次	2009年8月第1版第1次印刷	
书　　号	ISBN 978-7-5059-6533-1	
定　　价	29.80元	

您若想详细了解我社的出版物
请登陆我们出版社的网站 http://www.cflacp.com